旅游研究前沿书系

INTELLIGENT TRANSPORTATION

Theory and Practice

智慧交通理论与实务

郑红　贾然　周敏　著

旅游教育出版社

·北京·

图书在版编目（CIP）数据

智慧交通理论与实务 / 郑红，贾然，周敏著．--北京：旅游教育出版社，2021.8
（旅游研究前沿书系）
ISBN 978-7-5637-4284-4

Ⅰ.①智… Ⅱ.①郑… ②贾… ③周… Ⅲ.①城市交通运输－交通运输管理－自动化－研究－中国 Ⅳ.①U495

中国版本图书馆CIP数据核字（2021）第138389号

旅游研究前沿书系
智慧交通理论与实务
郑红　贾然　周敏　著

策　　划	赖春梅
责任编辑	巨瑛梅
出版单位	旅游教育出版社
地　　址	北京市朝阳区定福庄南里 1 号
邮　　编	100024
发行电话	（010）65778403 65728372 65767462（传真）
本社网址	www.tepcb.com
E-mail	tepfx@163.com
排版单位	北京卡古鸟艺术设计有限责任公司
印刷单位	天津雅泽印刷有限公司
经销单位	新华书店
开　　本	710 毫米 ×1000 毫米　1/16
印　　张	15
字　　数	204 千字
版　　次	2021 年 8 月第 1 版
印　　次	2021 年 8 月第 1 次印刷
定　　价	62.00 元

（图书如有装订差错请与发行部联系）

前言
PREFACE

“食住行游购娱”是旅游活动中的六大要素。“行”作为旅游中重要的要素，体现在交通上。随着信息化与智能化的发展，交通运输也逐渐迈向智能化。智慧交通的发展使得传统交通运输提高到了一个新的高度，并对交通运输业的发展产生了深远影响。

2019年1月，国务院在《国家职业教育改革实施方案》中强调：要按照专业设置与产业需求对接、课程内容与职业标准对接、教学过程与生产过程对接的要求，持续更新并推进专业目录、专业教学标准、课程标准等内容。在此背景下，我们编写了这本《智慧交通理论与实务》，介绍发展势头持续向好的智慧交通的理论、技术与方法。

本书共有六章。第一章智慧交通概述，主要介绍了智慧交通的发展背景以及建设智慧交通的意义与注意事项。第二章国内外智慧交通发展现状，旨在对国内外智慧交通发展情况做大致的梳理。第三章智慧交通方案，主要介绍了智慧交通在旅游方面的应用，阐述了智慧交通中所应用的几种方案或技术。第四章智慧车辆管理，详细叙述了交通信息诱导系统和停车管控等内容。第五章智慧交通系统，介绍了智慧交通信息服务系统、智慧交通安全保障系统等内容。第六章智慧交通建设，主要介绍了我国智慧交通系统的构建及其市场条件。

本书在编写过程中得到了很多人的帮助，初稿由当时的北京第二外国语学院在读研究生贾然、周敏完成，中期统稿以及后期的PPT制作由北京第二外国语学院在读研究生赵琦完成。目前，智慧交通相关的教材并不多，本书参考了大量的资料，特此向参考文献的作者表示衷心的感谢。

由于编者水平和经验有限，教材中难免出现错漏，敬请广大读者批评指正。

郑红

2020年12月于北京

目录
CONTENTS

第一章

智慧交通概述

【引言】

交通运输是经济的生命力。如果没有交通运输系统将人和货物运进、运出或者移动，那么城市就不可能存在。交通运输一直是全球化的主要驱动力，它让距离不断缩小，促使整个新经济的出现并改善了数以百万计人的生活质量。毋庸置疑，交通已经融入了每一个人每一天的生活之中，无论身份、地位高低，人们均借助同种或不同的交通工具到达其想要到达的场所，置身于其向往的环境之中。除此之外，即便不出家门，生活也在被交通行业或多或少地影响着，毕竟存在于我们生活中的一切有形物品，如食品、服装、医药、汽车、电子产品等衣食住行的方方面面都是通过交通运输的方式，甚至跨越洲际千里迢迢地呈现在我们的面前。纵然交通已经便利到如此地步，我们仍不得不承认，全球范围内各个行业内抑或是行业间愈发强烈的互联互通渐渐对交通业提出了更加严峻的挑战，而现实告诉我们，许多交通运输系统的能力已远远不足以满足21世纪人们对于交通的需求，传统的交通运输及其管理模式亟待变革。本章主要介绍智慧交通的发展背景，以及建设智慧交通的意义及注意事项。

【学习目标】

- 了解智慧交通的发展背景。
- 掌握建设智慧交通的意义、注意事项。

【导入阅读】

融合海陆空立体网络　加速交通强国建设①

为加快建设交通强国，构建现代化高质量国家综合立体交通网，支撑现代化经济体系和社会主义现代化强国建设，中共中央、国务院于2月24日正式发布了《国家综合立体交通网规划纲要》，对2021至2035年，远景展望到本世纪中叶的国家立体交通网络建设从国土空间规划的高度进行顶层设计和规划布局。

作为经济社会发展的"先行官"，改革开放特别是党的十八大以来，我国交通运输发展取得了举世瞩目的成就。"十三五"期间，交通运输固定资产投资达16万亿元，铁路运营总里程14.6万公里，位居世界第一；公路通车里程约510万公里，位居世界第一；内河高等级航道达标里程达1.61万公里，沿海港口万吨级及以上泊位数达2530个；航空方面，民航运输规模连续15年稳居世界第二位。交通运输业的快速发展，有效促进了国土空间开发保护、城乡区域协调发展、生产力布局优化，为经济社会发展充分发挥基础性、先导性、战略性和服务性作用，为决胜全面建成小康社会提供了有力支撑。

但在交通运输快速发展的同时，也表现出不平衡不充分、结构有待优化、互联互通有待加强等诸多问题。面对高品质、多样化、个性化的旅客出行需求和高价值、小批量、时效强的货物运输需求不断提升等问题，推进便捷顺畅、经济高效、绿色集约、智能先进、安全可靠的现代化高质量国家综合立体交通网建设，对实现现代化发展目标显得尤为重要。

在国家层面，交通运输行业已有的空间规划主要有《中长期铁路网规划》《国家公路网规划》《农村公路建设规划》《全国沿海港口布局规划》《全国内河航道与港口布局规划》《全国民用机场布局规划》等。但总体来看，一方面，各空间规划的法律效力和步调节奏并不统一，有的具有明确的法律约束力，有的则以引导性作用为主，各规划之间也存在关系不确定、无法有效衔接等问题。另一方面，交通运输的规划还缺乏与其他相关规划的有效衔接，与土地资源及土地利用规划、国家区域发展规划、国家主体功能区规划、新型城镇化规划等如何有效衔接，仍缺少制度性安排。

---

① 中国经济时报2021年3月1日第002版，记者李成刚。

《国家综合立体交通网规划纲要》的发布，其重要意义在于它特别强调了“统筹融合协调”，既统筹了交通运输本系统内的“铁公机水”融合发展，也统筹了交通行业和邮政、物流、旅游、装备制造等其他行业的协同发展。可以说，《国家综合立体交通网规划纲要》旨在架构我国交通基础设施最高层次的空间网络，建设综合交通运输体系基础，打通铁路、公路、水运、民航、管道等各种运输方式的主要通道和节点，构建布局完善、规模合理、结构优化、资源集约、衔接高效、互联互通的海陆空骨架网络。

国家综合立体交通网从国土空间规划的高度进行顶层设计，其目的不仅仅是为了单纯解决基础设施布局而进行的技术类规划，它更加注重以政策为导向，以推动高质量发展为主题，以深化供给侧结构性改革为主线，以改革创新为根本动力，充分发挥中央和地方两个积极性，充分重视不同交通系统之间的衔接和互补，充分做好交通系统与国土空间规划之间相互作用关系的整合衔接。打造一流设施、技术、管理、服务，构建便捷顺畅、经济高效、绿色集约、智能先进、安全可靠的现代化高质量国家综合立体交通网，以满足人民日益增长的美好生活需要，有力保障国家安全，支撑我国社会主义现代化发展目标的如期实现。

思考题：

智慧交通在旅游业中有哪些体现？

第一节　智慧交通的发展背景

一、时代背景

目前迫使全球各国政府花费巨资改善道路交通的一个主要原因是，越来越多的道路交通事故和交通拥堵情况。仅在美国，每年浪费的燃料和时间的总成本就高达872亿美元，其中包括42亿小时的交通时间浪费和28亿加仑的燃料浪费。在欧盟，交通拥堵成本占其GDP的1%以上，或者说每年超过1000亿欧元。然而，我们不能依靠兴建更多的道路、桥梁和轨道交通来解决交通拥堵。正如澳大利亚昆士兰州高速公路首席执行官菲尔·芒福德（Phil

Mumford）先生所言，“我们看到的模式是每次新建一条路，使用就会增加，然后又重新造成拥堵。我们需要更聪明地管理交通流量、机场容量、铁路系统和航道”。在交通行业的多维度探索与尝试之下，“智慧化”一词最终进入了其视野之中。作为一种能够不断做大的新资本投资，智慧交通能够最大限度地利用现有交通系统，继而为交通行业的良性发展提供可能的渠道，智慧交通应运而生。根据派克研究公司（Pike Research）的报告，在智慧交通中投资最大的领域将会是智能交通管理系统，这其中包括一系列的应用，如旅客信息、拥堵收费和自适应信号。这些系统将会无处不在，几乎在每个主要城市都能提供这样的服务。同时，随着城市中增加的替代路线或可预测的交通缓和，这些系统会变得越来越有活力。随着国家政策支持，5G等技术推动，我国智能硬件产业不断升级优化，2020年市场规模估计高达10 767.0亿元。

智能交通终端是智能交通系统中最外围的智能硬件设备。智能交通系统是将先进的信息技术、通信技术、传感技术等有效地集成运用于整个交通运输管理体系，从而建立起的一种实时、准确、高效的综合的运输和管理系统。智能交通终端是系统面向厂商或面向消费者的智能硬件，其中，面向消费者的智能交通终端主要有智能交通工具和智能车载设备。

纵观智慧化发展路径，智慧交通的产生还需追溯到几年前IBM公司发起一场名为“智慧地球”的运动。智慧地球概念缘起于IBM总裁兼首席执行官彭明盛先生在纽约市外交关系委员会所发表的一次演讲。在此次演讲中，彭明盛先生开创性地提出了“智慧地球”的概念，并详细描述了对未来世界的智慧运转的遐想。在其演讲中指出，智慧地球具备以下三个更加显著的特征：首先，通过构建广泛的传感器与传感网，感知自然界及人类社会的方方面面，从而获得更加透彻的感知；其次，借助物联网与互联网，使得人与人之间、人与物之间、物与物之间实现全面互联的状态，从而达到更全面的互联互通；最后，借助云计算及智能化技术，实现更智慧化的生活并进入更深入的智能化阶段。不难看出，“智慧地球”的目标便是实现全球互联的智慧化运转，通过将其纳入同一个体系之内的方式，消弭或弱化个人、组织、政府、自然和社会之间的沟通成本，实现有效的多方参与、互动，继而实现人类更好的发展。随着“智慧地球”的概念在全球范围内的传播，“智慧城市”的概念随之产生。

智慧城市以互联网、物联网、电信网、广电网、无线宽带网等网络组合为基础，把城市本身看成一个生态系统，城市中的市民、交通、能源、商业、通信、水资源、土地资源构成了一个个子系统。这些子系统形成一个普遍联系、相互促进、彼此影响的整体，同时，借助新一代的物联网、云计算、决策分析优化等信息技术，通过感知化、物联化、智能化的方式，将城市中的物理基础设施、信息基础设施、社会基础设施和商业基础设施连接起来，成为新一代的智慧化基础设施，使城市中各领域、各子系统之间的关系显现出来，使之成为可以指挥决策、实时反应、协调运作的“系统之系统”。

作为智慧城市概念的衍生，智慧交通以一个更加微观的视角进入了人们的视野，构成智慧化建设最重要的辅助系统之一。智慧交通指的是建设“数字交通”工程，通过监控、监测、交通流量分布优化等技术，完善公安、城管、公路等监控体系和信息网络系统，建立以交通诱导、应急指挥、智能出行、出租车和公交车管理等系统为重点的、统一的智能化城市交通综合管理和服务系统建设，实现交通信息的充分共享、公路交通状况的实时监控及动态管理，全面提升监控力度和智能化管理水平，确保交通运输安全、畅通。具体而言，智慧交通旨在借助数字技术使得能源、交通、城市等诸多领域更加智能化，从而实现更加有效的交通监管与交通运行。

二、市场背景

来自IBM的一项研究报告表明，随着世界城市化进程的不断推进，到2050年，将有70%的人口生活在城市中。而伴随着城市的迅速扩大而来的是更加迫切且又难以满足的交通需求。正是在这种背景之下，很多城市都在努力解决增加的交通流量所造成的拥堵问题。目前，交通已成为市政规划者面临的迫切优先解决的事项，他们需要改善交通流量，以建设更加清洁、更少拥堵的城市。

派克研究公司的一份对全球130个智慧城市项目的追踪报告表明，目前有50%以上的智慧城市项目集中于交通运输和城市机动性方面的创新。在智慧城市规划者需要优先考虑的项目列表中，为现代城市制定一个环保、经济高效并能被选民接受的机动性战略一直处于首位。尽管各国政府都在努力寻求减少债务、收紧预算，但智慧交通系统行业在未来几年的投资仍保持着稳中有升的良好态势。可见智慧交通对于实现智慧城市，乃至最终达成智慧地球愿景的重要作用。

由此可以推断出，人口增长、前所未有的城市化和持续的全球化给交通运输系统中的交通工具（汽车、船舶、飞机等）、道路（公路、铁路、航道等）和终端（车站、停车场、机场、海港等）等所有元素以巨大的压力，迫使它们超出其使用寿命并步履维艰。在过去的两个世纪中，从运河、铁路、汽车到飞机，交通运输的发展无疑创造了现代世界，同时推动企业、社会以及普通大众的生活走向一个新兴的时代。面对现有传统交通监管与运行体系无法与过剩的交通流量相匹配的现状，我们必须重塑交通运输系统，通过智慧化的方式满足21世纪的需求。作为智慧交通运输系统的前期探索性研究，传感器、仪表、电器、照相机、智能手机、生物识别设备等装备被相关学者纳入了智慧交通的建设并成为其标准化配备，从而更好地衡量、感知和监控相关交通事宜的确切情况。通过对上述装备的合理利用，智慧交通系统能够有效地获取完备而具体的交通信息，同时借助先进的分析系统对正在运行的交通系统中所涉及的模式和关系进行检测并实现实时控制与连续决策，最终确保其更好地规划路线和行程，优化车辆、设备和设施，以扩大其职能。

三、技术背景

我们发现，在智慧交通体系建设的过程中，智慧交通系统根据具体应用技术的不同而存在显著的差异，从基本的管理系统，如汽车导航、交通信号控制系统、集装箱管理系统、可变信息标志、自动车牌识别或高速摄像机等，到监控应用，如保安闭路电视系统，再到更先进的集成其他若干来源的实时数据和反馈的应用，如停车场的引导和信息系统、气象信息、桥梁除冰系统等。此外，通过对该系统的不断完善与先进的建模技术的引入，智慧交通系统具备了数据储存与控制的能力，使得通过将实时数据与历史基准数据的对比进行相关预测成为可能。根据智慧交通体系现有的研究成果，智慧交通技术的应用主要包括以下几方面：

（一）车载紧急呼叫系统

车载紧急呼叫是在发生事故后，由车乘人员手动生成或者是通过车载传感器自动激活的紧急电话功能。车载紧急呼叫系统一旦被激活，相关装置便会进入紧急呼叫模式，将语音和包括事故相关的，如时间、精确位置、车辆行驶方向以及车辆识别等信息在内的数据直接传送到最近的急救点，从而在最短时间内解决问题，避免问题的二次扩散。

（二）自动道路执法

交通执法摄像系统用于探测和识别不遵守车速限制或其他法律规定的车辆，并且根据车牌号自动开出罚单。这类系统包括识别超速行驶车辆的高速摄像机、探测红灯时越过停止线或指定停车区域的红灯摄像机、识别在公交专用车道上行驶的车辆的公交车道摄像机、识别非法穿越铁路的车辆的平交路口摄像机、识别车辆越过双白线的双白线摄像机、识别违反高占用车道规定的高占用车道摄像机等。

（三）可变限速

一些司法管辖区已经开始根据道路拥堵和其他一些因素对道路实行可变限速。通常情况下，这种限速只是在恶劣情况下要求降低车速，而不是在道路情况良好时允许提高车速。一个应用案例就是环绕伦敦的英国M25公路。M25公路全长188公里，是英国高速公路网络中最繁忙的公路之一。在2003年，位于伦敦希思罗机场附近的车流量曾经达到一天19.6万辆；而在2007年，路的西半段的平均日车流量达14.7万辆。自1995年开始，M25公路上最繁忙的23公里就开始使用可变限速和自动道路执法。初步结果表明，该举措节省了行车时间，使交通更加顺畅，同时事故发生概率得到了有效地控制。

（四）前车防撞系统

前车防撞系统由能够预先向驾驶员发出警告的监测装置与拥有自动紧急制动功能的装置构成。通过雷达监测系统，排除恶劣天气的干扰；通过微波雷达的发射，探测行进路面的车辆速度、行车距离、周边障碍物，以及突然出现的行人等，及时向驾驶员发出警告；在危急时刻，还可以快速降低速度，紧急制动汽车，保护驾驶员及前方车辆和行人的安全，减少损失，避免交通事故的发生。

（五）动态交通灯序列

在多车辆、多车道和多路的交界区，该系统可提供一种有效的时间管理方案，为每个通道制定动态的时间计划。系统实时运行时能够根据每个通道上的车辆数量和路况做出效仿执勤的交警人员的判断，从而达到动态管理、疏通流量的目的。

另外，作为智慧交通的功能性延伸，最近发达国家政府在智能交通系统领域的活动进一步被日益受到重视的国土安全所驱动。许多拟议的智能交通系统还涉及国土安全的首要任务，即公路监控。此外，在由因自然灾害或威胁而造成的大的伤亡事故中，智慧交通系统可以发挥重要作用，为迅速大规模地疏散市中心的群众提供帮助。

拓展阅读

叶林海，汪国祥，吴其华．基于移动互联的县区级数字交通综合管理平台[J]. 中国交通信息化，2015，（08）：88-91.

第二节　智慧交通的建设

一、建设智慧交通的意义

就目前而言，智慧交通建设已成为全球交通行业发展的最大趋势，各个国家均在此维度上进行了相应的努力。以美国为例，2012年8月，美国运输部宣布计划进行世界上最大的真实世界的智能车辆测试，包括车辆对车辆（V2V）和车辆对基础设施（V2I）的通信。测试包括在密歇根州安阿伯地区的近三千辆通用和福特的小汽车、公共汽车和卡车。这些努力旨在推动安全技术进步，从而可以帮助车辆避免碰撞，同时改善交通通信。在发展中国家，从农村到城市的迁移进展不同。发展中国家许多地区的城市化并未伴随显著的机动化和郊区的形成。虽然只有一小部分的人口可以买得起汽车，但汽车大大增加了这些多式联运的交通系统的拥堵。同时，它们也产生大量的空气污染，构成重大安全风险并加剧了社会中的不平等感。高人口密度可以由步行、自行车交通、摩托车、公交车和火车构成的多式联运系统来支持。而发展中国家的其他地区仍然主要是正在飞速地城市化和工业化的农村。在这些地区，随着人口的机动化，机动化的基础设施也在开发建设中。财富的巨大差距意味着只有小部分人口可以机动化，因此穷人的高度密集的多式联运交通系统与富人的高度机动化的交通系统交叉在一起，同样为交通的智慧化运转提供了良好的契机。

不可否认，我们的星球正朝着越来越智慧的方向大踏步前进，智能正在注入世界的各个方面，而全球都在走向智慧交通的生活之中，无论从公民层面还是国家层面来说，智慧交通系统的建立都意义非凡。

（一）预测需求并优化可用容量

使用分析工具，交通运输提供商可以预测需求，调整能力和部署资产，不断适应跨整个网络的运作。比如与IBM合作，瑞典首都斯德哥尔摩从2007年开始使用拥堵计费系统。经过一年的使用，早晨通往斯德哥尔摩市的车辆排队时间减半，城市交通量下降了18%，内城二氧化碳排放减少了14%～18%。在新加坡，智能卡系统能使陆路交通管理局制定最优路线和班次，减少交通堵塞，提高公共交通的吸引力。

（二）提高旅行者的体验感

不论交通运输提供商是为城市交通、长途旅行还是货运业务服务，技术方都可以按照客户喜好的方式和频率，向他们提供需要的信息和服务，从而提高满意度并最终加强客户忠诚度。加拿大航空开发的智能手机应用程序，能让旅客下载电子登机牌、办理登机、获取飞行状态、预订租车等。这一应用使得手机办理登机增加了60%，并且有93%的加拿大航空的旅客说自助服务提升了他们的旅行体验。另外，该应用程序还可以节省80%的办理登机成本。

（三）提高运营效率

目前交通运输基础设施的很大一部分已经历时数十年，交通官员往往需要管理这些复杂的老化设备与较新资产的混合体。通过分析来自智能交通系统的数据，就可以知道何时设备需要维修；在任何给定的时刻，都可以知道资产的具体位置和状况。法国国营铁路公司（SNCF）管理客运和货运铁路以及城市公共汽车和电车。公司每天经营1.4万辆列车，包括高速TGV和部分巴黎及区域过境系统。通过使用智能传感器的预测性维修系统，法国国营铁路公司预防事故的发生、减少延误并降低了估计大约30%的维修成本。

（四）有安全保障

安全仍然是所有交通运输公司关注的首要问题。事实上，航空公司每年在安全上的花费约为59亿美元，而机场将营运成本的60%以上用于安保。DHL基于无线射频技术（RFID）的系统监控货物从出发到抵达的各点的温度，帮助客户保持产品的新鲜度并产生新的收入增长源。

（五）帮助国家经济复苏

信息技术与创新基金会最近的一项研究发现，在美国，每在交通基础设施建设上投资12.5亿美元，就会创造并支持3.5万个就业机会。

总而言之，智慧交通意味着对空中、陆地和海上的先进的交通管理。它围绕旅客进行优化，连接整个系统中的所有元素并实时传达状态信息。

二、建设智慧交通的注意事项

为更好地建设智慧交通体系，需注意如下几点：

（一）建立统一的标准

建设智慧交通必须建立达成一致的交通运输数据标准，唯有如此才能将整个系统中的流程和数据互相联系起来。以智慧停车为例，目前各个停车平台各自为政。如果平台间数据实现共享，需要建立产业联盟，颁布实施统一的标准体系。只有实现智慧停车管理平台的统一管理，才能够有效解决智慧停车行业的数据孤岛问题，从而提高停车位的利用率和服务质量。

（二）设计智慧交通系统

旅客的时间、安全和经历应该是智能交通系统的设计出发点。需要通过设计，将互联互通、系统认知、分析和安保等重要标准从一开始就嵌入到系统中。

（三）需要更多的合作

一个多样化的、有多方利益相关者的世界，需要所有各方在日常基础上比肩合作。

（四）政策与伦理的支持

从技术的新模式，到不断变化的合作形式，到现代生活中个人角色的变化，再到对可持续生活的新期望，这一切表明，我们正在进入一个非常不同的世界。我们必须从伦理和社会的角度出发，明确如何经营管理组织和行业的指导方针，并围绕此方针共同努力。

智慧交通作为完善交通行业良性运行的必然选择，它并不是宏伟而远大的理想，而是实用并且具有可操作性的具体方法。不可否认，许多影响交通运输的有争议的问题的辩论——从能源、安全，到气候变化、经济——仍将继续。但无论最终哪个观点占上风，其结果都会是让系统更聪明，即更透明、更高效、更方便、更有弹性、更具创新性，让交通运输更聪明地符合所有人的利益，最终达到“智慧化”地运转。

拓展阅读

谢珊. 5G超级物联网技术赋能智慧交通体系建设分析[J]. 科技资讯，2020，18（34）：10-11.

第二章

国内外智慧交通发展现状

【引言】

纵观智慧交通发展轨迹不难发现，最早关注智能交通体系构建重要性的当数日本、美国等国家，其智能交通系统（ITS）相当完备成熟，在全球范围内形成楷模效应，随后欧洲等地区在对相关技术的借鉴之上也形成了自己的智能交通系统，实现了ITS的普遍应用。与之相对应，我国的智能交通系统虽然起步较晚，但发展速度十分可观，在政府的强力推进之下，北京、上海、广州等十座城市已在2002年率先建设起先进的智能交通系统。随着技术的进一步发展与政策的进一步推进，智能交通系统将在全球交通运输行业得到越来越广泛的运用，构建起世界智慧交通网络，搭建起智慧交通交流平台，实现更广范围内的互联互通与实时监测，从而更好地服务于全球交通运输业的建设。本章主要介绍了美国、日本、韩国以及我国智慧交通的发展现状。

【学习目标】

- 了解国内外智慧交通发展的总体情况。
- 了解国内外智慧交通的发展现状。

【导入阅读】

大数据时代背景下天津市智慧交通建设展望①

智能科技深刻改变着人们的生产、生活方式，为经济社会发展注入了新动能，推动人类社会迈向大智能时代。“十三五”规划提出创新、协调、绿

① 刘锐晶. 大数据时代背景下天津市智慧交通建设展望[J]. 天津建设科技, 2020,30(06): 72–74.

色、开放、共享五大发展理念。“十三五”以来，在“互联网+”的带动下，中国城市、道路交通发生了很大变化，面临众多新问题，本文以天津市为例进行探讨。

一、天津市智能交通分析

（一）智能交通应用

加快实现交通运输行业与各领域深度融合，加强智能产业促进与深化智能技术应用并重，重点聚焦公路、港口、城市客运、停车、物流、出行六领域，基本形成一站式出行与一单制货物运输格局。目前已逐步进入智能交通应用阶段，全面提高交通智能化发展水平。

（二）推进公共交通发展

着眼绿色、用地、智能、保障、路权五方面优先，加速推进公共交通发展，积极推广使用新能源公交车，加大公交场站建设，完善公交智能系统建设，提升公交专用车道使用效果，有效提高公交运行能力。

安装在道路沿线的识读采集基站检测到安装了电子标识的公交车辆接近路口时，即向路口信号机发送请求信号，同时读写器对检测到的公交车辆进行身份识别并将该信息实时传至交通信号控制系统，交通控制系统中心即下达指令给路口信号机进行配时调整，确保公交车优先通行。具备电子标识识读功能的公交优先系统将与交通信号灯控制系统、电子警察系统等智慧交通系统融为一体，成为天津市道路交通智能化管控体系的一部分。

（三）智能交通系统

1.交通监控智能化指挥体系

（1）智能化指挥体系。

“华为天津城市智能体”正式上线，作为该智能体的重要组成部分，华为与中新天津生态城合作，在绿波通行、信号灯配时等方面，探索建立智慧交通领域的“智能化指挥体系”。对于城市交通而言，每个路口的红绿灯都像一个“阀门”，通过各自的开闭合时间、次序、协调度，影响着整个区域的通行效率。

中新天津生态城与华为合作的首批交通信号灯试点已正式投入运行，这些信号灯变身成为能自主学习的“智能体”，通过感知即时交通流量，能根据路况配时，改变目前使用的固定配时红绿灯所导致的前方车辆过多，绿灯情况下车辆无法通行以及前方道路没有车，仍需等待红灯的情况发生。据统计，试点启动首周，早高峰时段的车辆排队溢出次数就比以往减少60%。特别是此前在早上8点左右出现的交通“峰值”被分散到前后时段，极度拥堵的状况相应减少，市民出行体验得到改善，整个区域能提前10～15分钟告别早高峰。随着试点路口信号灯自动配时系统的不断完善，有望在全域范围内逐步推广。借助AI、大数据、物联网、边缘计算等技术，将进一步综合过车数量、过车速度、车辆排队长度等数据，形成“智能化指挥体系”，使现有道路资源得到高效利用。

（2）智慧斑马线。当行人和机动车在夜间通过斑马线时，斑马线两侧就会自动闪光，以醒目的光亮指引行人，提示司机及时减速，预防交通事故的发生。智慧斑马线的有效范围能覆盖整条人行横道，实时感知是否有人通过。当系统检测到有行人通过时，两侧的地灯会连续闪烁，对行人和车辆起到双向警示作用，待行人安全通过斑马线后，地灯会自动熄灭。

（3）启用人脸识别系统。先后在23处重点路口启用，对行人闯红灯交通违法行为抓拍、现场大屏幕曝光并向闯红灯的行人发送告知短信，督促其在接到短信后的 7天内就近到交警大队核实违法行为、接受警示教育。这一措施有效降低行人、骑车人闯红灯的交通违法率，助力道路交通安全秩序的规范，有效提升城市文明交通治理水平。

2. 交通运输管理系统

（1）天津交通运输行业数据资源交换共享与开放应用平台。租车和网约车运营数量和实时载客率，共享单车日出行使用里程等信息都一一显示在天津市交通运输委信息中心大屏幕上，可以实现跨行业数据互通互联，为城市发展提供决策参考。

（2）出租车行业的智慧+信用管理模式。为出租汽车安装动态监测仪，将事后处理变为事中预警，利用官方微信公众号，向社会定期发布出租车、网约车、超限超载等违规违法现象及黑名单。

（3）取消高速公路省界收费站。高速公路省际收费站于2019年底全部拆除，2020年1月1日凌晨开始，车辆进入高速公路实现跨省缴费不停车。

3. 出行服务系统

依托大数据平台让上班族知道哪条道路堵车，通过手机小程序可提前知道公交进站时间，电子公交站牌上显示公交线路信息、运营时间、车辆到达所需的时间以及公益广告、天气、时间等信息，还附带手机充电功能。

乘坐火车刷脸进站，乘坐公共交通手机支付，地铁可扫码支付。

二、大数据时代背景下城市道路交通的展望

1G技术解决了在移动中通话的难题，2G技术实现了广域覆盖，3G技术能够进行图片传输，4G技术真正实现宽带化发展，催生微信、移动支付、共享经济、短视频等蓬勃发展。作为在全球范围内正加快研发应用的新一代移动通信技术，5G的全时空、全现实、全连接技术将深刻改变人类的生产生活，驱动人类社会进入万物互联的时代。

5G应用于数字城市安全系统、无人机救援、5G远程驾驶已跨过标准制定、研究试验阶段，进入了应用阶段。5G应用将深刻改变着人们衣食住行的方方面面。

未来城市的理想发展模式是“低碳生态城”。绿色交通是城市可持续交通的组成部分，是城市交通的发展方向，是我国城市健康发展的重要组成部分，是构建和谐社会、全面实现小康社会在交通领域的具体体现。

（一）城市公共交通为主导的城市综合交通系统

支撑生态城市的理想交通模式是节约能源、保护环境的城市公共交通为主导的城市综合交通系统，一个与城市发展相适应，与公共交通一体化、无缝衔接的安全、舒适、方便、高效、低成本的慢行交通系统。公交优先发展，促进人们在短距离出行中选择自行车加步行出行模式。

（二）设计理念创新

（1）积极提倡以人为本、公交优先的绿色交通规划设计理念。

（2）打破以小汽车为标准的纯几何的传统设计，进行交通一体化设计。

①交通枢纽一体化。高速铁路、高速公路应与城市交通系统紧密衔接，各种交通方式应通过交通枢纽实现一体化。

②公交站台交通一体化，增加换乘设计。无缝衔接、零距离换乘是当前综合交通发展追求的目标。在道路设计中增加换乘设计，将公交专用车道及公交站台设计纳入一体化设计，并在公交站台设计中充分考虑支线公交线及自行车交通换乘的需求进行一体化设计，安装电子站牌。

③快速路应增加出入口与辅道交通一体化设计。

（3）“互联网＋”道路交通。

①研究快速路与BRT交通智能化设计、公交优先智能化设计。

②考虑小汽车与公交车的路边充电桩布设及有序布设出租车乘车点、路

边停车位。

③公交车安装电子标识实现优先通行，为公共交通提速。

④借鉴中新天津生态城“智能化指挥体系”。

（4）创新道路横断面。

①以发展绿色交通为指导进行横断面设计，改变以往以机动车为主的分配方法及以小汽车为准的设置原则，提倡绿色交通、公共交通优先的原则；鼓励自行车短途在支路与次干路上出行；城市快速路辅路及城市主干路上的非机动车道，只解决地铁及公交最后1公里换乘。

②公交专用车道优先布设，快速路上压减小汽车道，布设快速公交专用车道；客运主次干路上要压减小汽车道，增设常规公交专用道，将原非机动车道调整为辅道；支路加宽，为公交增加线路、服务到小区创造条件，可选中型车。

③城市快速路主辅路车道边及城市主次干路非机动车道内，不允许设机动车停车带；非机动车道外设机动车停车带，与非机动车道间应设物理分隔；支路车行道外侧沿路纵向可设窄停车带并设隔离墩柱。

④将支路一幅式调整为两幅式断面布置，将人行道设于路中，两侧设车行道依次供自行车及机动车通行，车行道外侧设纵向停车带，最外侧设绿化带。

⑤不同等级、不同功能的道路人行道宽度应根据两侧所经地区不同的功能进行设计。

（5）慢行交通系统。

①非机动车道可按通勤出行、短途区域、休闲功能划分；在风景区、沿河绿化带内设休闲道；通勤出行的自行车应与轨道交通BRT、常规公交车站换乘。

②大城市非机动车适合在区域内支路、次干路上行驶，采取自行车换乘公共交通方式。

③交通枢纽人行系统尤其对外交通枢纽步行交通系统设计，首先组织好枢纽内部人行交通，其次要方便到达各地面公交站及轨道站。

④居住区步行交通系统，必须处理好与动态交通、静态交通、居民需求、绿化与景观等关系。新建小区可采取人车分流；老旧小区，可修建立体停车库。在人流少且与城市道路相连接处，设汽车出入口。

⑤商业（市）中心步行街设计，应考虑交通情况、停车难易、路面宽窄

等，运用现代城市设计，努力创造以人为本、为人服务的休闲、购物空间；还应考虑交通转化，尤其是步行交通与机动车、非机动车交通衔接。

⑥商务中心步行交通系统：强调步行交通系统与区域及城市内外大型交通设施便捷联系，结合地铁、公交、地下停车场接驳换乘。

⑦体育、会展、博览中心步行交通系统：交通出入口与周边城市道路和公交站间应布局合理，有良好标识系统，保证观众安全疏散。

⑧交通性主次干路人行道应考虑与其他交通方式的换乘要求，如站台、人行过街这部分人行道必须单独进行交通设计。

三、结语

大数据背景下需研究的课题很多，作为道路交通设计者必须不断探索新问题，不断更新设计理念，不断创新，为实现"绿色化""智能化""共享化"的城市交通而努力。

第一节　国外智慧交通发展现状

为更好地预防并处理城市交通问题，智慧交通建设以异军突起之势在全球范围内广泛开展，其中以智能车辆道路系统（Intelligent Vehicle Highway System，缩写为IVHS）为前身的智能交通系统（Intelligent Traffic System，缩写为ITS）构建，成为各地区率先尝试的重点。智能交通系统通过将相关技术综合、有效地运用于整个交通运输管理体系之中，弱化了交通在城市发展中的固有障碍，搭建了互联、实时、准确、高效的综合运输和管理系统，使之能够更好地服务于城市建设与旅游发展，为本地区的综合性发展保驾护航。具体而言，智能交通系统有赖于对现有道路、交通、汽车等基础设施与技术设备的充分利用，通过采用先进的信息采集技术、数据通信传输技术、电子传感技术以及计算机软件处理技术等，将与道路、交通、车辆、驾驶人员、环境等相关信息进行集成，构建起高效、准确、实时的综合交通运输管理系统，以提高交通体系的运行效率，减少交通事故，降低环境污染，实现信息化、智能化、社会化、人性化的目标。

一、美国智能交通系统建设

（一）美国智能交通系统建设概况

1. 美国是应用ITS较为成功的国家之一

1995年3月，为推进智能交通系统建设，美国交通部发布了“国家智能交通系统项目规划”，明确规定了智能交通系统的应用范围和用户服务功能，并基于此确定了1995年至2005年的年度开发计划，旨在将其广泛应用于出行和交通管理系统、出行需求管理系统、公共交通运营系统、商用车辆运营系统、电子收费系统、应急管理系统、先进的车辆控制和安全系统七个领域，从而更好地管控美国交通运输业。

2. 美国智能交通系统的发展

美国智能交通系统建设主要经历了以下两个发展阶段：

①初级阶段。主要以通信与计算机技术为依托，成功搭建了交通管理控制中心、电子收费系统与公共交通计算机卫星通信调度系统，实现其在国家范围内的大体覆盖，从而在全国范围内提供更加有效、更加安全的公共交通服务。

②高级阶段。与初级阶段相比，高级阶段进行了技术上的研发、升级与重组，强化现有技术的深化与新技术的创新性探索应用，并在技术支持的同时注重对用户市场的探索，成功地将智能交通系统的目标从第一阶段单一的管理控制进一步升级为预测、管理、疏通、控制，实现了智能交通系统的根本性转变。

3. 美国智能交通系统的作用

美国高级阶段智能交通系统的作用主要有以下三个方面：

（1）摸清出行者需求

通过对出行者的深入剖析，掌握其出行行为特征与驾驶行为特征，准确地对出行需求进行预测，有效预防交通事故。

（2）强化相关软件研发

强化对地理信息及其处理软件的研发，更好地控制交通运输系统的运转。

（3）实时监测交通流状况

实时监测、探测区域性交通流运行状况，快速收集各种交通流运行数据，及时分析交通流量运行特征、预测变化，制订最佳应变措施和方案，将远程信息处理网络连入车载装置。

4. 美国运输部《智能交通系统战略规划2015—2019》五大战略主题

智能交通系统使得信息化技术在美国道路交通领域得以广泛应用，有效地疏解了一度困扰美国较长时期的交通拥堵难题，使20世纪90年代末期美国的交通得以缓解。而随着科技的不断发展，美国又对自身智能交通系统建设提出了新的要求与挑战。在其2015年发布的《智能交通系统战略规划2015—2019》（以下简称《ITS规划2015—2019》）中，美国交通部再次规定了2015—2019年五年间的发展方向与项目分类，并在ITS领域最前沿的实践基础上，重新制定了两个战略重点，即实现汽车互联技术和推进车辆自动化。为继续推进智能交通的发展，《ITS规划2015—2019》同时制定了五个战略主题，并从六大项目类别对项目结果与绩效目标进行了具体阐释，内容涵盖规划布局、具体研究问题、相关调查问卷及统计结果等。

（1）更加关注安全

通过发展更优的风险管理、驾驶监控系统，打造更加安全的车辆及道路。

（2）提高系统效率

通过探索管理办法和战略，提高系统效率，缓解交通压力，增强交通流动性。

（3）保护环境

交通运输与环境息息相关，通过对交通流量的优化管理以及运用车联网技术解决实际车辆、道路问题，达到保护环境的目的。

（4）推动技术创新

为了更好地迎合未来交通运输的需求，全面促进技术发展，推动创新。

（5）促进信息共享

透过建立起系统构架和标准，应用先进的无线通信技术实现汽车与各种基础设施、便携式设备的通信交互，促进信息共享。

（二）美国智能交通系统建设特点分析

1. 建设起步虽晚，但成绩斐然

美国早在20世纪60年代便着手研究智能交通系统（ITS）建设的相关内容，但其真正系统性地进行发展却是在三十年之后的90年代。虽然美国对智能交通系统的建设起步较晚，但不可否认，短短的二三十年间，美国已经将自身的智能交通系统建设逐步推动到世界领先水平的第一梯队，名副其实地成为智能交通系统的大国。不仅如此，美国制造的相关产品也跃居全球前列，在全球范围内得到广泛应用。其中，在车辆安全系统方面的应用占51%、电子收费方面的应用占37%、公路及车辆管理系统上的应用占28%、导航定位系统的应用占20%、商业车辆管理系统的应用占14%。

2. 创新性开发“政府主导、企业参与”的建设模式

美国联邦政府在建设智能交通系统的这二三十年间，积极制定相关规划并通过年度发展计划的方式实现对智能交通系统建设相关项目与技术支持的有效推进与监督。依照规划，美国在智能交通系统（ITS）建设方面的投资预算资金高达400亿美元，其力度可见一斑。除去资金方面的支持，美国联邦政府为推进全国智能交通系统建设更是要求将ITS的发展与建设纳入各级政府的基本投资计划之中，将智能交通体系建设作为评价各级政府执政能力的一大指标，并积极调动私营企业和行业协会参与投资。在美国，智能交通系统建设俨然已成为一件遍布全国、各级参与的群体活动。

3. 注重规划的全盘引领，建设目标明确

在美国智能交通系统（ITS）建设的全过程中，贯穿着战略规划的引导。战略规划由智能交通委员会制定、负责，具有明确的目标与行动计划。具体来说，《美国智能交通系统（ITS）战略规划（2010—2014年）》于2009年12月由智能交通委员会批准通过。该规划要求建立全国性的动态地面交通系统，通过技术引导在车辆、管控中心以及移动装置之间形成网络，达成降低安全风险、提高出行便利、实现环境友好的目标。同样，《美国智能交通系统（ITS）战略规划（2015—2019年）》旨在实现“改变社会的移动方式”的愿景，并将“通过研究、开发和教育活动促进技术和信息的交流，创建更安全、更智能的交通系统”当作自身使命，提出“使车辆和道路更安全、加强机动性、降低环境影响、促进改革创新、支持交通系统信息共享”五项发展战略目标，将汽车的智能化、网联化作为该战略计划的核心与推进未来智能交通系统工作的主要技术驱动力并具体提出了相关发展思路，从而发现通往建设智能交通系统的途径，同时形成一个新的工业形式和经济增长点。规划中具体提出了开发更好的车辆防撞系统、性能指标及其他预告系统、商务汽车安全措施及以基础设施为基础的合作性安全系统，打造更加安全的车辆及道路；

通过建立系统构架和标准，应用先进的无线通信技术实现汽车与各种基础设施及便携式设备的通信交互，促进交通系统信息共享等要求。总体而言，可谓建设任务具体，实施措施有力，产品应用广泛。

4. 发展重点以现实问题及当下需求为导向

作为一个交通事故频发的国家，据不完全统计，美国每年有580万起交通事故，致使3.7万多人死亡，造成2300多亿美元的直接经济损失。面对这一十分严峻的交通安全形势，美国对智能交通系统（ITS）发展的不同阶段的重点和方向适时进行调整，不断提出新的课题，在实践过程中将安全性纳入智能交通体系建设的任务之中，将近10年规划实施智能交通系统（ITS）的优先目标确定为通过交通流量的有效控制、事故反应系统的有效建立，以更好地满足不同背景下交通运输业发展的即时性需求。

5. “协同共享”成为实现智能交通的最主要因素

美国智能交通系统（ITS）发展建设的成功与社会各有关阶层的一致协作与各方面力量的共同注入不可分割，无论是政府有关公共机构、有关私营企业，还是相关学术研究单位等都为美国智能交通系统的成功建设贡献了力所能及的力量。正是相关单位在项目设置、资金筹措和资源共享等方面的全力配合和协作成就了智能交通系统（ITS），构成了ITS的潜在效益和成果的基本保证。

业界实践

新泽西护栏在高速公路中的应用①

我国公路建设突飞猛进，2016年，全国新增的高速公路里程为600多公里，全国高速公路总里程超过13万公里。2017年新建设高速公路里程约为5000公里。在接下来的几年中，中国的高速公路建设还将继续处于快速发展的阶段。参考国外发达国家交通基础设施发展史，高等级公路建设都有一个集中快速发展的历史阶段，时间持续四五十年。中国的高速公路步入发展期，预计将持续到本世纪中叶。我国高速路形成了庞大的高速交通网络，方便了我国民众的出行。

① 任兰芝. 新泽西护栏在高速公路中的应用[J]. 江西建材，2018(2): 119-121.

道路交通为社会和经济发展起到了极其重要的作用，但道路交通事故的大量发生也带来了负面影响，使道路交通秩序受到严重破坏。交通事故已极大地威胁着人民的生命安全，并造成了大量的财产损失。随着公路建设的迅猛发展，道路交通事故也是直线上升。以2016年19 440万的车辆保有量来计算，可得出：2016年中国的道路交通事故死亡人数约为40 824人，与2015年的36 178.8人相比，增加了4646人。统计结果进一步表明，在我国的道路交通事故中，发生在普通干线公路上的约有45%，发生在高速公路上的约有30%是车辆越出路外造成的，而越出中央分隔带驶向对向车道则将造成特、重大恶性交通事故。因为这种事故一旦发生，其后果是非常严重的，各国在规定中央分隔带护栏设置标准时，往往以中央分隔带的宽度、交通量为依据。因此，在高速公路特殊路段的中央分隔带处设置刚性护栏——新泽西（混凝土）护栏就显得尤为重要。

1.特点及其适用性

新泽西护栏是一种广泛用于道路上的护栏，用以区隔车流、阻断通行。为防止失控车辆驶出路外，保护车辆及乘客免受重大损失，并能起到引导驾驶员视线和美化路容的作用，中央护栏可采用钢筋混凝土护栏。

新泽西（混凝土）护栏是一种具有一定断面形状的墙式护栏，特色在于它“凸”字形的设计。其特点是：当汽车与护栏碰撞时，在瞬间移动荷载的作用下，护栏基本上不移动、不变形（刚性状态），碰撞过程中的能量主要是依靠汽车与护栏面接触沿着护栏面爬高和转向来吸收，却能使汽车恢复到正常行驶方向。由于护栏高度偏低，对小型车有较好的防护能力；而对于大型车，其穿越护栏驶入对向车道造成二次事故的概率很大。另外，厚重的新泽西（混凝土）护栏会给小型车驾驶者以压抑感和视觉的不悦。

新泽西（混凝土）护栏一般设置在中央分隔带处，且设置在易发生穿越到对向车道的转弯路段。

2.方案简介

某工程项目主线设计行车速度为100公里/小时，双向六车道，整体式路基宽度为33.5米，中央分隔带宽度为2米。整体式路基中央采用分离式F型SAm级新泽西（混凝土）护栏，C30混凝土预制，每块长度为4厘米。

3.施工工艺

新泽西护栏施工过程：施工准备—施工测量及放样—模板整修—模板拼

装—钢筋加工及绑扎—钢筋入模及就位—模板报验—浇筑砼—折模—外观报验—养护。①施工准备。先进行施工前的准备工作，将场地三通一平，然后用水泥砂浆或混凝土硬化处理。硬化顶面需平整不出现大面积坑槽以免积水。组织准备：各种组织机构健全，人员到位，分工明确、责任到人；技术准备：组织相关业务人员学习施工图纸及施工技术规范，对施工人员进行施工技术交底；现场准备：所需施工人员、材料、机械设备进场到位，对机械设备检修、保养使之处于良好状态。②施工测量及放样。开工前做好导线、中线、水准点的复测工作；直线段20米，曲线段10米计算路面路缘石边缘坐标进行放样，以控制混凝土护栏的平面位置；护栏各设计高程主要以沥青路面标高进行控制。③模板整修。将模板表面打磨光滑，后涂抹脱模剂。④模板拼装。吊装孔和排水孔采用钢模的方式进行预留，钢模要按设计图纸的位置进行设置，可用铁丝绑扎加以固定，也可以用在模板上设预埋孔的方式进行固定，接缝处要用双面胶或海绵条进行密封，以防漏浆。⑤钢筋加工及绑扎。钢筋加工采用场外加工半成品，在施工现场绑扎成型。钢筋焊接双面焊长度不小于钢筋直径的5倍，单面焊长度不小于钢筋直径的10倍。钢筋保护层厚度控制为5厘米，用混凝土垫块进行定位。⑥钢筋入模及就位。用吊车入模。⑦模板报验。要求模板底面平整度误差在10毫米以内，轴向横向偏位 ±20毫米。⑧浇筑砼。灌筑砼时，采用滚筒式运输车入模，由人工用振捣棒振捣进行密实。⑨拆模。先拆除侧模。施工时要用撬棍将模板撬离砼体，不得使用大锤或其他重物直接撞击模板，以防对砼的边角造成损坏。⑩外观报验。报监理工程师查看混凝土外观，无气泡、泌水、水纹以及施工冷缝。护栏折模后，要按规范进行养护，养护期内护栏表面要保持湿润，时间不少于7天。混凝土护栏构件在安装前，应先精确放样定位方可开始安装护栏。混凝土护栏的安装应从一端逐步向前推进。在安装过程中，应使每块护栏构件的中线与公路中心线一致。在曲线路段，应使护栏布设圆滑；在竖曲线路段，应使护栏与公路线形协调。安装好的护栏不得出现任何可见的损坏。渐变段及端部的护栏，严格按设计图纸进行安装，并应与开口处的线形一致。

4.结语

随着公路建设的迅猛发展，穿越中央分隔带驶向对方车道的道路交通事故频发，从而造成了很多特大、重大交通事故。本文首先介绍了新泽西护栏的特点，即其很好的防护能力，但不乏压抑感和视觉的不悦，并对大型车的防护效果偏弱。其次，讨论了应用于某工程项目中新泽西护栏的设计方案，以及其应用效果。最后，讨论了新泽西护栏的施工工艺，详细分析了从施工准备到安装整个施工过程中的关键工序及其控制点。本文的详细阐述及分析，旨在为类似工程的安全性能设计提供参考。

二、日本智能交通系统建设

（一）日本智能交通系统建设概况

1. 日本的智能交通系统研究最早，取得了世界性成就

日本人多地少、汽车人均拥有比例较高，交通拥堵本是不可避免的问题。但作为最早开展智能交通系统（ITS）研究的国家之一，日本在这一问题进一步恶化之前便基本形成了智能交通系统产业链，实现了道路交通的有效整合，在一定程度上缓解了日本的交通拥堵问题，并取得了良好效果。日本相继两次主办世界ITS会议，分别于1995年于横滨举行第二届智能交通系统世界会议、2004年于名古屋举行第十一届智能交通系统世界会议，充分显示了日本在智能交通系统研发领域的世界性成就，其成功的经验同样值得其他正致力于开发智能交通系统的国家和地区学习借鉴。

2. 日本的智能交通系统研究重点突出，投入巨大

作为最早展开智能交通系统研究的国家之一，日本早在1973年就针对其智能交通发展开发提出了相关规划建议，并将智能交通的研究重点放在导航系统、安全辅助系统、交通管理最优化系统、道路交通管理高效化系统、公交支援系统、车辆运营管理系统、行人诱导系统、紧急车辆支援系统八大方面，将相关技术主要应用于交通的信息提供、电子收费、公共建设、紧急车辆管理部分。为有效推进智能交通系统建设，日本政府投入161亿日元进行相关研究的开发，并实际投入1285亿日元进行智能交通系统的基础设施配套。1973年至1978年的五年里，日本以实验方式进行了“动态路径诱导系统”的研究，并在随后的八九十年代相继完成了路车间通信系统（Road Automobile Communication System，缩写为RACS）、交通信息通信系统（Transport Information and Control System，缩写为TICS）、宽区域旅行信息系统、超智能车辆系统（SSVS）、安全车辆系统（ASV）及新交通管理系统（UTMS）等方面的探索。1994年，当时的警察厅、通商产业省、运输省、邮政省、建设省（现五个部门已分别调整为警察厅、总务省、经济产业省、国土交通省）成立了道路、交通、车辆智能化推进协会（Vehicle、Road and Traffic Intelligence Society，缩写为VERTIS），以推进ITS领域中技术、产品的开发及推广，以期实现交通死亡事故减半、基本消除交通拥挤、减少燃料消耗及尾气排放的目的。随后成立车辆信息和通信系统中心（Vehicle Information and Communication System Center，缩写为VICS Center）。

3. 日本的智能交通系统得益于《ITS总体构想》

为推进智能交通系统建设，建设省、国际贸易与工业省、运输省、邮政省及国家警察署五个与交通相关的部门共同制定了《ITS总体构想》。构想分别在导航系统、收费系统、安全辅助驾驶、交通管理与道路管理优化、公共交通、商用车辆、行人路线、紧急车辆运行方面提出了处理意见，旨在使国民深入理解智能交通系统的必要性，并通过统一产、学、官各界目标推进智能交通系统实用化的研究开发，以政府牵头、企业参与的方式调动起企业参与智能交通系统建设的积极性，从而助力日本智能交通系统的开发与应用。为响应“总体构想”的呼吁，日本政府安排596亿日元用于智能交通系统实用化和改善基础设施，74亿日元用于智能交通系统的研究开发，用高额的财政支持来推进智能交通系统的研究与开发应用。在如此大力的支持之下，这一构想对日本的智能交通系统发展的确产生了十分可观的影响，甚至对交通系统的变革起到积极的推动作用。在该构想的实施过程中，交通堵塞现象显著减轻、交通事故数明显减少、环境污染问题得到有效遏制、国民生活质量有所提高。

4. 日本的智能交通系统社会效益和经济效益成效斐然

随着智能交通系统技术研究的不断深入与新技术的不断涌现，智能交通系统在实际生活中的运用也不断完善，其社会效益和经济效益日益显著，成效斐然。日本全国交通事故死亡人数连续多年逐渐减少，交通事故发生数逐年减少。2009年因交通事故死亡人数为4914，首次降到5000以下。近30年日本全国交通事故变化情况[①]如图2-1所示。

5. 从道路与驾驶人员两方面实现了对智能交通系统技术的应用

值得一提的是，为推广应用ITS的研究成果，引进先进技术，实现ITS的

① 资料来源：http://www.cheyun.com/content/3999

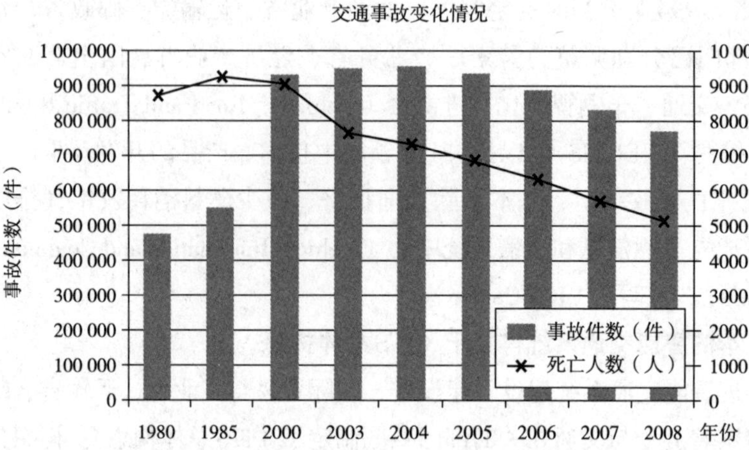

注：以上数据来自日本总务省统计局。

图2-1　近30年日本交通事故变化情况

多元化，发挥先进技术的优越性，日本还先后制定了Smartway（智能道路）计划和Smartcar ASV（Advanced Safety Vehicle，先进安全型汽车）计划，从道路与驾驶人员两方面实现了对智能交通系统技术的应用，以创造综合ITS技术的高效、安全的通行环境。在智能道路设想中，这条道路将会拥有先进的通信设施并不断地向车辆发送各种交通信息；所有的收费站都不需停车交费，能以较快的速度通行；道路与车辆可高度协调，且能够提供必要信息以便车辆进行自动驾驶。在先进安全型汽车计划中，机动车自备电子导航系统、车辆间通信设备、自动驾驶装置等先进的电子仪器，具备了解行车路途上的交通状况、不断选择最佳行车路线以及依靠车道白线、车辆间通信等信息进行自动或半自动驾驶的能力，甚至在转弯时可测出普通汽车侧后方的视觉死角位置的车辆、行人，进行自动刹车或自动驾驶。该计划旨在通过对智能交通系统的系统性整合应用，将信息技术与道路交通有机结合，实现普通路面向智能公路的转变，最终达到交通事故减半、有效缓解交通拥堵、减少环境污染的目标，大大提高道路的安全性、畅通性，扩大安全、舒适的活动空间。随着日本对其智能交通系统建设的愈发重视，2010年起，丰田、松下、三菱电机、先锋、三菱重工5家公司先后将各自的新一代智能交通车载装置投入市场，实现了导航、VICS、ETC、AHS等功能的集成，进一步为智能交通系统的建设提供保障。

6. 日本警察厅主持开发的“21世纪交通管理系统UTMS21”成为日本ITS的主要组成部分之一

该系统通过对红外线感应器和光信标等现代传感器的应用，完成双向通信，实现采集、传输、处理及分类等功能。具体来说，该系统由智能交通控制系统（Intelligent Traffic Control System，缩写为ITCS）和8个子系统组成。其中，智能交通控制系统是UTMS21的核心，而其他的8个子系统分别为：

①先进的车辆信息系统（Advanced Mobile Information System，缩写为AMIS）。为用户提供道路拥堵、紧急交通事件、行驶时间等交通信息，达到交通流优化和交通疏导。

②公交优先系统（Public Transportation Priority System，缩写为PTPS）。通过优先交通信号控制和公交专用道设置，保证公交车辆优先通行，提高城市出行运送效率。

③车辆运行管理系统（Mobile Operation Control System，缩写为MOCS）。利用GPS/GIS技术，跟踪运行车辆的位置，通过信息服务提高运输效率。

④动态路线诱导系统（Dynamic Route Guidance System，缩写为DRGS）实时采集道路和交通信息，为用户提供最短出行路径，缩短行驶时间，缓解交通拥挤。

⑤紧急救援与公众安全系统（Help System for Emergency Life Saving and Public Safety，缩写为HELP）。当交通事故发生或车内发生紧急事件时，系统将紧急救援信息及时传输到交通救援中心，降低事故损失，减轻因事故导致的交通拥挤。

⑥环境保护管理系统（Environment Protection Management System，缩写为EPMS）。基于大气污染和气象状况的交通信号控制系统，降低汽车废气、交通噪声等公害，保护环境。

⑦安全驾驶支持系统（Driving Safety Support System，缩写为DSSS）。利用交通管制设施和IC卡等，对车辆的安全行驶提供支持，保护行人，减少交通事故的发生。

⑧智能图像处理系统（Intelligent Integrated ITV System，缩写为IIIS）。利用信息采集装置的图像，抑制违章停车和信号控制，通过红外车辆检测器和网络为用户输送有关图像信息，疏导交通。

（二）日本智能交通系统建设特点分析

1. 起步较早、根基扎实

与美国的发展模式不同，日本在具体实施智能交通系统建设之前进行了长期、大量的相关研究，在对相关领域深刻了解之后制定实施路径，力求使智能交通建设中的偏差最小化，尽可能使得智能交通系统建设之路走得稳健、扎实。而实践结果也恰恰证实了其充分准备的有益之处，在实施智能交通系统的连续8年内，日本的交通拥堵问题得以有效疏解，交通事故发生率得以控制，环境保护的愿景得以实现，交通状况持续好转，基本实现了最初的目标，经济效益与环境效益十分显著。

2. 注重各部门间有效沟通与协调

不难发现，日本在开发本国智能交通系统时，不仅将交通相关部门均纳入体系建设范围内，还积极协调相关学术部门、产业部门等多方参与，通过不同却高度关联的参与主体之间的配合与协调，明确各个部门的职责任务，注重统一的规划和目标的制定。在深入考虑后制定智能交通系统的发展规划，充分发挥政府机构力量，强化其在规划制定、部门协调、政策研究、技术研发、标准统一、市场秩序维护、质量监督、信息服务等方面的功能；密切协调学术部门的研究成就，加大扶持力度，加深研发力度；积极引导智能交通市场的发展，促进智能交通产业健康持续较快发展，制定了完善的智能交通系统框架体系，加强了项目实施的可行性和可操作性。

3. 信息共享平台完善

与美国相同，日本智能交通系统发展建设的成功与社会各界的发力与关注不可分割，以政府为代表的公共机构参与、有关私营企业的大力支持，以及相关学术研究单位对研究的全力以赴等都为日本智能交通系统的成功建设提供了深厚的支持。在相关单位的共同努力之下，智能交通系统建设成为可能。

4. 致力于相关研究与资金投入

在日本建设其智能交通系统的全过程中，我们都可以看到，政府对于系统建设的资金与资源方面的支持不遗余力，也正是在这样的保驾护航之下，日本智能交通系统的建设目标才有了实现的可能。同时，不难发现，除去政府对于体系建设的鼓励之外，相关企业也通过自身对于智能交通体系技术的积极探索，努力推动ITS向前滚动，通过对智能交通工具、智能交通道路等相关系统的不断完善与建设，为智能交通系统构建提供保障。

拓展阅读

1. 日本智慧城市建设特征及对中国的启示[①]
2. 散发着独特魅力　东京是个让人羡慕的智慧城市[②]

三、韩国智能交通系统建设

近些年来，随着经济的发展，智能交通在亚洲各国日渐被关注和重视，特别是在日本、韩国、新加坡等国发展迅速。鉴于韩国智能交通具体实施手段与落实方法与美国、日本的大同小异，本书不再赘言，而是以案例的方式简述韩国在交通管理可持续发展、精细化需求、环境友好型发展规划等方面的理念和实际实施情况。

为了推动ITS的发展，韩国早些年通过了智能交通系统效率法。近年来，韩国实施了一系列试点项目，特别是高速公路电子收费系统以及智能化全国高速公路项目等，同时还建立了各种服务的基础设施，为公众提供更加便捷的公交支付系统，具体可参照公交一卡通的使用。韩国的智能交通技术主要以其首都首尔为试点展开的，并在逐步完善的过程中向其他城市辐射。

（一）首尔的交通概况

韩国交通发达，地铁、公共汽车、出租汽车网络覆盖面大，各高级饭店均有往返于机场和市内的穿梭巴士。以首尔的出租车系统为例，主要分为大型出租车、模范出租车（黑色）和一般出租车（白色）三种。一般出租车在2公里内基本费用为1600韩元，每168米或41秒增加100韩元；大型出租车和模范出租车费用一样，在3公里内基本费用为4000韩元，每205米或50秒增加200韩元。除司机外大约可坐8位乘客的大型出租车，为方便乘客使用更是设有电话叫车系统、同声翻译系统等多种服务，同时允许不同方式的结算业

① 李国庆. 日本智慧城市建设特征及对中国的启示[J]. 中共福建省委党校学报，2017(06): 11-18.
② 资料来源：https://www.sohu.com/a/53844829_120002

务，充分满足了乘客的多方面需求。

从20世纪90年代开始，随着首尔人口的持续性增加，新的交通需求涌现，城市在这种状况下已无法满足日益增长的交通需求。与此同时，随着交通出行模式的变化，私家车的使用越来越多，有效组织各种公交线路和运营变得十分困难。基于这样的结构性转变，公共汽车作为一度最为广泛使用的交通方式已逐渐陷入困境。交通系统渐渐处于极为混乱的情况之中，其发展陷入了泥沼，改革迫在眉睫。在这样的大背景下，首尔作为韩国交通状况扭转的试验田，积极采取了一系列大刀阔斧的改革措施，具体措施如下：建设中央公交专用车道，重组公交线路，建成由快线、干线、支线以及区间线公交网络；对机构体系进行改革（政府与半官方的公交运营机构和私有的公交运营商签署合同来管理公交系统）；采用多种电子自动收费系统，即非接触式智能公交卡系统（T-Money），以及集成交通运营和信息服务（Transport Operation and Information Service，缩写为TOPIS）；采用压缩天然气（Compressed Natural Gas，缩写为CNG）公交车；加强私家车交通管理，以及对非法停车严厉执法等，实现对交通状况的有效管控。

这一系列的改革效果十分显著。首尔通过调节交通运输容量和需求之间的矛盾，提高了公交的运营效率，增加了乘客人数；通过启用集成收费系统，增加了公交运营商的收入，改变了公交运输整体短缺的局面，减少了政府的补贴；改善了公交运输的交通条件，继而间接构建了一个更好的决策制定过程，增加了首尔市政府和公交运营商之间的关系透明度。

（二）首尔的智能化交通管理

目前，首尔在交通发展的政策框架上，实现了三个方面的转变：第一，从依靠石油燃料转变为以环境友好型为导向、建立低碳的交通出行系统；第二，从以车辆为导向转变为以人性化为导向，建立以人为本的交通出行环境；第三，从满足供给为导向转变为提供高质量的交通服务，建立交通需求管理体系，从而最终建立可靠便利和安全舒适的公共交通体系。下面具体地从地面公交系统和轨道交通系统两方面对首尔的城市交通运营管理进行介绍。

1. 地面公交系统

从20世纪八九十年代开始，随着城市的发展，交通日渐拥堵，已有的运营模式逐渐显露出越来越多的缺陷和不足，主要表现为公交线路错综复杂、公交车运营缓慢、配套服务不健全等方面。为更好地缓解现有交通问题，韩国经过长达两年多的准备，率先于2004年在首尔进行公交系统的改革，截至目前已取得了非常理想的效果。

2010年底，首尔市共有公交公司68家，公共汽车7000余辆，线路369条，日均客流量突破570万人次。投入使用的公交专用道56条，总长超过200公里，其中中央公交专用道12条，总长约100公里。

（1）公交线路编码系统

2004年，首尔对所有的公交线路进行了重新编码，从公交线路号码就可以知道其大致的走向。该编码体系以区域编码划分为基础，将首尔市及外围地区分别划分为8个和7个区域。线路编码格式为：出发区域+到达区域+序号。

在进行区域划分的基础上，将公交线路分为4类：红色代表市郊快线，连接首尔市与各卫星城；蓝色代表干线，行驶在主干道、公交专用道上的市区跨区域线路，连接首尔市内各区域中心；绿色代表支线，向干线与地铁站点运送乘客；黄色代表市内环线，主要是为了满足市民购物的需求。在这样的科学管理之下，城市公共交通需求得以很好地满足。

（2）中央公交专用车道

改革前，公交专用车道是沿着路边右侧设立的。这在交通堵塞的情况下，特别是路口右转的车辆依然对公交车的行驶产生了很大的干扰。目前，首尔市采用中央公交专用车道。政府规定，凡单向车道数为3车道以上、公交车流量达到150辆/小时以上的，应当建立中央公交车道，以确保其交通状况的良好运转。与此同时，首尔还投入了大量精力将公交专用车道从219公里延长到294公里，从而更好地支持公共交通体系建设。在成功建造中央公交专用车道的过程中，首尔市打造了一个快速公交系统（Bus Rapid Transit，缩写为BRT）网络。在拥有高质量的岛式中央公交车站的基础之上，为进行综合性改革，还需要相关支持系统的配备，故路口快速公交信号优先政策的制定、乘客和运营实时信息交换系统的建立、现代化水平的新型公交车辆的配备，都成为对该系统的成功运转至关重要的因素。正是基于上述相关系统的有效建立与实施，强化了首尔交通改革的力度，使得其成效十分显著。目前首尔公交平均行驶速度最高已加快了20%。为了更好地确保交通系统的持续性良好运转，根据规划，首尔市将建设19条中央公交专用道，预计总长达215公里。

（3）公交智能卡系统

为了方便乘客换乘，首尔市开发并采用了一种新型多功能智能卡，即可储值的智能卡（T-Money）。乘客在乘坐公交汽车和地铁时使用该卡，可使其获得换乘费用的折扣，并以更加多样的支付方式完成付款过程；对于公交公司而言，采用新的智能卡系统，可以更准确地计算车票收入，避免人为误差。

自1997年起，首尔便已采用无线射频识别卡系统（采用飞利浦的Mifare卡）进行收费，成为世界上最早采用这一系统的城市之一。在实施6年之后，由于内存容量有限、交易速度不快以及存在安全问题隐患等原因，这一系统性能已大大削弱。因此，首尔市开发了一种使用集成电路（IC）芯片的新型智能卡系统。新智能卡符合国际EMV标准，即Europay、万事达（MasterCard）、维萨（Visa）三大国际信用卡的标准，有助于确保智能卡、终端以及其他系统之间的兼容，增加了新卡容量，使新卡具有多种功能。利用智能卡数据，可以对公交班次安排进行科学的管理，增加了对公交车票收入管理的透明化。由于新型智能卡在公共交通系统的良好应用，首尔还准备将其应用于出租车行业以及商业街与购物场所，从而最大程度上便利居民的生活。依据现有数据，T-Money的使用率为公共汽车93%，地铁100%，出租车30%。除了基于距离的收费和结算功能外，T-Money卡还有小于400美元的小额支付功能，在公共服务如停车、拥堵收费，娱乐购物如快餐店、书店、公园，便利店、自动售货机等很多领域都可使用。

（4）公交管理系统（BMS）

为了加强对公交运营的有效管理，首尔已经建立了一套公交管理系统（BMS）。这一系统将交通运营与信息服务（TOPIS）融为一体，可提供交通信息数据，并上传至市区各个交通网点，实现各个网点的信息互联。这一系统还将智能交通系统（Intelligent Transport System，缩写为ITS）技术和全球定位系统（Global Positioning System，缩写为GPS）技术结合起来，进行公交车所在位置的确定与相关班次表的控制，并通过互联网、手机以及掌中宝（Personal Digital Assistant，PDA）的应用，向乘客提供公交信息。另外，有效利用该系统，有助于调研活动的展开，并为制定相关决策提供辅助材料。

（5）地面公交候车站

地面公交候车站由政府委托的两家公司建设和运营，一家为合资公司，另一家为韩国本土公司。政府与这两家公司签订了长达15年的合同，要求它们负责按照政府的规划要求建设和维护公交候车站，同时享有站点商业广告代理权。公交站点显示屏提供公交车实时信息、天气和空气质量信息等；站点安装有加热系统，包括顶棚的红外线加热器和座椅加热，候车座椅可加热至42摄氏度。在地铁站靠近出口处也能看到地面公交实时信息，对于地铁换乘公交的乘客来说，在天气恶劣的时候，可以在地铁站内候车，视公交车到达情况再出地铁站。

2. 轨道交通系统

首尔第一条地铁线于1974年开通，经过20多年的发展，目前地铁线路总长已发展到315.4公里，共293个车站，日客流量为640万人次（不含国铁），是首尔市民出行最主要的方式。地铁1～4号线由首尔地下铁公社运营，地铁5～8号线由首尔都市铁道公社运营，9号线由私营的公司运营。地铁9号线采用了新的融资模式，在建设和运营过程中引进民间资本。9号线总长38公里，三期已于2018年12月1日开通并运行。不同公司运营的地铁线路，在站台设计、车内布置等方面各有特色。

首尔地铁以共有地下铁路为主，并辅以韩国铁道公社的盆唐线及仁川地铁等线路，共19条路线，服务首尔和周边京畿道的首都圈。目前票价由基本的12公里1050韩元起跳，每6公里增加100韩元。在地铁覆盖不到的区域，将发展建造费用更为经济的轻轨系统。

安全和舒适一直是首尔地铁的特色。地铁所有站点均安装了站台屏蔽门，以防止意外事故，减少车辆引擎噪声；轨道的铺设材料由砾石改为混凝土，并升级通风系统，以改善车内空气质量。每到换乘站，报站系统会响起悦耳的古典音乐，以提醒乘客不要错过换乘站点。地铁内可无线上网和使用公用电话，T-Money卡能用来支付公用电话费。此外，地铁还是充满文化氛围的场所，如开设画廊、举办音乐会等。

（三）韩国智能交通发展的启示

近年来，以首尔为代表的城市交通规划取得了很好的成果，也是智能交通技术应用的典范。韩国在城市交通管理方面的经验有不少值得借鉴之处，主要有以下几点：

1. 始终把发展公共交通作为优先政策，大力投资进行相关建设

一方面不断扩充硬件设施，延伸地铁线路，建设公交专用道，提升公共交通工具的速度；另一方面不断完善软件配套，改善和提高公共交通的便利性和舒适性，让市民更愿意选择公共交通出行。总体来说，首尔公共交通的发展是公共交通体系各个方面均衡发展、互为支撑的结果。硬件系统、运营模式、线路体系、票价系统、信息化支撑，都是公共交通发展不可缺失的重要环节。

2. 在城市交通管理方面积极引导社会和市民的参与

政府在制定交通政策时，提供给市民多种选择的自由，而非使用“一刀切”的简单方式，强调的是政策的引导性而非强制性，体现了动态的交通管理理念。政策的实施主要靠市民的自愿参与和自觉约束，市民为使用私家车所付的代价体现在日常每一次交通出行中。同时，政府不断进行宣传，倡导自行车和清洁能源的使用，绿色交通的概念不断得到深入和普及。

3. 全面系统的交通需求管理，大大提高了政策效果

首尔的交通需求管理方式呈现多样化、精细化的特征，各项交通需求管理政策互相推动，共同作用，减少和抑制私家车使用需求。同时，政府出台了一系列政策整治静态交通体系，奖惩结合，相互促进，取得了很好的效果。

第二节　国内智慧交通发展概述

一、国内智慧交通系统建设概况

1994年，我国部分学者参加了在法国巴黎召开的第一届ITS世界大会，为我国智能交通系统的展开揭开了序幕。随后于1996年，交通部公路科学研究所开展了交通部重点项目《智能运输系统发展战略研究》工作。1999年，《智能运输系统发展战略研究》一书正式出版发行。同时，由交通部公路科学研究所牵头，全国数百名专家学者参加的“九五”国家科技攻关重点项目《我国智能交通系统体系框架研究》工作同年全面展开。2000年2月29日，科技部会同国家计委、经贸委、公安部、交通部、铁道部、建设部、信息产业部等部委，在充分协商和酝酿的基础上，建立了发展我国ITS的政府协调领导机构——全国智能交通系统（ITS）协调指导小组及办公室，并成立了ITS专家咨询委员会。随着对智能交通体系建设认识的不断深入，2002年4月科技部正式批复“十五”国家科技攻关“智能交通系统关键技术开发和示范工程”重大项目正式实施，北京、上海、天津、重庆、广州、深圳、中山、济南、青岛、杭州10个城市作为首批智能交通应用示范工程的试点城市，智能交通的落地应用自此展开。2003年11月，科技部有关领导第一次率我国政府代表团参加在西班牙马德里举办的第十届ITS世界大会，会上科技部联合交通部、建设部、公安部和北京市政府联合申办“2007年第十四届ITS世界大会”获得成功，标志着我国的智能交通系统建设将在更加开放、竞争与合作并存的环境中加速发展。而恰恰在一年之后，2004年10月，科技部第一次大规模组团参加在日本名古屋举办的第十一届ITS世界大会。在此次大会上，我国政府展览团首次展览，并大获成功，受到了世界各国的认可。随后第十四届智能交通世界大会在北京展览馆顺利举行，再一次向世界展示了我国在智能交通系统建设方面的决心与勇气。大会共展示了我国多年来各部门、各地区在ITS领域所取得的成就，加强了我国在ITS领域的对外交流，为国内外进一步合作提供了可能。2012年5月25日，由北京交通大学主办、香港交通运输协会协办的2012年智能交通系统国际研讨会（International Workshop on Intelligent Transport System，2012）在中苑宾馆举行。本次国际会议旨在加强智能交通系统领域专家学者的学术交流，进一步加深我国与其他国家和地区在智能交通系统领域的合作与研究，扩大我国交通科学研究在国际上的影响。

（一）我国智能交通系统建设的成果

不难看出，智能交通的研究和推进在我国虽尚处于起步阶段，但ITS作为跨世纪的经济增长点和交通系统建设必然选择的重要性已得到国家相关部门的高度重视，成为国内各地争相突破的一大关口。作为国家发展“导航”的“十四五”规划更是拟突出物联网智能交通的地位，智慧交通建设的重要性可见一斑。目前，在城市智能交通建设领域，北京、上海、广州走在我国前列，成为国内智能交通系统运用的先驱性实验基地。以北京为例，我国智能交通系统建设的初步成果，主要表现为以下六个方面：

1. 道路交通管理

建成了较为完善的智能化道路交通指挥管理系统，包括城市道路交通信号控制系统，交通检测、电视监控系统，交通违法检测系统，以及全市

"122"交通事故接处警系统。

2. 公共交通管理

建成了动物园公交枢纽运营管理和乘客信息服务系统，公交区域运营组织与调度系统，公交抢修救援调度系统，BRT智能管理系统。

3. 高速公路管理

建成了全市统一的高速公路信息中心，实现了五环路和六条高速公路的联网监控，并与交管部门共享。

4. 出行信息服务

自主研发了浮动车动态交通信息采集处理和发布系统，有效扩展了动态交通信息采集的范围，有力地促进了北京市交通信息服务发展水平。

5. 电子收费

在全市公共电汽车、轨道交通和3万多辆出租车上开通了市政交通一卡通系统；建设完成了八达岭、京津塘高速公路包括13个收费站、33条专用车道、3个标签发行点与一卡通卡兼容的不停车收费（ETC）试验系统。

6. 客货运输

建成了包含全市10家省际长途客运站的联网售票系统，5家出租汽车安防监控中心（其中2家开展了调度服务），8家化学危险品运输企业建立了化学危险品运输车辆GPS监控系统。

（二）我国ITS发展阶段

在"十二五"规划期间，北京投资56亿元提升智能交通建设，打造北京交通运行协调指挥中心和路网运行、运输监管、公交安保三个分中心，形成一体化、智能化综合交通指挥支撑体系，成为数据共享交换中枢、综合运输协调运转中枢、信息发布中心，紧急情况下为交通安全应急指挥中心。同时，自行车租赁实现网络化服务。这意味着，市民将可以通过网站、热线、手机、车载导航等多种形式，实时掌握路况信息，提前安排出行。

与北京类似，广州作为全国首批智能交通示范城市之一，其智能交通系统构建包括了广州市交通信息共用主平台、物流信息平台、路面交通状况监视与监测、静态交通管理系统等智能交通系统的主框架等多条支线。其中，共用信息平台已初具规模，实现了羊城通系统、线网规划系统、出租车综合管理平台、联网售票系统、96900呼叫中心等多个子系统的连接，具备胜任数据采集、分类和有效存储、查询、订阅等相应数据处理工作的能力，实现了诸多的数据处理功能，提供了初步的交通数据服务功能。

不难看出，北京、广州等地智能交通体系建设的历程恰恰反映了我国智慧交通发展的轨迹。我国ITS发展走过的20多年历程大体上可以分为起步期、发展期与升级期三个阶段。

1. 起步期（1997—2006年）

1997年前，只有北京、上海、广州等大型城市建立了交通信号控制系统，各地市支队自行建立了独立的交通事故统计系统、机动车和驾驶员管理系统。

1997年，公安部交管局印发《公安交通指挥中心建设与发展的若干意见》，首次对城市交通指挥系统建设的架构、功能和系统应用等进行了全面的阐述，吹响了智能交通管理系统建设起步的号角，一些中小城市也开始建设智能交通管理系统，我国智能交通管理系统开始全面进入起步阶段。

该阶段智能交通管理系统的建设除了交通信号控制系统、交通视频监视系统和闯红灯自动记录系统“老三样”之外，GIS地理信息、GIS卫星定位技术等新技术在城市和公路交通管理中得到了越来越多的应用，多功能的道路车辆智能监测记录系统和交通违法行为监测记录系统等技术装备普遍应用。

1998年，公安部交管局组织开发了全国统一的进口机动车核查系统，拉开了道路交通管理信息系统建设的序幕。按照公安部“金盾工程”总体部署，公安部交通管理科学研究所着手制定了一系列交通管理信息系统行业标准，引导各地开展机动车登记、驾驶人管理、交通违法处理、交通事故处理等核心业务的信息系统建设工作，并于2004年完成了上述核心业务应用软件的开发和全国推广工作。

2000年2月，国务院办公厅转发了公安部、建设部《关于实施全国城市道路交通“畅通工程”的意见》，全国36个大城市迅速开展了城市智能交通系统建设工程，并从系统、技术、管理和运行等多个方面进行了深入研究和顶层规划。如上海市智能交通管理系统包括交通信号自适应控制系统（SCATS）、城市道路监控系统、停车诱导系统、交通违法行为监测系统、应急处理与实时监测系统、高速路交通信息采集与监控系统等子系统。与此同时，广州智能交通管理指挥系统集成了交通信号控制系统、闭路视频监视系统、电子警察系统、交通流采集系统、交通诱导系统、集成指挥调度系统、交通地理信息系统、移动查询系统、警车警员定位系统、警务管理系统、交通设施管理系统、交通管理辅助决策系统等十多个子系统。

2003年，公安部发布行业标准GA/T 445《公安交通指挥系统建设技术规范》，规定了公安交通指挥系统的配置和功能要求，规定了集成指挥平台与关联系统进行信息交互的要求。各地智能交通管理系统的建设日趋规范化。

2. 发展期（2006—2015年）

从2006年至2015年，是我国智能交通管理系统的快速发展阶段。

“十一五”期间，我国城市建成智能交通管理系统的城市数量由270个增加到542个。从应用数量来看，这个阶段是交通大发展的阶段。从科研攻关来看，取得一系列重大研究成果并开展了示范应用，有力地推动各地智能交通管理系统联网建设。

“十二五”期间，我国智能交通管理系统又迎来了重要的发展机遇。

公安部《“十二五”道路交通管理科技信息化发展规划》提出深入贯彻实施“科技强警”战略，首次提出了建设全国公安交通管理四大平台的战略目标，具体包括：深化应用公安交通管理综合应用平台，建立跨部门、跨行业信息共享交换机制、完善交通管理业务监管、建立健全信息系统运行保障体系等；建设公安交通集成指挥平台，实现城市和公路交通安全态势监测、研判、控制、指挥和处置；建设社会化服务平台，在互联网和移动终端上实现交通管理业务信息告知和查询、业务受理和办理、出行信息服务等功能，同时还可以通过交通诱导标志、互联网等方式发布交通信息；建设公安交通管理信息分析研判平台，建设基于大数据、云计算架构的交通管理数据中心，建立分析研判工作机制，定期分析挖掘海量数据，实现深度分析和规律发现，为科学管理和决策提供信息服务。

2014年，公安部印发了《全国主干公路交通安全防控体系建设三年规划》，建设覆盖公安部、省、市三级的公安交通集成指挥平台，重点开展公路交通监控系统建设、公安交通集成指挥平台建设和交通安全执法服务站建设（“三大建设”）和公路交通管理勤务改革（“一项改革”），拉开了公路卡口系统实战应用和全国大联网建设的序幕。

3. 升级期（2015年以来）

自2015年以来，我国智能交通管理系统进入了集成创新、整合共享的提档升级期，可称为提档升级阶段。从数量上看，各地建设的系统基本上在前两个阶段完成了，新建的系统数量较少。从质量上看，各地在建的系统基本上是改扩建，特别是增加图像智能识别、信息融合和大数据挖掘分析等功能。

在这个阶段，公安部交管局组织开发的交通管理综合应用平台、公安交通集成指挥平台、互联网交通安全综合应用平台在全国得到了强力推进。同时，随着大数据、云计算、物联网、互联网+、人工智能等新技术的迅猛发展，华为、阿里、腾讯、百度等世界级的企业均布局智能交通+信号灯，促进了整个智能交通管理产业的发展，也为智能交通管理系统提档升级注入了新的动力。

例如，杭州、深圳等地建设的基于大数据和人工智能技术的计算和应用平台，对交通管理工作的支撑作用初露锋芒，吸引了众多目光。同时，在RFID汽车电子标识试点方面，公安部交管局于2016年起组织在无锡、深圳开展30万辆汽车安装电子标识的小规模试点示范应用，开展了危化品运输车辆监管、货车电子通行证、大型活动场所车辆通行管理、公交信号优先、停车/门禁管理、车辆年检便利服务等多种应用，均取得了良好的应用成效。

为落实中央《京津冀协同发展纲要》规定的任务，公安部会同工信部、交通部于2016年12月印发了《京津冀汽车电子标识试点工作方案》和《京津冀汽车电子标识试点技术方案》。2017年12月，GB/T 35789.1《机动车电子标识通用技术要求 第1部分：汽车》等6项电子标识国家标准正式颁布，2018年完成了《机动车电子标识密钥管理系统》和《机动车读写设备应用接口规范》两项国家标准的专家审定工作，为电子标识普及和规范应用奠定了基础。电子标识的普及应用，突破了原有交通信息采集技术的瓶颈，实现车辆信息的精准化采集、动态采集，为未来智能交通管理创新带来巨大变革。

2018年6月，工信部无线电管理局对车联网直连通信使用5905-5925MHz频段并向社会公示，意味着我国车路协同应用将划定正式频段。2018年7月，华为发布了全球首款支持Uu+PC5并发的RSU路侧产品，这是华为在C-V2X车联网领域推出的首个商用产品。2018年9月，百度宣布将于2018年底正式开源Apollo车路协同方案，标志着百度Apollo开放平台进入了车端和路侧整体开源的新阶段。阿里巴巴在同日宣布将与英特尔、大唐电信集团开展智能交通-车路协同领域的战略合作。

二、我国智能交通系统建设评述

我国ITS的发展应该说抓住了机遇，经过短短的20多年的发展，取得了显著的成果；但与此同时我们不难发现，ITS的发展面临着各种挑战。通过冷静正视与客观分析，我国采取了着眼矛盾和不断调整的态度，使得我国的智能交通发展迈上了新的台阶。

（一）我国智能交通系统建设存在的问题

1. 体制、机制有待完善

体制、机制在ITS发展中将面临进一步深化改革的冲击，技术创新要依托体制创新，只有体制的创新才能实现技术的创新。

广州、北京等城市在ITS发展中，正视了由于体制造成的部门利益不能整合、资源不能共享所造成的“信息孤岛”问题，成立了“交通委员会”的体制改革，上海成立了“信息中心”，对推动各城市ITS的建设和发展起到了保障作用。随着ITS发展的深化，体制和机制会面临进一步深化改革的冲击，可以说，影响我国ITS的健康发展的主要因素，不在技术而在体制，这一点已经在“发展期”得到了印证。

在下一阶段ITS发展过程中，从国家层面要极其重视、研究这个问题，在积极推动技术创新的同时，要加大体制创新的力度，才能使ITS得以健康发展。

2. ITS标准滞后

ITS技术标准的滞后直接影响了我国ITS发展的进度，也影响了企业的积极介入。

在前期的发展中，国家对ITS标准化的工作较为重视，在“九五”末期就将ITS标准列进重点研究课题，并组建了国家ITS标准制定委员会。但是，实际上我国ITS标准制定仍落后于ITS的发展进程，必须调整体制，强化企业参与的机制，组织强有力的专业班子，全身心地开展国家ITS的标准化工作。

纵观国际ITS发展的成功经验，无一例外的是企业在国家ITS发展中起到了不可忽视的积极作用。以往由于我国ITS标准制定与出台滞后，企业从最初的热情高涨、积极投入开发逐渐陷入积极性削弱、生死线挣扎的困境，真正获利的企业屈指可数。一些企业虽确定了ITS的企业发展方向，却在观望和等待国家标准的出台之中愈发迷茫，国家ITS发展急需建立政府与企业互动机制，成立企业与政府互动的非（半）官方组织“ITS协会”，实现“政府搭台，企业唱戏”的良好局面，从而指导企业自主创新，更好地发展我国自主知识产权的民族产业。

（二）对我国智能交通系统建设的建议

我国智能交通系统建设应在以下几个方面不断加强和完善：

1. 我国ITS发展体系框架需要依据国情展开

我国ITS发展框架吸收了国外的经验，在了解ITS评价极其重要地位的基础之上，将ITS经济技术评价纳入了我国的体系框架。在体系框架中的优先发展领域，国外一般都将不停车收费、车载导航、出行信息服务等系统排在了首位，这是与发达国家的交通形势和技术条件紧密结合的。我国现阶段城市交通形势是主要问题，因此我们的优先顺序应将先进公共交通、先进城市交通管理、出行信息服务及出行安全、紧急事件处理等系统的建设与完善排在首位。

2. 应从国家产业化和产业链发展的战略角度进行智能交通系统的建设

国外一般从关键技术（尤其是信息技术）的研发应用及系统集成的技术路线进行ITS的建设，我国则应强调信息采集、处理、融合、发布等交通基础信息建设与技术应用的技术路线，强调ITS项目建设投入产出效益的最大化；要紧密配合城市交通发展的政策（如优先发展公交政策、社会公共安全政策、科技奥运计划、建设和谐社会等），同时将带动高新技术产业化发展作为国家发展ITS的目标之一。

国家攻关课题的研究着重从ITS产业化和产业链等环节的技术、政策层面，研究、分析、解决其技术瓶颈和政策制约，从而确立兵团作战的攻关目标和攻关计划，尽快形成具有国际竞争力的我国自主知识产权的ITS系列产品，从而加快我国ITS的产业化进程。

ITS产业具有广阔的市场，若无相关政策组织产业链及相关技术和产品的自主研发，在市场需求竞争环境下，不免面临无序化、分散化竞争的局面，其结果便是无法串联相关产业链及形成具有竞争力的产品。唯有携手搭建产业化的大市场，共建产业链的大平台，才能在产业链中形成各自的优势技术和产品，共同打造满足市场需求的高质量产品。

3. 具体建议

①要坚持走中国特色的ITS的发展方向。必须承认，在IST建设的过程中不能盲目效仿、套搬国外的模式。因为我国是发展中国家，具有与发达国家

不同的经济基础条件和社会文化背景。

②积极研究和出台相关政策，给予协调和指导。特别要分析ITS产业链中各环节的瓶颈和制约因素，积极推出切实可行的相关政策。

③基础性硬件、软件的规划需要两手一起抓。必须重视ITS发展的基础性硬件（如通信网络平台、交通信息的采集与融合、交通基础设施等）和软件（政策、标准、市场环境和竞争环境、现代化交通行为等）的规划与建设，不能就项目而项目地单抓工程项目。

④将ITS及其发展纳入国家信息化发展的规划。ITS及其发展实际上是国家信息化建设的重要载体和平台，不能只限于交通部门，因此要纳入国家信息化发展的规划。信息产业部门要在国家ITS发展中起到主导作用。

三、国内智慧交通系统建设的前景分析

2016年7月，交通部发布的《城市公共交通“十三五”发展纲要》描绘了“十三五”时期我国城市公共交通发展的愿景，提出到2020年，初步建成适应全面建成小康社会需求的现代化城市公共交通体系。

1. ITS发展前景广阔，应用广泛

长远来看，我国的ITS具有广阔的发展前景，将在交通运输的各个行业和环节得到广泛应用。

鉴于目前的经济发展水平、交通发展战略、路网建设规模、道路交通管理以及ITS在我国的研究与应用情况，现阶段，我国ITS的主导力量仍将来自城市交通和城际交通这两大部分，并主要归口于城市交通、道路交通、高速公路、铁路、民航、军队等行业为主体业务职能部门管理，现今尤以城市交通、道路交通、高速公路、军事交通等行业的发展势头、发展空间为大。

2. 城市公安交通管理更加现代化

城市公安交通管理信息化、现代化建设具有广阔的市场前景，相关应用技术开发和市场推广有着光明的前途。

预计未来5年中，我国将在200个以上的大中型城市建立城市交通指挥中心。这些中心将充分发挥现代计算机技术、通信技术、自动控制技术、信息处理技术、检测技术等高科技优势，建立集公安交通GIS综合业务管理、视频监控、信号控制、交通信息流检测、GPS车辆定位、通信调度指挥及交通

信息发布等系统于一体的现代化公安交通指挥中心，最大限度地利用公安交通管理部门现有交通管制设施，以最少的资金投入和最大的性能指标实现面向中等以上城市的公安交通管理部门业务管理规范化，科学组织交通，提高现有道路通行能力，提高公安交警快速反应能力，逐步实现公安交通管理现代化。

3. 交通信息基础设施领域的投资规模巨大

城际交通在交通信息基础设施建设及高速公路监控、通信及收费等方面有很大的市场。但由于国内竞争对手比较多，需要通过进一步挖掘内部潜力，提高利润。伴随着我国高速公路投资规模的不断扩大，建设里程的不断增加，高速公路管理所需交通工程设施，特别是高速公路的通信、监控和收费系统需求量将不断扩大，而这一部分的投资一般占到高速公路基本建设总投资的3%～4%。由此可见，我国在高速公路的通信、监控和收费系统中的投资非常可观。

拓展阅读

随着经济社会的发展，汽车保有量持续增加，交通基础设施建设受到土地、规划等因素的影响，导致目前道路通行能力无法满足城市快速增长的交通需求。交通拥堵、环境污染、能源消耗、安全驾驶等已经成为全人类面对的共同问题。初期，各国传统做法为大规模改扩建交通基础设施，通过道路扩容提高通行能力。但是目前现有的城市规划及有限的城市空间使道路扩容举步维艰，交通快速发展所带来的负面效应日益体现，人们追求舒适快捷出行的美好愿望与现有道路严重拥堵的现状产生了巨大矛盾，同时新的时代，科学技术水平井喷式发展，通信电子技术更新为新的出行方式奠定了基础，在此背景下，智慧交通应运而生。

1. 智慧交通系统

智慧交通系统（Intelligent Traffic System，缩写为ITS），又称智能运输系统（Intelligent Transportation System），是指在交通领域中充分运用信息技术、计算机技术、数据通信技术、传感器技术、电子控制技术、人工智能等先进的科学技术，并将之有效地综合运用于交通运输、服务控制和车辆制造，加强车辆、道路、使用者三者之间的联系，从而形成一种保障安全、提高效率、改善环境、节约能源的综合运输系统。

智慧交通系统依托科技在互联网、人工智能、自动控制、移动互联网、云计算、物联网、大数据、金融科技等领域的丰富开发经验和技术积累，使交通系统在区域、城市甚至更大的时空范围具备感知、互联、分析、预测、控制等能力，以充分保障交通安全、提升交通系统运行效率和管理水平。

智慧交通不仅能缓解道路拥堵等“城市病”，还能保障交通安全、丰富人们的出行方式。智慧交通系统是解决交通发展瓶颈的有效手段之一，是交通信息化、自动化的重要发展方向，是当今世界城市发展的趋势和特征。特别是引入大数据计算之后，智慧交通更加注重人、车、路和环境的和谐协调的关系处理，使交通发展更加具有可持续的协调发展意识，能够更好地改善交通秩序和交通环境、节约能源、降低环境污染。

2. 智慧交通的趋势

从简单的交通违法违规监测、交通信号控制，逐渐转向为城市交通拥堵提供解决方案。

（1）监控范围覆盖面越来越宽泛。监控范围经历了单点检测—到线检测—区域检测的过程。无论是监测范围还是应用规模都不断增大。目前，已经完全实现了国省道干线公路、城市道路、高速公路、大型桥梁、隧道、高风险水域、航段和港口等基础设施的监控覆盖。

（2）新技术逐渐得到应用。包括物联网、大数据、人工智能在内的一些新技术在智慧交通领域得到越来越多的应用。例如2018年4月，重庆宣布将建立基于分级自动驾驶的智慧交通及自动驾驶演示验证与示范平台；2018年5月17日，工信部提出将在5G和车联网领域推动人工智能应用，人工智能技术将广泛深入地应用于智慧交通。

（3）周边产品日渐丰富，系统功能日趋完善。我们可以感受到了电子警察、卡口、车辆识别系统、信号灯控制、GPS/北斗车载导航系统、智能公共交通系统、停车场管理系统、行驶记录仪、交通收费设备、车载Wi-Fi等产品和系统功能已经越来越多地应用到智慧交通管理中。例如，电子警察设备从300万像素到700万像素，再到新推出的1000万像素；从能监控单车道到监控多车道，大大提高了设备的利用效率。

（4）为应急交通指挥处置提供先进手段。城市交通运输应急指挥系统是实施应急预防、应急准备、应急处置、灾后重建的必要工作平台。通过有线与无线设备的接入，将系统的前端由会议室延伸至工作现场。通过集成化实现预警预测、日常综合管理、预案管理、应急资源保障、指挥调度、应急评估、灾后重建等常态和非常态下的监控、管理和指挥协作等功能，为实现多部门“互联互通、多级联动、指挥到位”提供技术保障。例如，建设重点路段的路网运行监测、交通指挥中心、交通情报预警分析、交通勤务指挥等系统。

（5）交通公共服务水平进一步得到提升。近年来，有关部门在公众服务方面，围绕政务公开、网上办事、公众出行、客运售票等服务，完善公众信息服务体系。例如，公安部推出的“交管12123”手机APP和一些地方交管部门推出的手机APP，大大提升了交通违法处理的效能，也方便了人民群众。特别是在2020年突发新冠疫情的情况下，这些智能化的交通服务系统真正实现了无接触业务办理，有助于疫情的防控，受到了人民群众的高度好评。

总之，随着物联网、大数据、云计算、人工智能等技术越来越多地渗透到交通领域，在为百姓的出行带来更高效便捷服务的同时，也有利于管理部门为社会提供更好的交通服务。

第三章

智慧交通方案

【引言】

没有交通，就没有旅游。本章主要介绍智慧交通在旅游方面的应用，重点阐述了智慧交通中所应用的方案和相关技术。

【学习目标】

- 掌握车辆追踪方案相关知识。
- 了解智慧旅游一卡通方案。

【导入阅读】

基于大数据技术的智慧交通建设①

杭州交通拥堵状况始终是城市治理的难题之一，给人们的日常出行带来了严重影响，杭州相关部门近几年积极出台举措，不断缓解交通拥堵问题。交通作为城市运行的主体，其治理应该放在第一位。城市数据大脑的先行者是“交通小脑”。2016年5月，“城市数据大脑”在萧山区先行先试，“数据大脑”的交通模块——“交通小脑”由此诞生。与传统的交通监控系统相比，“交通小脑”在信号算法、视频流分析上有重大技术突破。“交通小脑”创新运用“互联网+信号优化配时”，通过分析路口的车流量、车速、天气等情况，实时呈现并显示当前的优化配时方案，有效缓解交通压力，高架出行时间节省4.6分钟。

① 邬思佳. 基于大数据技术的智慧城市建设[J]. 智能城市, 2021,7(03): 31–32.

第一节 车辆追踪方案

21世纪初的一项研究发现，仅美国的主要城市每年因交通拥挤而造成的浪费就已超过475亿美元，每年的交通拥挤浪费了多达143.5亿升的燃料和27亿个工作小时，而且这些数字还将以每年5%~10%的速度继续递增。

据公安部统计，2019年底的统计数据显示，我国机动车保有量已达3.6亿辆，其中全国汽车保有量达2.6亿辆，新能源汽车的数量是417万。汽车和机动车驾驶员4.4亿人。2019年上半年，汽车注册1042万辆，摩托车注册332.5万辆，拖车和其他机动车注册39.5万辆。中国69个城市汽车的数量超过100万。其中，汽车数量200多万以上的城市有12个，分别是北京、成都、重庆、苏州、上海、郑州、深圳、西安、武汉、东莞、天津、青岛。北京汽车的数量593.4万辆，位列第一（详见表3-1所示）。

表3-1 2019年底我国汽车保有量超过100万辆的城市列表

排 名	城 市	汽车保有量（万辆）	排 名	城 市	汽车保有量（万辆）
1	北 京	593.4	16	佛 山	273.8
2	成 都	519.5	17	南 京	270.2
3	重 庆	463.3	18	杭 州	267.7
4	苏 州	419.3	19	临 沂	264.8
5	上 海	415.8	20	长 沙	263.8
6	郑 州	381.8	21	济 南	260.2
7	深 圳	343.4	22	保 定	255.3
8	西 安	343.0	23	昆 明	249.9
9	武 汉	336.8	24	潍 坊	249.4
10	东 莞	323.7	25	沈 阳	246.4
11	天 津	309.0	26	温 州	235.2
12	青 岛	293.1	27	合 肥	217.8
13	石家庄	288.1	28	唐 山	214.0
14	广 州	280.3	29	无 锡	209.0
15	宁 波	277.3	30	金 华	206.4

资料来源：公安部。

目前我国城市的机动车保有量正以15%的高速率增长，而城市道路的增长率仅为3%左右，经济的高速发展和城市进程的加快，使我国的城市交通基础设施承受着巨大的压力。

同时，我国大中城市普遍存在人车混行，运输效率低下的现象。随着车辆的日趋普及，车辆在扩大人们的活动范围，给人们的生活带来方便的同时，也带来了更多的困惑，随之而来的问题也逐渐进入人们的视野——复杂的交通网络使人们无所适从，频繁发生的交通堵塞使人们难于选择正确的行车路线，处在陌生的地理环境中无法准确地了解周围的交通条件和自己的准确位置，需要服务时却不了解周围服务设施的分布……低效率利用及管理技术落后并存的现象又加剧了交通设施短缺造成的困境。因此，发展智慧交通系统的意义非常重大。

智能车辆定位追踪系统是智慧交通的重要组成部分，其在人们的生活中起着越来越重要的作用。有效应用智能车辆定位追踪系统，能够提高现有道路设施的使用效率、减少交通拥挤，加强对车辆的集中管理和调度，为驾驶员提供足够的道路状况、交通监管、环境天气等信息，实现人、车、路的密切配合与和谐统一，极大地提高交通运输效率，保障交通安全，增强行车的舒适性，改善环保质量，提高能源的利用率，实现车辆的动态监控。

一、车辆追踪系统：四大导航系统

1. 全球定位系统

全球定位系统（Global Positioning System，缩写为GPS）是一个中距离圆形轨道卫星导航系统。它可以为地球表面绝大部分地区（98%）提供准确的定位、测速和高精度的时间标准。该系统是20世纪70年代由美国国防部研制和维护的新一代空间卫星导航定位系统。其主要目的是为陆、海、空三大领域提供实时、全天候和全球性的导航服务，并用于情报收集、核爆监测和应急通信等一些军事目的，是美国独霸全球战略的重要组成。系统可满足位于全球任何地方或近地空间的军事用户连续精确地确定三维位置、三维运动和时间的需要。该系统包括太空中的24颗GPS卫星；地面上1个主控站、3个数据注入站和5个监测站及作为用户端的GPS接收机。只需其中3颗卫星，就能迅速确定用户端在地球上所处的位置及海拔；所能收联接到的卫星数越多，解码出来的位置就越精确。经过20余年的研究实验，耗资300亿美元，到1994年3月，全球覆盖率高达98%的24颗GPS卫星星座布设完成。

该系统的使用者只需拥有GPS接收机即可使用该服务，无须另外付费。GPS信号分为民用的标准定位服务（Standard Positioning Service，缩写为SPS）和军规的精确定位服务（Precise Positioning Service，缩写为PPS）两类。由于SPS无须任何授权即可任意使用，原本美国因为担心敌对国家或组织会利用SPS对美国发动攻击，故在民用信号中人为地加入选择性误差（Selective Availability，缩写为SA）以降低其精确度，使其最终定位精确度大概在100米左右；军规的精度在10米以下。2000年以后，克林顿政府决定取消对民用信号的干扰。因此，现在民用GPS也可以达到10米左右的定位精度。

GPS系统拥有多种优点：使用低频讯号，纵使天候不佳仍能保持相当的讯号穿透性；全球覆盖（高达98%）；三维定速定时高精度；快速、省时、高效率；应用广泛、多功能；可移动定位；不同于双星定位系统，使用过程中接收机不需要发出任何信号增加了隐蔽性，提高了其军事应用效能。GPS系统是一个高精度、全天候和全球性的无线电导航、定位和定时的多功能系统。GPS技术已经发展成为多领域、多模式、多用途、多机型的国际性高新技术产业。

2. 格洛纳斯卫星导航系统

格洛纳斯（GLONASS）是俄罗斯全球卫星导航系统（Global Navigation Satellite System）的缩写。格洛纳斯卫星导航系统的作用类似于美国的GPS、欧洲的伽利略卫星定位系统和中国的北斗卫星导航系统。

该系统最早开发于苏联时期，后由俄罗斯继续该计划。俄罗斯1993年开始独自建立本国的全球卫星导航系统。该系统于2007年开始运营，当时只开放俄罗斯境内卫星定位及导航服务。到2009年，其服务范围已经拓展到全球。该系统主要服务内容包括确定陆地、海上及空中目标的坐标及运动速度信息等。该系统也开设民用窗口。

格洛纳斯导航系统目前在轨运行的卫星已达30多颗。2018年11月7日，俄罗斯政府网站上公布的文件显示，俄政府批准了与中国在和平利用格洛纳斯和北斗卫星系统方面合作的协议草案。具体内容是指“批准由俄国家航天集团提交的、经与俄外交部和其他相关联邦执行机构协商的俄罗斯政府与中华人民共和国政府之间关于和平利用格洛纳斯和北斗全球导航卫星系统的协议草案”。协议旨在为在将格洛纳斯和北斗卫星系统共同应用于和平目的方面的有益合作建立组织法律基础，开发格洛纳斯和北斗系统所使用的导航技术以及提高卫星导航民用的组织水平。该协议草案规定了民用导航设备的研制和生产方面的合作，以及制定使用格洛纳斯和北斗导航技术的俄中应用标准，如监控俄中边界跨境交通流量的标准。

3. 伽利略卫星定位系统

伽利略定位系统（Galileo），是一个正在建造中的卫星定位系统，该系统由欧盟通过欧洲空间局和欧洲导航卫星系统管理局建造，总部设在捷克首都布拉格。

伽利略系统的目的之一是为欧盟国家提供一个自主的高精度定位系统。该系统独立于俄罗斯的格洛纳斯系统和美国的全球定位系统，在这些系统被关闭时，欧盟就可以使用伽利略系统。该系统的基本服务（低精度）是提供给所有用户免费使用的，高精度定位服务仅提供给付费用户使用。伽利略系统的目标是在水平和垂直方向提供精度1米以内的定位服务，并且在高纬度地区提供比其他系统更好的定位服务。

伽利略系统计划将由30颗中高度圆形轨道卫星和2个地面控制中心组成，其中27颗卫星为工作卫星，3颗为候补。地面控制中心分别位于德国慕尼黑附近的奥伯法芬霍芬和意大利的富齐诺。卫星高度为24 126公里，位于3个倾角为56度的轨道平面内。当时预计系统于2008年建成，总投资36亿欧元，以商业运营的模式全部民用。伽利略系统的第一颗试验卫星GIOVE-A于2005年12月28日发射，第一颗正式卫星于2011年8月21日发射。2016年12月15日，欧洲伽利略卫星导航系统开始启用，但不幸的是问题不断，曾多次出现系统停摆，期间还求助于一家中国科技公司，该公司用了48小时就帮助伽利略系统恢复广播星历，使伽利略系统现有的24颗卫星全部崩溃的局面得以恢复。

伽利略系统的基本服务有导航、定位、授时；特殊服务有搜索与救援（SAR功能），扩展应用服务有飞机导航和着陆控制、铁路安全运行调度、海上运输系统、陆地车队运输调度、精准农业。伽利略计划是欧洲自主、独立的全球多模式卫星定位导航系统，提供高精度、高可靠性的定位服务，实现完全非军方控制、管理，可以进行覆盖全球的导航和定位功能。伽利略系统能够与美国的GPS、俄罗斯的GLONASS系统实现多系统内的相互合作，任何用户将来都可以用一个接收机采集各个系统的数据或者各系统数据的组合来实现定位导航的要求。这个民用系统将为海上和陆上交通提供极大的便利，将为欧洲公路、铁路、空中和海洋运输、欧洲共同防务甚至是徒步旅行者有保障地提供精度为1米的定位导航服务。与美国的GPS相比，伽利略系统更先进，也更可靠。美国GPS向别国提供的卫星信号，只能发现地面大约10米长的物体，而伽利略的卫星则能发现1米长的目标。一位军事专家形象地比喻说，GPS只能找到街道，而伽利略则可找到家门。

4. 北斗卫星导航系统

中国北斗卫星导航系统（BeiDou Navigation Satellite System，缩写为BDS）是中国自行研制的全球卫星导航系统。2014年11月，联合国负责制定国际海运标准的国际海事组织海上安全委员会，正式将中国的北斗系统纳入全球无线电导航系统。这意味着继美国的GPS和俄罗斯的格洛纳斯后，中国的导航系统已成为第三个被联合国认可的海上卫星导航系统。北斗系统能在其覆盖范围内提供足够精确的定位信息。

基于北斗/GPS的车辆监控系统将北斗卫星导航定位技术、GPS技术、GIS地理信息系统技术、互联网技术有机结合，针对不同类型车辆，如危险化学品运输车、客运车、政府部门车辆，以及各种特种车辆，如警用车、运钞车、消防车、救护车、邮政车、工程抢险车等，可提供系统监控中心的整体解决方案。监控中心通过北斗卫星网络，能够实现全天候、网络无缝覆盖获取车辆的地理位置、运行方向、运行速度及各种状态信息，对车辆进行实时监控、调度、发布服务信息、受理各种类型的报警信息等。

以北斗车辆追踪方案为例。北斗高精度人员车辆定位监控系统由地基增强子系统、高精度北斗终端（车载和人员）和监控中心平台三部分组成，可以实时获得人员车辆差分解算位置、状态等数据信息，通过无线网络上传时间、位置信息到监控中心，监控中心也可下发指令信息至北斗车载终端，完成对其参数的设置、调度指挥等。

二、车辆追踪系统的主要构成

进入信息时代，在不同行业领域的应用中，车辆不再简单充当运输载体，车辆管理部门往往把车辆作为一个信息点对其进行数据采集、跟踪、指挥与布控。

车辆追踪系统的主要构成包括：

（一）地基增强子系统（数据通信部分）

数据通信部分原本是导航系统发展的壁垒，但随着数字移动通信GSM的迅速普及，其广泛分布的特性使之达到了良好的覆盖范围，为卫星定位的数据传输彻底扫清了障碍，并且为卫星定位数据的传输提供了多种方式，如SMS、GPRS等。

（二）高精度北斗终端（导航系统GPS车载终端）

GPS车载终端一般由一个GPS定位模块配以一定的控制及通信系统实现。基于其自身成本与数据传输范围的约束特性，对车载和人员进行高精度追踪。

（三）监控中心平台

监控中心平台是整个系统的控制指挥部分，主要分为单用户系统与多用户系统两种用户系统方案。

1. 单用户系统

单用户系统的每个用户，分别具有自己的定位部分和控制中心。单用户系统在提供便利的同时，同样面临高成本的弊端。

2. 多用户系统

多用户系统由一个监控中心控制管理多个用户，按需要或事先的设置及响应和满足不同用户的需求。多用户系统具有较强的管理优势，在车辆调度方面可以起到较大的作用。

由于GPS定位技术具有精度高、速度快、成本低的显著优点，因而已成为目前世界上应用范围最广、实用性最强的全球精密授时、测距、导航、定位的系统。2020年7月31日和12月21日，我国相继成功发射第一颗和第二颗导航定位实验卫星。北斗卫星导航定位系统的建立，意味着我国具备了提供全天候、全天时的卫星导航信息的区域性导航系统的能力。该系统主要为公路交通、铁路运输、海上作业等领域提供导航服务，具体应用于交通运输、调度指挥、有关地理信息系统的实时查询等方面，从而大方向上对我国国民经济建设将起到积极推动作用。

三、车辆追踪系统的管理内容

以北斗卫星定位系统为例，车辆追踪系统的主要管理内容表现在以下方面：

（一）道路交通管理

车辆追踪系统有利于减缓交通阻塞，提升道路交通管理水平。通过在车辆上安装卫星导航接收机和数据发射机，车辆的位置信息就能在几秒钟内自动转发到中心站，这些位置信息可用于道路交通管理。

（二）铁路智能交通管理

车辆追踪系统可以促进传统运输方式实现升级与转型。例如，在铁路运输领域，通过安装卫星导航终端设备，可极大缩短列车行驶间隔时间，降低运输成本，有效提高运输效率。未来，北斗卫星导航系统将提供高可靠、高精度的定位、测速、授时服务，促进铁路交通的现代化，实现传统调度向智能交通管理的转型。

（三）海运和水运管理

海运和水运是全世界最广泛的运输方式之一，也是卫星导航在车辆追踪领域最早应用的领域之一。在世界各大洋和江河湖泊行驶的各类船舶大多都安装了卫星导航终端设备，使海上和水路运输更为高效和安全。北斗卫星导航系统将在任何天气条件下，为水上航行船舶提供导航定位和安全保障。同时，北斗卫星导航系统特有的短报文通信功能将支持各种新型服务的开发。

（四）航空运输管理

当飞机在机场跑道着陆时，最基本的要求是确保飞机相互间的安全距离。利用卫星导航精确定位与测速的优势，车辆追踪系统可实时确定飞机的瞬时位置，有效缩短飞机之间的安全距离，甚至在大雾天气情况下，可以实现自动盲降，极大地提高飞行安全和机场运营效率。北斗卫星导航系统与其他系统的有效结合，将为航空运输提供更多的安全保障。

四、车辆追踪系统的主要功能

以北斗卫星定位系统为例，车辆追踪系统的主要功能包括以下几个方面：

（一）基础数据管理

基础数据管理是北斗定位系统应用的基础，是整个系统的核心。基础数据包括车辆的单位、车辆本身及人员情况等。通过对相关车辆的管理，明确车辆的基本信息，及时掌握车辆进行跟踪，了解应用情况，为车辆维护、跟踪提供参考内容。

（二）车辆地理位置信息查询

车载设备通过北斗GPS模块接收卫星信息，可以提供实时的车辆位置信息。该信息通过无线通信（5G/GPRS）手段传回控制中心后，通过三维展示系统在三维地图上显示出来，以实时定位车辆的地理位置、车牌号码、随车司机、行驶状态、速度等信息。在正常运输时间段内，当车辆超出行驶的范围时，系统立即向车载北斗GPS发出提示信息，告知该车辆超出行驶范围，提示驾驶人员进行纠正，并同时向控制中心发出警告，在控制中心屏幕上闪烁显示该车辆，同时记录超范围的时间、车辆、随车司机等相关信息。

（三）车辆状态监控

支持对单个或多个车辆进行同时监控。被监控的车辆将以不同的颜色显示在控制中心屏幕上，从视觉上加以区分。该功能能够及时准确地了解车辆当前的运行状态。监控中心可以全天实时监控所有受控车辆的当前位置、行驶方向、行驶速度、启动和熄火状态。可以将单选一台车查询位置地图放到最大，定位情况可以详细到城市小巷具体建筑物附近。同时可以切换成卫星地图，查看车辆周边情况、了解道路实时拥堵情况，规划行车路线。该系统可设置为5秒内返回一次车辆动态信息，以便及时地掌握车辆状况。

（四）车辆轨迹管理

监控后台保存车辆的所有监控数据，监控中心可以选择按不同时间段、车牌号、运输人员等查询车辆的行驶轨迹数据，并进行动态回放，重现运输过程。监控中心可随时调阅回放被控车辆90天内的历史行程，包括轨迹线记录、停车和开车时间查询、历史行驶的速度、里程查询等。

（五）车辆考核管理

根据车辆的运行数据，通过多种方式对行驶人员的工作绩效进行量化考核，得出考核数据。目前主要通过以下两种方式进行考核：

1. 到位率

根据实际运营线路的行驶轨迹与预定路线信息进行吻合度对比，得出行驶的到位率。到位率越高，表示实际行驶路线与预定线路的吻合度越高。

2. 完成率

根据实际运行线路的行驶轨迹与预定路线信息进行吻合度对比，得出运营的完成率。完成率越高，表示实际行驶路线与预定线路的完成度越高。

（六）报警管理

报警管理包括超速报警、区域报警、抢劫报警、控制车辆超过监控中心预设的速度报警值并超过或驶入预设区域，向监控调度中心发出相应报警，等等。

1. 紧急报警

北斗紧急一键报警系统摆脱了传统一键报警系统对地面网络、数字电台的依赖，采用北斗卫星导航系统特有的短报文功能实现了全天候、全天时的紧急报警和服务。

2. 超速报警

预装有GPS监控系统的大屏幕上的绿色箭头，表示正在正常运行的客运车辆。当GPS监控平台突然传出急促报警声，屏幕下方即刻会显示出超速车辆的车牌号、超速区域、超速的里程、超速时长，等等。当观察的车辆超过设定的速度时，车辆即向驾驶人以及监控调度中心进行报警。GPS监控人员可以立即向该驾车超速驾驶人发出警告提示。

3. 偏离报警

基于GPS定位卫星的车辆运行轨迹偏离报警系统，包括车辆本体和报警系统。车辆本体包括车头、车身和车轮，报警系统包括主控模块。主控模块设置在车头内部，车头左右两侧均设置有超声波模块，车头内方向盘中心处设置有角度检测模块。主控模块分别连接GPS模块、显示模块、电源模块和无线通信模块。无线通信模块与无线接收端通信连接，主控模块分别与超声波模块和角度检测模块连接。角度检测模块与GPS模块结合，以使得主控模块分析车辆是否偏离行驶方向，通过将处理后的信息送至无线接收端，以方便系统后台实时掌握车辆行驶信息，并及时向驾驶者预警和提醒。

4. 抢劫报警

通过车载GPS系统与传呼中心GPS卫星定位系统的信号链接，使系统后台能随时掌握车辆的所在地点和运载状况。当车辆出现意外情况时，车辆驾驶人可以联络中心求得支援，这样司机和车辆的防盗防抢性便得以保障。

（七）多种统计类报表

系统支持对多种数据进行统计和分析，形成分析报表，并可以导出EXCEL、PDF等文档格式，如里程统计表、单位运输统计表、报警统计表等。

（八）视频图像监控

通过车内安装的摄像头实时或定时获取移动目标的视频图像信息，可以实时将图像信息，或定时拍照的图片直接发送到监控调度中心，可以查看现场的交通状况或车辆货箱、驾驶室内的情况。

（九）报警及信号跟踪功能

能够基于AIS视频图像对监管范围内的船舶进行不间断地监视，并能够根据预设的参数判断险情并报警。比如：识别认定雷达视频中的船舶目标，并在船舶目标进入海缆监控范围后保持对目标的跟踪。

五、车辆追踪方案的辅助技术

（一）全球移动通信系统

全球移动通信系统（Global System for Mobile Communication，缩写为GSM）是一种网络规范，它定义了建设该网络及服务的各种标准，这些标准由欧洲电信标准化协会（ETSI）掌管，常称为GSM标准。它的空中接口采用时分多址技术。自20世纪90年代中期投入商用以来，被全球超过100个国家采用。GSM标准的无处不在，使得与移动电话运营商签署“漫游协定”的用户的国际漫游变得很平常。GSM较之它以前的标准最大的不同是，它的信令和语音信道都是数字式的，因此GSM被看作是第二代（2G）移动电话系统。

GSM网络其实是一种无线数字蜂窝通信系统，通常使用频率为900MHz、1800MHz、1900MHz。基于GSM开通短消息服务是无线通信在20世纪末成功实现的一次重要飞跃，这使得移动网络不仅可以传送音频，也可以传送数据。随着移动通信近年来的迅速发展，在数据业务的支持之下，其实现了良好的网络覆盖率，进一步使得更多的移动终端产品得以凸现其更为强大的生命力，承担起更重的责任。

（二）地理信息系统

地理信息系统（Geographic Information System，缩写为GIS）是近年来迅速发展起来的一门新兴技术。它作为制图学、计算机技术、地理、遥感、统计、测绘、通信、规划和管理等学科交叉运用的产物而被广泛地应用到各个领域。通过与流动装置的结合，地理信息系统可以为用户提供即时的地理信息。汽车上的导航装置便是结合了卫星定位设备（GPS）和地理信息系统（GIS）的复合系统，从而实现对特定目标的定位与追踪。同时，汽车导航系统作为地理信息系统的一个特例，除去一般的地理信息系统的内容以外，还包括了各条道路的行车及相关信息的数据库。通过对这个数据库中信息的多方面应用，借助矢量数据表示行车的路线、方向、路段等信息，融合网络拓扑的概念作出最佳行走路线的决策。地理数据文件（GDF）是为导航系统描述地图数据的ISO标准。汽车导航系统组合了地图匹配、GPS定位来计算车辆的位置。地图资源数据库也用于航迹规划、导航，并可能还有主动安全系统、辅助驾驶及位置定位服务（Location Based Services，缩写为LBS）等高级功能。

六、相关技术在车辆追踪方案中的作用

随着GPS、GSM、GIS等技术的发展和成熟，其相关实践在智能车辆监控导航领域的应用也越来越广泛。在车辆定位追踪监控管理系统中，各个移动车辆的定位数据由无线传输方式传输到监控管理中心，监控管理中心通过电

子地图实时、准确地显示被监控车辆的位置，从而实现对移动车辆的定位、监控和管理。综合来看，GPS、GSM、GIS技术在车辆监控定位系统中的主要用途有：提供图形化的人机界面；在矢量电子地图上，用户可以进行任意地缩小、放大、地图漫游等操作；用户可以进行地理实体的查询；在电子地图上，用户可以进行路径规划、最短路径的选择以及电子地图导航；能在电子地图上实时、准确地显示车辆的位置，实现对车辆的定位、跟踪、监控和管理。综上所述，车辆定位追踪系统是一种集全球定位技术（GPS）、数字蜂窝移动通信技术（GSM）、地理信息技术（GIS）等相关技术于一体的高科技系统。它通过车载台的GPS模块将GPS卫星发送的定位和导航信息进行变换，并得到车辆的三维位置、三维速度和时间信息；通过GSM无线通信网络实现车载台和监控中心之间的双向数据传输；通过GIS电子地图实时显示车辆的当前位置，实现对移动车辆的定位、跟踪和监控管理。

在车辆追踪方案中，GPS、GMS、GIS相关技术的综合应用将赋予车辆追踪系统以如下功能：

（一）电子地图显示作用

电子地图（Electronic Map），即数字地图，是利用计算机技术，以数字方式存储和查阅的地图。电子地图一般使用向量式图像储存资讯，通过调整地图比例放大、缩小或旋转，同时达到不影响显示效果的目的。与早期使用位图式储存方法相比，现代电子地图软件一般利用地理信息系统储存并传送地图数据，实现电子地图的快速存取显示、缩放显示、地图漫游、动画演绎、距离面积等信息的自动化量算、图层管理、属性信息查询、机构的重要信息查询、数据传输等。

（二）中心监控作用

车辆监控系统（Vehicle Monitoring System）是利用终端数据采集技术、移动通信技术与互联网技术的结合，把车辆的位置、状态等数据反馈给车辆管理人员的软件。车辆监控系统可对车辆进行定位、追踪、轨迹查看、监听、监视等操作，通过多视窗多目标的监控、行驶轨迹的存储与回放、对车载终端的工作方式进行设置等方式，把数据等相关信息导出作为车辆行驶的历史依据，帮助车辆调度管理人员掌控车辆的在途信息，提升车辆管理效率，以实现对车辆的合理监控。监控中心能够实现对选定车辆的实时跟踪导航等，并可以控制车辆状态的刷新频率。车辆监控系统有两种，一种是GPS车辆监控系统，另一种是手机定位车辆监控系统。

1. GPS车辆监控系统

由GIS、GPS技术组成的车辆监控系统可分为三大功能模块：车载终端模块、移动通信系统与监控中心。车载终端通过GPS接收机接收的卫星信号运算出定位数据（经度、纬度、时间、速度、方向）和状态数据等，经过计算打包处理，将数据信息通过无线通信网络（GSM/GPRS）发回到中心信息网关；中心信息网关接收来自车载单元回传中心的定位及状态数据，判断数据类型，将其中的GPS定位数据、状态数据、服务请求等根据中心服务系统的车辆所属单位派发给相应的监控客户端；监控客户端软件根据上传的各车辆GPS定位信号中的经纬度坐标，在地理信息系统的支持下，利用电子地图匹配技术，在地图上实时显示车辆的位置、状态等信息，从而实现对车辆的实时监控管理。

2. 手机定位车辆监控系统

手机定位车辆监控系统是利用驾驶员的随车手机，基于移动运营网的基站定位来实现车辆监控的。基站定位主要是利用基站对手机的距离的测算来确定手机位置的，也称LBS基站定位法。它的精度很大程度上依赖于基站的分布及覆盖范围的大小，市区误差在50至200米，郊区有时误差达1至2公里。由于定位精度能够满足物流行业需要，它被广泛地用在物流行业的货运车辆管理方面。例如，路歌管车宝车辆监控系统只要注册驾驶员的手机号码，并且开机有信号，就可以锁定手机的位置，数据再反馈到监控中心的电子地图上，物流调度人员就可以对货运车辆进行在途监控。相比于GPS定位系统，它不需要安装GPS等设备，减少开支，很受物流企业管理人员的喜爱。

（三）报警处理作用

报警处理作用很好地彰显了GPS的军事背景。20世纪70年代，美国为了和苏联对抗，耗资130亿美元研制开发出来的。最初只使用于军事领域。1993年后，美国国防部正式宣布GPS向全球免费开放使用。由于它先进的技术特点在很多方面和交通行业不谋而合，因此很快就被广泛地用于交通行业。其工作原理是利用接收卫星发射信号与地面监控设备和GPS信号接收机组成全球定位系统，卫星星座连续不断发送动态目标的三维位置、速度和时间信息。保证车辆在地球上的任何地点、任何时刻都至少能收到卫星发出的信号。通过锁定点火或启动来达到防盗的目的，同时还可通过GPS卫星定位系统，将报警处和报警车辆所在位置无声地传送到报警中心。因此，只要每辆移动车辆上安装的GPS车载机能正常地工作，再配上相应的信号传输链路（如GSM移动通信网络和电子地图），建一个专门接收和处理各个移动目标发出的报警和位置信号的监控室，就可形成一个卫星定位的移动目标监控系统，实现对车辆安全的保障。具体而言，通过自动接受车辆的报警信号，在地图上将对该目标进行鲜明色彩及图标的突出显示并以声、光报警提醒值班员注意，同时在屏幕上显示该移动目标的用户卡片资料，如车辆编号、车牌号、车型、颜色及司机名等，加强行车安全管理。

（四）数据管理作用

随着信息技术的飞速发展以及交通行业信息化需求的进一步提升，交管部门开始对车辆的行驶数据进行采集管理。实现数据采集与管理的系统包括软件与硬件两部分。硬件也就是汽车行驶数据记录仪（VDR），软件为汽车行驶数据管理软件（VDRDMS）。根据功能需求以及各类硬件设备的数据规范，VDRDMS须具备连接VDR、智能卡等硬件设备的能力，并能够上传或下载数据，可以对上传后的数据进行显示、统计、查询、存储等操作。通过对汽车行驶数据记录仪与汽车行驶数据管理软件的综合型应用，实现车辆用户资料管理、更新，地图信息的修改等，以方便满足用户对相关存储车辆的历史位置信息、历史行程跟踪的需要，并简化其对车辆的历史行程情况进行查询的过程。

（五）地图匹配作用

地图信息用于定位在智能交通系统的应用中通常称为地图匹配（Map Matching，缩写为MM）。除了用于用户引导、对道路交通流的精确分析外，基于车辆位置的电子道路收费也需要地图匹配以精确确定车辆所行驶的路段。GPS定位由于星历表的误差、卫星钟的误差、电波传播的误差、接受设备的误差等，使定位信息不能反映物体的真实位置，所以需要采用一定的算法进行道路匹配，减小定位误差，从而提高车辆的定位精度。地图匹配充分利用导航型数字地图数据库，能够进一步提高单一定位传感器或多个定位传感器组合的定位精度，准确确定车辆行驶的路段，从而实现可靠的路径引导、道路交通流分析与预测，并能够提供正确的道路收费信息。

七、车辆追踪方案的现实应用

车辆情报智能追踪系统是车辆追踪方案的具体落地，其整合了专业卡口与非专业卡口（包括电子警察、治安视频监控、停车场监控），将非专业卡口通过视频复用和视频智能分析模拟出虚拟卡口，创建一个以车辆信息为核心的大卡口信息中心。系统设计基于分布式集中管理策略、多层次立体式结构，将系统前端物理层、传输网络层、数据处理层和用户应用层有机结合起来，实现全网资源共享，同时满足各业务部门的应用需求。基于车辆情报智能追踪系统建设大卡口共享平台及大卡口联网平台。大卡口共享平台可用于整合视频专网内的所有专业与非专业卡口资源，并向公安以外单位提供卡口信息资源；大卡口联网平台部署在公安网内，主要用于接收同级大卡口共享平台的报警信息，实现与公安其他业务系统的信息共享，开展深度卡口应用。系统整合了专业卡口资源、电子警察资源、治安视频监控资源、停车场视频监控资源。系统软件的逻辑架构划分为三个层次：数据基础层、管理应用层、综合分析层。

车辆情报智能追踪系统实现了省/市多级卡口整合与联网，构建了一个跨区域、级联、多源大卡口系统，形成公安治安立体化防控体系，为公安部门交警、指挥中心、侦查部门、治安管理部门提供了一个以车辆信息为核心的资源共享、管理及应用中心。该系统实现了全省/市各级卡口资源联网，形成大范围卡口信息网络，实现辖域内已建设和新建的不同厂家、不同类型的卡口系统接入，实现跨平台、跨系统的数据复用，并形成卡口联网规范与标准。该系统实现了卡口信息资源共享，整合现有卡口数据与图片，复用非专业卡口数据并进行智能分析，实现快速调用、检索、显示、分析、布控、报警等功能，提升道路动态智能管控水平。与公安及交警业务系统对接或预留接口，如与图像资源联网平台、PGIS、机动车缉查布控系统、交警业务系统、图像资源库等的深度关联对接，实现业务数据交换，实现车辆多关联度的情报信息研判，全面拓展卡口信息在公安业务应用中的深度和广度。该系统提升了卡口信息应用水平，以满足卡口信息的多警种应用为目标，从单一的满足交警对卡口的应用，延伸至“大公安”的多警种应用业务，为公安业务构建一个综合卡口作战应用系统，提高公安机关的实战水平。

拓展阅读

大数据与智慧旅游：黄金周的应对①

第二节　智慧旅游一卡通方案

一、智慧旅游一卡通的应运而生

“智慧旅游”是将各景点实景资源和数据信息进行深度集成化开发并激发资源整合，且同时服务于普通大众、行业企业、单位机关等的具有未来性的崭新的旅游形态。它需要以物联网、“互联网+”、高效数据统计分析、人性化体验等技术为依托，旨在提升旅行感受、行业趋势、运维管控等方面的使用体验。“智慧旅游”的产生和发展，明显地提高了游客在吃、住、行、游、购、娱等旅游消费情境中的附加值。由于旅游者在前期准备、过程体验、行程回顾中都可以轻松地得到信息、计划行程、票务预订、住宿安置、费用支付等，游客满意度会因此而大幅提升。

随着科学技术的不断进步和信息化时代的到来，国内旅游产业得到了蓬勃的发展，旅游行业的管理也在不断地进行着信息化的革命。信息技术的快速发展，网上银行、电子地图、信息导航等工具确实为人们外出旅游带来了很多的便捷。虽然游客凭借智能手机“一机在手”基本可以满足相关需求，但是不能否认，要么上述工具终端载体有所差异，游客平时出行时身上需携带过多不同功能的终端，要么游客需要在智能手机上下载多个小程序或者APP应用，所以无论从业务的定制还是业务的使用方面都会使游客感觉使用

① 冯叶，吴强，黄磊. 大数据与智慧旅游：黄金周的应对[J]. 现代商业，2016(17): 177-178.

起来烦琐、复杂，从而给游客的旅游活动带来诸多不便。基于此，智慧旅游一卡通系统应运而生。

二、智慧旅游一卡通简介

智慧旅游一卡通是以景区、交通、金融、娱乐、消费等服务行业的设施为基础，为使旅游业从传统模式向智能模式转变而建设的一套集电子钱包、身份认证、在线支付、电子门票、游客位置定位等功能于一体的完整系统。智慧旅游一卡通真正实现了旅游的信息化。发行旅游景点通卡，以捆绑景点低价销售的模式促进旅游业发展，已成为我国开发旅游景点、发展旅游经济的一大趋势。

2014年初，京津冀协同发展被列为重大国家战略，作为创新型的金融智旅产品，旅游一卡通以"旅游+金融+互联网+全域+"的创新模式在"旅游+"、智慧旅游领域凸显优势，受到三地政府的大力推广。从"一张卡"发展到"一个平台"，从京津冀走向全国，从旅游的单一功能优惠向多行业的增值服务优惠升级，旅游一卡通在全区域、多领域方面不断创新发展，在区域旅游协同及促进银行、企业、持卡人三方联动层面发挥了明显的优势。

三、智慧旅游一卡通的功能模块

智慧旅游一卡通系统整合了数据库、商务智能等先进的技术理念，采用逻辑清晰的树形组织架构，其主要功能模块包括：发行与管理子系统、积分与消费管理子系统、增值服务管理子系统。其中，发行与管理子系统下设两个子功能模块，积分与消费管理子系统下设五个子功能模块，增值服务管理子系统下设四个子功能模块[①]（详见图3-1）。通过后台的整合，智慧旅游一卡通将银行卡、公交卡、在线支付、电子钱包、电子门票、游客位置定位、景区智能管理等功能全部整合在一个平台之上，为游客提供一站式服务，从而真正实现了旅游的信息化。

① 周海波.智慧旅游景区一卡通系统设计与实现[D].长沙：湖南大学，2015.

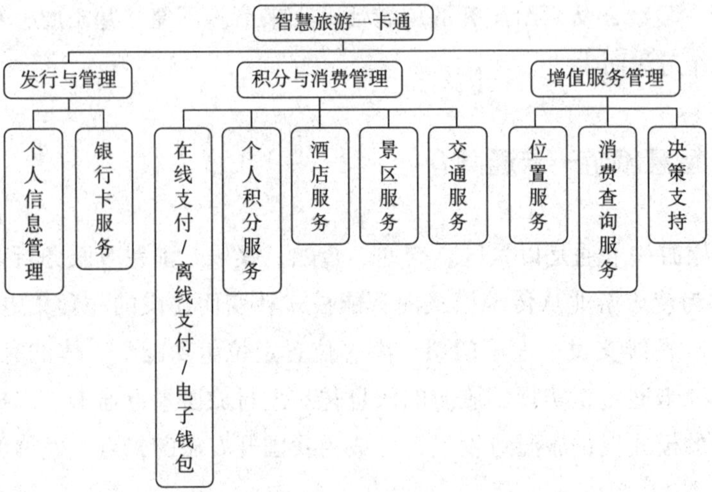

图3-1　智慧旅游一卡通功能模块示意图

四、智慧旅游一卡通的产品功能

以京津冀旅游一卡通为例，介绍一下智慧旅游一卡通的产品功能。

作为国内最早的京津冀跨区域银旅融合产品，京津冀旅游一卡通是当时唯一具备全国通用、可全国发行的产品。小小的一张卡片主要承载着以下五大功能：

（一）金融功能

作为一款借记卡，京津冀旅游一卡具有中国建设银行"龙卡通"借记卡存取现金、转账结算、购物消费等所有的金融功能。

（二）旅游景区免票或优惠功能

它首先解决的是景区门票在线预订、现场确认的入园问题。持卡用户可在京津冀三地加盟景区刷卡验证，即可享受门票减免或优惠待遇。电子门票系统方便网上订票或者微信订票的游客在闸机上直接刷手机二维码验票入园。具备多种检票闸机型式：三杆闸机、翼门闸机、摆门闸机、无闸检票机等。

（三）高速公路ETC优惠通关功能

开创了京津冀旅游优惠与ETC全国畅行的结合，对有车一族旅游消费促进作用明显；同时，持卡人可在高速公路服务区消费享受优惠，是实现全域旅游及旅游过程营销的一种有效手段。

（四）休闲消费刷卡优惠功能

持卡用户可在京津冀境内通过网站、微信公众号、宣传册、建行网点、客服热线等获得各类优惠折扣信息及旅游、休闲、消费资讯，在加盟的各类商家刷卡消费时享受相应折扣优惠。

（五）大数据功能

通过线上、线下渠道的对接、服务游客验证、支付等，为旅游企业提供翔实的大数据。

凡加盟的游乐场、景区门票系统均实现了计算机售票、检票、查询、汇总、统计、报表、防伪等各种票通道门禁控制管理功能，具有全方位的实时监控和管理功能，对于提高各旅游景区的现代化管理水平有着显著经济效益和社会效率。

景区门票管理系统可靠性高，售票准确，进门畅通。具备完善的售票检票设备，并同时配备成熟的系统软件和应用软件，保障系统的可靠运行。

旅游一卡通的持卡人可获得的智能化的服务主要包括：金融服务、旅游服务和生活服务（如图3–2所示）：

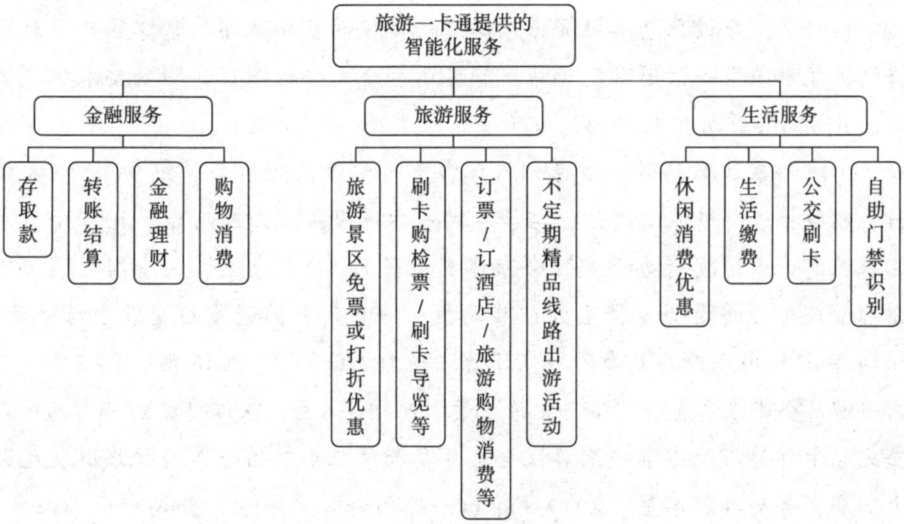

图3–2　旅游一卡通提供的智能化服务

业界实践

京津冀旅游一卡通激活沉睡市场

京津冀旅游一卡通由中国旅游景区协会指导，由北京君盛宏科技有限公司具体承办。该卡包含的景区众多，涵盖冰雪体育项目、温泉康养项目，戏水和高山滑水、亲子娱乐和激情游乐体验项目，文化遗产、遗迹和文化博物馆项目，登山望景和赏花观景等自然风景旅游项目等，集中体现了文化旅游体育等产业的融合。持卡用户可免门票游览，部分景区在有效期内可不限次使用。

2011年京津冀旅游一卡通首发河北。2012年被京津冀三省政府分别确定为区域旅游合作重点项目。2012年9月被天津市旅游局纳入智慧旅游“1369”工程。天津市智慧旅游“1369”工程包括：建立和完善“1”个智慧旅游综合数据中心：旅游云计算与存储中心；搭建“3”个数字平台：旅游行业智能管理平台、旅游公共信息服务平台、旅游目的地营销体验平台；建设和完善“6”个载体：互联网、移动互联网、“12301”旅游服务热线、旅游一卡通、遍布全市的电子触摸屏和人工咨询服务网点等；建设“9”个智能系统：智能OA管理系统、旅游景区智能管理系统、旅行社智能管理系统、饭店智能管理系统、旅游超市系统、智能行程规划系统、智能信息管理系统、旅游目的地展示营销系统、旅游产业分销系统。

2014年，习近平总书记提出京津冀一体化的宏伟蓝图。京津冀三地政府将经济技术旅游一卡通确定为该区域旅游的重点合作项目，明确要求推广使用，并号召各旅游企业积极参与。

2015年京津冀旅游一卡通列入国务院《环渤海地区合作纲要》。纲要指出，积极推进智慧旅游建设，拓展旅游一卡通服务范围及功能。2017年，京津冀旅游一卡通发行办公室联合京津冀地区150余家景区，由中国公园协会公园管理专业委员会支持主办，共同推出一系列利国利民的健康生活项目。2018年推出99元产品免费出游京津冀三地182家景区。2018年5月19日，中国旅游日全球限量发行“雄安文旅”卡。2018年6月，京津冀旅游一卡通·雄安文旅卡作为河北省唯一旅游权益名片参加第三十二届香港国际旅游展及第十三届商务会奖旅游展。2019年推出“世园会”主题卡，暑期亲子精品卡，交通（公交）旅游一卡通。2019年9月，邯郸市旅游协会将文旅惠民成果“京津冀旅游一卡通”引入邯郸，并召开新闻发布会。

2020年2月，新冠肺炎疫情期间，率先发起“疫情肆虐，人间有爱”义卖活动，参与人数超过1000人，爱心义卖共筹集善款6万元，全部捐赠予湖北省慈善总会。2020年3月29日，在中国旅游景区协会启动的疫后振兴十大行动中，京津冀旅游一卡通参与实施“为景区线上门票预售、客源输送、创新营销和提升二次消费提供系统、设备、年卡服务”，为景区做智慧化景区建设与产品服务。2020年4月26日，京津冀旅游一卡通启动百万补贴来激活现有资源与市场，有效促进持卡用户出游并带动旅游消费，也为景区在疫后实现客流导入及快速恢复服务功能起引导性作用。2020年11月18日，文化和旅游部离退休干部局携手京津冀旅游一卡通举行公益捐赠活动，此次活动以“敬老爱老‘游’享幸福生活”为主题，助力老年人体验快乐旅行，发现美好生活。

2020年11月19日，在北京市文化和旅游局、湖北省十堰市政府联合主办的“新赋能 新链接 新思路”——第四届北京文化旅游合作促进平台大会上，由京津冀三地文化和旅游部门支持、北京君盛宏科技有限公司出品的“全国旅游一卡通”正式启动。2021年1月4日，为进一步推动旅游惠民成果落地，促进旅游扶贫富民创新发展和旅游扶贫项目与市场需求有效对接，带动贫困人口脱贫增收，增强自我发展能力，实现可持续增收的长效机制，北京市文化和旅游局合作促进平台联合北京君盛宏科技有限公司发行平台地区旅游一卡通服务项目。现在的京津冀旅游一卡通集金融与旅游各项功能为一体，除具备“龙卡借记卡”存取现金、转账结算、购物消费等金融功能外，持卡人在进行餐饮、住宿、娱乐、交通、景区（点）、定点购物等刷卡消费时享受折扣优惠。

2020年以来，因疫情原因，部分景区在特定时期处于关闭状态。在营业期间可以使用京津冀旅游一卡通可以游览杜莎夫人蜡像馆、中央电视塔、金面王朝、白石山、中华曲苑相声会馆等300多个景点。其中：5A景区13家，4A景区67家，3A景区73家。2021京津冀旅游一卡通价格不高，而且在原价的基础上还有很大的优惠：普通版原价99元/张，抢购价68元/张；精品版：原价168元/张，抢购价128元/张。

“旅游一卡通”是利还是弊？①

“旅游一卡通”是利还是弊？2018年9月，“游天下”记者罗磊及其编辑邝白薇就这个问题谈了自己的看法。

“游天下”记者罗磊：中秋、国庆假期前夕，一张“印象中国旅游一卡通”扰动了旅游业。这张卡8月刚刚上线，号称138元可玩遍3800家旅游景区的卡，被我国旅游协会、同程、驴妈妈点名“划清界限”。如此低的价格以及背后高额的返佣，让此卡被不少业内人士认为“疑似传销”。

“游天下”编辑邝白薇：这种138元的“旅游一卡通”产品，就是利用了信息不对称和游客贪便宜的心理。由于购买这类旅游卡的花费不多，所以消费者一旦上当，追偿损失的积极性反而不高。

“游天下”记者罗磊：为了解决景区门票贵的问题，今年国庆前夕，国内众多景区纷纷降价，是旅游惠民的重要一步。此外，国内很多省区市也都推出了当地的“旅游一卡通”产品惠民。例如，京津冀旅游一卡通、武汉旅游景区旅游年卡已推出多年；今年2月，广州也推出过广州城市旅游卡，在国内率先实现公交地铁日通票功能和旅游资源优惠功能的一卡整合。

“游天下”编辑邝白薇：“旅游一卡通”有利也有弊。“旅游一卡通”虽说涵盖的景区数量很多，但是实际上在限定的时间内，游客真正参观完所有景区的概率极低。与此同时，不少景区和商家也愿意以低价门票换取流量，再通过入场游客的二次消费来赢利。

“游天下”记者罗磊：一方面，低价“旅游一卡通”会对有些景区门票价格造成冲击；另一方面，还有可能会形成价格歧视。例如，很多地方发行旅游年卡只适用于本地居民，并不能将优惠给予外地游客。另外，除了旅游业机构之外，教育培训以及亲子机构也纷纷推出类似的旅游年卡等，导致市场发卡主体越来越多。

“游天下”编辑邝白薇：对于“旅游一卡通”发卡主体的资质，各地需要规范和明确，并在全国范围内实现信息共享才能破解类似问题。与此同时，“旅游一卡通”必须与交通、快消等消费场景结合，才能有生命力。特别要防止一些不法个人和机构借助移动互联网等微商渠道来销售低价“旅游一卡通”，对此必须及时制止，完善追责和消费者权益保护机制。

---

① 资料来源：https://baijiahao.baidu.com/s?id=1611889180627800869&wfr=spider&for=pc

第四章

智慧车辆管理

【引言】

旅游已经进入大众时代，目前在小长假中，有很多人会选择自驾游这种旅游方式。自驾游就会涉及游客车辆管理。一到节假日，高速等路上都会出现堵车的现象，怎么解决或者缓解这一现象呢？只通过限制购买车辆是不能解决实际问题的，需要通过智慧交通来缓解。本章主要介绍在路上（交通信息诱导系统）及停车（停车管控）两方面的内容。

【学习目标】

- 了解交通信息诱导系统的功能、原理，以及国内外的研发现状。
- 了解停车管控的构成和工作流程。
- 了解停车场管理的内容。

【导入阅读】

建立“动态”管理流程　保证智能网联汽车安全[①]

随着汽车智能化、网联化和电动化程度的不断提高，智网联汽车信息安全问题日益严峻，产业链的各个环节对信息安全的重视程度还远没有达到要求，甚至存在多个环节并没有考虑信息安全需求的情况。因此，全面推进智能网联汽车信息安全发展，定期进行安全渗透测试，积极探索信息安全关键技术和产品创新，进一步建立健全智能网联汽车信息安全防护体系至关重要。

① 邹博松，朱科屹，王卉捷．建立“动态”管理流程　保证智能网联汽车安全[N]．中国计算机报，2021-2-8(014).

智能网联汽车测评工程技术中心（赛迪汽车）组织撰写了《智能网联汽车安全渗透白皮书（2020年）》，从产业发展、安全态势、攻击场景、渗透指标、渗透实践等切入点对智能网联汽车安全总体形势进行分析，提出安全渗透测试指标并基于此进行渗透实践，针对性剖析安全漏洞，提出安全保障建议。

一、智能网联汽车信息安全问题日益严峻

随着汽车信息通信、人工智能、互联网等行业深度融合，智能网联汽车已经进入技术快速演进、产业加速布局的新阶段。IHS Markit 数据显示，目前全球市场搭载车联网功能的新车渗透率约为45%，预计至2025年可接近60%的市场规模。据有关部门预测，中国智能网联汽车市场将不断增长，至2025年将接近2000万辆，市场渗透率将超过75%以上。

一方面，2019年上市的传统燃油车联网率超过40%，预计2020年后将超过70%，网技术的普及和不断提升推动了智能网联汽车发展，汽车的联网率增加使得其逐步成为网络攻击重点目标，安全问题风险突出，安全防护基础薄弱。另一方面，工信部车联网动态监测情况显示，2020年以来发现整车企业车联网信息服务提供商等相关企业和平台受到的恶意攻击达到280余万次，平台漏洞、通信劫持、隐私泄露等风险十分严重。威胁由车外进入车内、影响程度加大、网络安全与功能安全要求矛盾等问题层出不穷。

智能网联汽车产业链长，防护界面众多，安全问题复杂，各主体探索建立车联网产业链信息安全分级分类管理模式，明确各自安全的要求也迫在眉睫。

整车企业、互联网企业和安全解决方案提供商纷纷布局汽车安全领域，推出特有的解决方案。整车企业携手网络安全公司，共建智能网联汽车安全实验室，合力推进汽车网络安全检测技术和防护技术的研发。互联网企业依托在传统IT领域的技术沉淀和积累，推出了安全芯片、安全操作系统、安全网关等产品。安全解决方案提供商则在汽车信息安全领域中投入大量测试类产品，通过对车辆自身特性以及网络传输协议的分析，实现对车辆信息安全测试的标准化、工具化、流程化，保障车辆不受外界攻击，提高车辆的安全防护能力。

2020年信息安全十大风险分析了包括不安全的云端接口、未经授权的访问、系统存在的后门、不安全的车载通信等在内的最常见、最危险的汽车信息安全漏洞。近期爆出的安全事件也显示，攻击者一旦利用安全漏洞，便可实现非法访问、敏感数据窃取、远程控制等操作，严重影响驾驶员的行车安全，甚至生命财产安全。为了避免更大的损失，各主体都开始强化在汽车信息安全方面的能力。例如，针对现有车型可以开展渗透测试、漏洞挖掘等，依据分析结果和影响危害，设计防护方案以及创新安全技术等。

二、智能网联汽车网络安全呈融合性、整体性特点

1. 网络安全技术领域扩展，智能网联汽车成为新目标

随着云计算、大数据、车联网等创新技术的逐步应用，新形式网络安全威胁和风险正不断滋生、扩散和叠加。其中，汽车行业的产品、产业的智能化升级是典型代表。智能网联汽车作为搭载先进传感器等装置，融合云、网、路、端、人各要素，涉及信息通信、电子汽车交通等多行业、多领域、多主体，运用人工智能、自动驾驶等新技术的新一代产品，其网络安全问题呈现融合性、整体性特点。

智能化、网联化发展使得汽车面临的网络安全风险不断增大，相较传统互联网，因其应用环境更加特殊、组网更加复杂、管理更加困难，智能网联汽车面临的安全威胁也更加突出。首先，车端威胁复杂。智能网联汽车车端威胁主要涉及车载信息交互系统、车载诊断（OBD）接口、车载网关、车内网络等。车内多个存在攻击风险的脆弱点，引入了众多威胁场景。其次，软件大规模应用。软件重新定义汽车的趋势导致智能网联汽车车内代码量和复杂度激增，漏洞数量也随之增加，给了攻击者更多的可乘之机。最后，与外部连通性增强。车车通信、车路通信、车云通信和短距通信等车内外通信场景为攻击者提供了更多的攻击面，通信安全防护水平参差不齐也极大降低了攻击成本与难度。智能网联汽车功能的大幅增加，导致信息安全接入点和风险点不断暴露，使之逐渐成为攻击者目标。

2. 产业价值体系正在构建，外部环境安全隐患突出

智能网联汽车产业已进入技术快速演进、产业加速布局的新阶段。2020世界智能网联汽车大会上发布的《智能网联汽车技术路线图2.0》提出的目标是：到2035年，智能网联汽车技术和产业体系全面建成，产业生态健全完善，整车智能化水平显著提升，网联式高度自动驾驶汽车大规模应用。新产品、新业态、新模式不断涌现，以智能网联汽车为载体的产业多样化服务伴随着大量信息资产产生。

随着汽车与外部的互联互通程度不断增强，一旦攻击者利用高危漏洞，除了对本车及车主造成安全威胁，甚至还有可能蔓延至其他车辆，从中获取大量利益，甚至可能威胁公共安全乃至国家安全。近年来，智能网联汽车信息安全事件频发，外部环境安全隐患日益突出。根据工信部数据统计，在2019年的专项调研、检测中发现，85%的关键部件存在着安全的漏洞，80%以上的车联网平台和APP存在缺乏身份鉴别、数据明文存储等隐患，近六成企业缺乏自动化的网络安全监测响应能力。Upstream Security的《2020年汽车网络安全汇报》指出，汽车制造行业的互联网攻击快速提升，全行业遭遇的威胁愈来愈广泛。数据显示，自2016年到2020年1月，汽车网络安全事件的年安全事故总数提升了605%，仅在2019年就提升了1倍左右。按照目前的发展趋势，随着汽车联网率不断提升，安全问题会更加突出。

3. 数据信息泄露风险加剧，个人信息保护不断加强

智能网联汽车的信息安全危机不仅能够造成个人隐私泄露、企业经济损失、车毁人亡等严重后果，甚至上升成为国家公共安全问题。据统计，有56%的消费者表示，信息安全和隐私保护将成为他们未来购买车辆时主要考虑的因素。由此可见，智能网联汽车信息安全已经成为汽车产业甚至社会关注的焦点。正处于智能网联汽车发展关键时期，强化智能网联汽车的数据及个人信息安全保障已成为当务之急。

三、建立信息安全防护体系　提高产品安全质量

在互联网时代下，任何行业对于信息安全的基本要求，无论是在团队建设层面、流程管理层面还是技术要求层面，永远都不会过时，智能网联汽车行业也不例外。

组建信息安全团队，明确各主体细分职责。目前很多车联网企业，包括产品服务供应商还没有建立专职的技术团队负责设计、实施、运维智能网联汽车的信息安全。做到信息安全专业化是任何企业都需要解决的第一步，之后则是细化内部团队工作职责。同时受限于自身成本、技术能力等因素，可以考虑请专业团队开展相关安全解决方案咨询、代码安全加固、整车渗透测试等服务，发挥产业链各主体技术优势，实现资源互补。

“安全左移”，建立“动态”安全管理流程。“安全左移”，即在设计阶段考虑更多安全因素，是降低安全风险、实现低成本高回报的解决办法。随着软件定义汽车的普及，智能网联汽车信息安全逐渐向DevSecOps转变。微软

提出的安全开发生命周期（SDL）流程，在设计阶段提出安全需求，在验证阶段测试需求是否满足，软件发布后进行应急响应，给出了一个从安全需求、防护措施与检测到应急响应的动态安全管理流程的有效思路，构建标准化安全开发全生命周期管理，提高产品安全质量。

“自上而下，由内向外”，加强技术防护。随着智能网联汽车软件化程度逐步上升，加强数据、应用到底层物理硬件“自上而下”的纵向防护愈加重要。同时网联化也伴随着“由内向外”的车辆自身外部接口安全防护及车辆对外通信安全保障需求提升。建议遵循最小权限设计原则，保证应用及服务的用户都只能访问必需的信息或资源；加强操作系统原生安全，选项默认处于开启状态并合理配置；实现纵深防御，将不同安全防护手段应用于智能网联汽车的每个技术层面，提高攻击门槛；减少暴露非必要的接口，裁剪非必要组件，从而减少攻击面。

第一节　交通信息诱导系统

交通诱导系统（Traffic Guidance System，缩写为TGS），或称交通流诱导系统（Traffic Flow Guidance System，缩写为TFGS），也称为交通路线引导系统（Traffic Route Guidance System，缩写为TRGS）或车辆导航系统（Vehicle Navigation System，缩写为VNS），基于电子计算机、网络和通信等现代技术，根据出行者的起讫点向道路使用者提供最优路径引导指令，或是通过获得实时交通信息帮助道路使用者找到一条从出发点到目的地的最优路径。交通诱导系统主要通过建设LED室外显示屏，借助道路电视监视系统、接处警系统、公路车辆智能监测记录（卡口）系统、交通信号控制系统、人工采集以及相关单位和部门提供的动态信息等渠道获取交通信息，进行交通信息的采集、处理和发布。这种系统的特点是把人、车、路综合起来考虑，通过诱导道路使用者的出行行为来改善路面交通系统，防止交通阻塞的发生，减少车辆在道路上的逗留时间，并且最终实现交通流在路网中各个路段上的合理分配。

一、交通信息诱导系统的功能及分类

（一）交通信息诱导系统的功能

所谓交通诱导系统，是指通过相关高新技术（如GIS、GPS、导航和现代无线通信技术等）的集成，有效地引导车辆运行，减少车辆的旅行时间，并最终实现交通量在整个路网中均衡分配的技术手段。其作用主要表现在以下两个方面：其一，为驾驶员提供实时的路线引导，从而避免迷路和错误驾驶，并降低交通事故率；其二，根据用户的出行目的地，向其提供优化的路线信息，从而极大地方便出行者。具体而言，交通诱导系统具有如下功能：

1. 信息发布

将显示的内容预先存储到诱导屏本地的存储介质，在通信断开等情况下，诱导屏根据本地存储的内容进行显示。

2. 远程管理

诱导系统有远程开关、定时开关屏功能；诱导系统或本地均能控制诱导屏全亮或全灭；屏体在关闭状态时，不会产生微光。

3. 亮度调节

诱导屏配备环境照度自动检测装置，可根据环境照度调整发光像素的发光强度，以避免夜间照度较低时形成眩光，影响信息的视读和驾驶安全。除上述自动调节方式外，还可以由人工按时段进行设定。

4. 系统管理

①管理诱导系统的工作状态。包括设备的工作状态、通信检测等。诱导标志应设置自检功能和工作状态指示灯。通过自检功能，将发光模组的工作状态、通信接口的通信性能（误码率）、开关电源以及其他工作单元的状态正确地检测出来，在工作状态指示灯上显示并上传给诱导系统。

②管理诱导系统的设备状态。诱导系统能够显示设备的安装位置、设备名称、编号、诱导屏大小类型以及设备连接状态等信息。

③管理诱导系统的用户信息。系统能够管理系统内所有用户，对用户名称、登录口令、控制权限等信息进行管理，以及对整个系统所有日志记录进行管理，并能查询、打印这些记录。

④管理诱导系统的时钟同步。系统有时钟同步功能，为所有控制计算机

和室外诱导屏提供基准时钟，以供时钟校正。

（二）交通信息诱导系统的分类

根据信息的作用范围，交通流诱导系统可以分为车内诱导系统和车外诱导系统。

1. 车内诱导系统

这种诱导系统的诱导对象是单个车辆，也称车辆个体诱导系统。这类系统的诱导机理比较明确，容易达到诱导的目的。在车内诱导系统中，实时交通信息在车辆和信息中心之间传输。目前发达国家采用的是这种系统，但是这种系统对车内设施和信息传输技术要求比较高，造价相对昂贵。

2. 车外诱导系统

这种诱导系统的诱导对象是车流群，也称群体车辆诱导系统。这类系统的交通诱导信息在车流检测器、信息中心和外场信息显示设备（交通信息板、交通诱导屏等）之间传输。这种系统价格相对比较便宜。

在我国现阶段，一般所设计并实施的交通诱导系统是车外诱导系统。这种系统投资少，见效快，对群体车辆有较好的诱导作用。

车外诱导系统又可分为城市交通诱导系统和公路交通诱导系统。

（1）城市交通诱导系统

该系统包括城市街道诱导信息发布系统、城市停车诱导系统等。城市交通诱导通过物联网技术采集，将各路段、各停车场车位信息实时发布到各级诱导屏、网站和手机等终端设备，引导车主快速停车，解决城市停车难问题。

第一级诱导屏：在城市主干道或主要道路交叉口提供停车场位置、动态车位信息行车方向及通行状况提示信息。

第二级诱导屏：在停车场周围1至4个路口处提供停车场动态，包括空车位及方位信息，可对接交警的行车诱导系统。

第三级诱导屏：借助移动端的APP，三级诱导屏可实时获取目的地车位信息，并制定至优行车路线。

实际应用中，三级诱导屏较为常用。

（2）公路交通诱导系统

公路（含高速公路）交通诱导系统采用先进的计算机技术，实时监控公路、快速路以及高速公路上的交通情况，并对汽车驾驶人提供秒级的交通信息。公路交通诱导系统的目标旨在提高道路安全，减少交通事故，缩短由于交通事故（包括车辆故障）所引起的延误。同时，通过公路交通诱导系统，可以提高公路的通行能力，优化交通流量，提供更有效的交通道路系统，提高车辆通行的速度，降低机动车辆污染排放量。与此同时，还可以提高汽车驾驶人的舒适感，提高运输的效率。

二、交通信息诱导系统的原理

交通信息诱导系统的组成原理如图4–1所示。

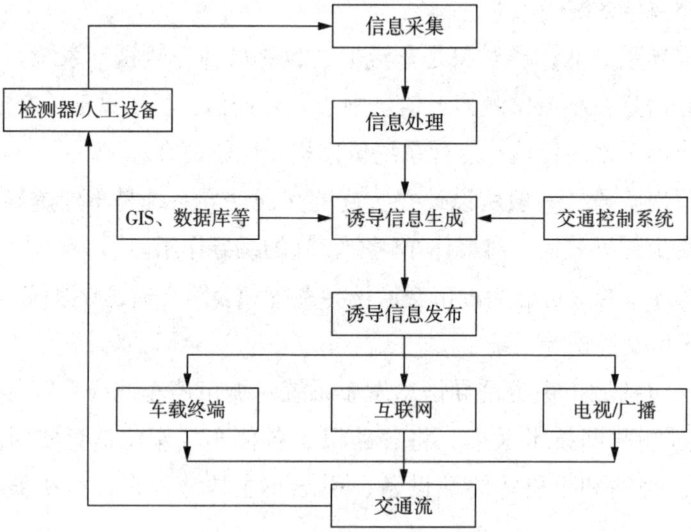

图4–1　交通诱导系统组成原理

三、交通信息诱导发布系统的构成

典型的交通信息诱导发布系统，主要由以下几个部分组成：

- 交通信息采集单元；
- 信息处理与控制计算机（主控计算机）；
- 交通诱导数据库服务器；
- 数据通信传输部分；

● 诱导发布。

（一）交通信息采集单元

交通信息采集实现对系统所需原始数据的采集，如道路现状、交通流量、交通流速、道路占有率等，并形成交通信息数据库，供诱导信息生成模块和UTFGS的其他子系统共同使用。交通信息采集一般通过交通检测系统来完成。

随着智慧交通的发展，交通信息检测器的使用将越来越多。目前国内外在交通检测系统或交通信息采集系统中，大量应用了电磁传感技术、超声传感技术、雷达探测技术、视频检测技术、计算机技术、通信技术等。检测器主要有：电感环检测器（环型感应线圈）、超声波检测器、红外检测器、雷达检测器、视频检测器等。

（二）信息处理与控制计算机（主控计算机）

交通诱导信息处理与控制计算机设置在指挥中心和分中心的大厅里的控制台上，对经过工作人员人工确认后的交通信息和指挥管理信息进行处理，输入或发布信息（或指令），向电台、电视台和互联网发布交通诱导信息，设置交通信息板和交通诱导屏的显示参数等。也就是说，交通诱导信息发布计算机主要是完成本子系统的数据获取、数据处理、诱导方案制定、诱导信息发布控制、数据存储等功能。

（三）交通诱导数据库服务器

各种数据存于交通诱导数据库服务器的数据库中，由数据库管理软件进行数据管理和处理，完成每日的系统备份，以便需要时可复制及调用历史数据进行各种分析。

（四）数据通信传输部分

控制信息与诱导信息的传输，可以通过有线传输和无线传输两种方式来进行。对于有线IP/RS232通信方式，要求统筹考虑，采用复用光端机的方法，利用光纤就可以将前端设备与交通指挥中心或分控中心连接起来。对于无线传输方式，无线通信支持移动终端或路口设备的无线数据网。

（五）诱导发布

诱导发布主要是指通过车载终端、电台及电视台、互联网、外场诱导显示设备等发布诱导信息。交通诱导系统的外场设备主要是指简单的可变交通信息板和交通诱导显示屏。可变交通信息板与交通诱导屏都是综合应用光电技术、计算机技术和自动控制技术研制而成的高科技产品，是高速公路智能监控系统的重要信息发布设备。它由指挥中心计算机通过综合通信网实行远程控制，传送并显示各种图文信息，向司机及时发布不同路段的不同路面情况及各类交通信息，并进行交通法规、交通知识的宣传，从而有效疏导交通，促进行车安全。

可变交通信息板与交通诱导屏的基本结构组成几乎是一样的，都是以交通部颁布的交通行业标准JT/T-431-2000《高速公路LED可变信息标志技术条件》为蓝本而设计的，由显示屏、控制器及内置控制软件、机箱、框架、电器保护和防雷装置、基础、安装连接件、成对调制解调器、安装所需的电力电缆及信号光缆工程等组成。当然，因信息显示的功能需求不同，交通信息板与交通诱导屏的显示屏会有所不同。不同显示设备的特点分析详见表4-1。

表4-1　不同显示设备的特点分析

显示设备	特　点
可变交通信息板	小型可变信息板属智能外场设备，它能根据交通、天气及指挥调度部门的指令即时显示文字信息，如施工地段、谨慎驾驶、注意安全、强风、浓雾等警示标语及简单图形，从而让驾驶人员提前了解道路状况，避免交通阻塞，减少交通事故发生。同时，还可根据路面实际情况通过监控中心来显示限速值，从而有效地对交通流进行诱导，提高路网的交通运输能力。
交通诱导屏	交通诱导屏的显示屏除了可以显示文字信息以外，还可以显示直观而比较简单的图形线路信息。

四、交通信息诱导系统的结构设计

图4-2为交通信息诱导系统的结构图。交通信息诱导系统主要由上端控制系统、通信系统、前端显示控制系统及LED诱导标志等组成。

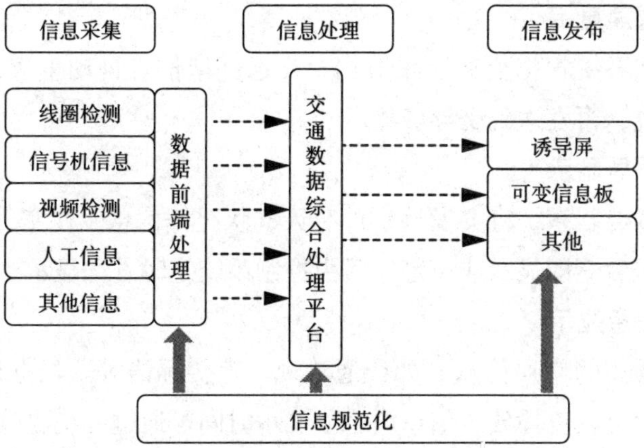

图4-2　交通信息诱导系统结构图

（一）上端控制系统

上端控制系统实现前端数据采集、处理及发布，主要包括前端数据接入、数据分析处理及对各路面诱导标志的显示内容的编排、显示方式的选择、显示信息的记录、通信控制管理等功能。

（二）通信系统

采用光纤或无线直接传输至LED诱导标志。

（三）前端显示控制系统

前端显示控制系统得到上端控制信息后，传送给LED诱导标志。根据上端控制系统的要求与各诱导标志定期或不定期的通信，传输有关信息。

（四）LED诱导标志

诱导标志向交通参与者实时发布信息。

五、交通信息诱导系统的信息发布

（一）信息发布方式

交通信息诱导系统提供以下几种基本信息发布方式：

1. **自动诱导显示**

交通控制系统根据交通流量数据、交通拥堵信息自动生成诱导信息，传递给诱导系统，再发送到诱导屏显示。

2. **人工诱导显示**

人工通过控制系统将突发性事件、天气状况等信息发往室外诱导屏显示。可设定为发送后立即显示或设定好后由控制系统定时发送显示。

3. **通用信息显示**

能显示通用的交通信息，如交通法规、宣传标语等。根据设定好的显示时间，多条信息轮流播放。信息内容、显示时间可通过系统更改。

将显示的内容预先存储到诱导屏本地的存储介质，在通信断开等情况下，诱导屏根据本地存储的内容进行显示。

（二）发布信息的种类

交通信息诱导系统主要发布三类信息：警告警示信息、交通诱导信息和公众信息。不同诱导信息的特点如表4-2所示。

表4-2 不同诱导信息的特点分析

信息种类	特点
警告警示信息	根据与交通信息诱导发布系统联动的那些卡口监控系统所提供的监控数据，发布其管辖范围内行驶车辆的超速违章等信息。
交通诱导信息	根据交通、天气及指挥调度部门的指令及时显示交通诱导信息，如施工地段管制、强风、浓雾等警示标语及简单图形，从而让驾驶人员提前了解道路状况，避免交通阻塞，减少交通事故发生。同时，还可根据路面实际情况显示限速值，从而有效地对交通流进行诱导，使高速公路的交通更加畅通。
公众信息	这类信息主要是一些人性化的友好提示信息，如谨慎驾驶、注意安全、请不要疲劳驾驶等。另外，还有一些其他信息，如热烈欢迎领导来视察指导工作、庆祝国庆等。

六、国内外交通信息诱导系统的研发现状

由于交通信息诱导系统能有效地解决城市交通拥挤、减少交通事故、降低空气污染、提高运输效率，所以发达国家非常重视车载定位导航系统的开发和应用，现已形成日、美、欧三足鼎立的局面。

（一）日本的车辆导航系统

日本的导航系统以丰田公司与日本警察省、邮政省、建设省共同开发的基于全球定位系统（GPS）与车辆信息和通信系统（VICS）的导航系统为代表。VICS是日本东京一家具有半官半民性质的交通信息处理、发布中心，它将警察部门和高速公路管理部门提供的交通堵塞、驾驶所需时间、交通事故、道路施工、车速及路线限制，以及停车场空位等信息编辑处理后及时传输给交通参与者，特别是在汽车导航车载机上以文字、图形显示。目前，日本已有多家大公司研制出车载装置，如松下公司生产的KX-GA3L已在日本多种类型的车辆上得到了应用。

（二）美国的车辆导航系统

TRAVTEK是美国有代表性的城市交通诱导系统。它以实时路线引导和服务信息系统实用化为目的，由交通管理中心、信息与服务中心、装有导航装置的车辆组成。交通管理中心进行道路交通信息的收集、管理与提供，同时还提供系统运行所必需的信息；信息服务中心收集观光设施、旅馆、饭店等为对象的各种服务信息；车载导航装置由车辆定位模块、路线选择模块及接口模块构成，可显示交通堵塞地段、事故及施工等信息的地图，以及按驾驶员需要进行的路线引导及提供服务的文字信息等。

（三）欧洲的车辆导航系统

Ali-Scout系统是欧洲最有代表性的车载导航系统，由西门子公司和Bosch/Blaupunkt公司联合开发。系统包括车内设备和车外设备两部分。车内有定位、导航设备、磁场传感器、车轮转数计、带键盘和方向指示器的操作面板，以及行驶时间测量仪、红外发射器、红外接收器和目标存储器等；车外设备有信标红外发射器、信标红外接收器、信标控制器和交通诱导计算机。车辆通过信标以红外通信方式与中心交换信息。信标安装在路口两旁，一般与交通信号灯安装在一起。交通诱导计算机负责完成最优路径的计算、路段阻抗预测和数据库管理等任务。

（四）国内交通信息诱导系统的研发现状及趋势

国内车辆导航系统的研究起步较晚，主要由一些科研院所、学校及少数公司进行探索性研究实验，目前还未取得实质性成果。吉林大学在交通信息诱导系统方面做了一些研究，尤其在交通预测、交通分配等方面开展了大量研究，取得了一些成果。北京工业大学交通研究中心在车辆定位、监控与导航关键技术方面开展了多项研究，重点包括：城市交通网络及其拓扑关系的表达，GPS/DR组合定位数据融合，基于GSM进行数据通信等。四维公司、大通公司和鞍山科信、南大善邻、西安东强、上海卫导与三吉等公司通过与国外合作或引进或独立研制，做了大量的工作并取得了一定进展，但均未实现产业化。

我国城市交通有其特殊性，非机动车占有相当的比重，城市交通流是机动车和非机动车的混合交通流。因此，在城市交通流诱导系统的开发和城市交通信息诱导策略的研究方面必须考虑我国城市混合交通流的特点。完全采用国外发达国家的先进技术进行交通流的诱导是行不通的，研制开发具有我国特色的城市交通流诱导系统，是解决我国城市交通问题的重要手段之一。同时，基于交通事故等突发事件的随机性与不确定性，相关事件的发生极易引起交通拥挤或交通阻塞，导致路段通行能力的急剧下降，成为交通流诱导系统的一大挑战。

拓展阅读

孙健，黄一哲. 以管理智能化促进服务精细化[N]. 中国交通报，2020-9-4（003）.

第二节　停车场管理

一、停车场管理系统

随着社会的发展，城市中的汽车越来越多，车辆集中存放管理的场所也逐渐被人类赋予了维持车辆进出的秩序、保持车辆存放的安全性、实现科学车辆存放管理的有偿性等重要意义。于是，智能停车场系统产品应运而生，在现代停车场管理中发挥着越来越重要的作用。

停车场管理系统的全称是智能停车场管理系统，通常被称为停车场系统或智能停车场，也被行内人士简称为“停车场”。停车场系统应用现代机械电子及通信科学技术，集控制硬件、软件于一体。随着科技的发展，停车场管理系统也日新月异，目前最为专业化的停车场系统为免取卡停车场。

综合而言，停车场管理系统是通过计算机、网络设备、车道管理设备搭建的一套对停车场车辆出入、场内车流引导、收取停车费进行管理的网络系统。该系统是专业车场管理公司必备的工具。它通过采集车辆出入记录、场内位置，实现车辆出入和场内车辆的动态和静态的综合管理。系统一般以射频感应卡为载体，通过感应卡记录车辆进出信息，通过管理软件完成收费策略实现、收费账务管理、车道设备控制等功能。其中，车道控制设备是停车场系统的关键设备，是车辆与系统之间数据交互的界面，也是实现友好的用户体验的关键设备。所以很多人就直接把“车道控制设备”理解成“停车场系统”，甚至很多专业设备提供商也在介绍材料中把两者混淆。实际上，车道控制设备只是属于停车场管理系统的一个模块单元，二者之间存在有本质区别。

（一）概述

1. 停车场和停车场管理系统

停车场指的是供停放车辆使用的场地。停车场可分为暖式车库、冷室车库、车棚和露天停车场四类，其主要任务是保管停放车辆。

停车场管理系统是指基于现代化电子与信息技术，在停车区域的出入口处安装自动识别装置，通过非接触式卡或车牌识别来对出入此区域的车辆实施判断识别、准入/拒绝、引导、记录、收费、放行等智能管理的网络系统。该系统的作用是有效地控制车辆与人员的出入，记录所有详细资料并自动计算收费额度，实现对场内车辆与收费的安全管理。

2. 停车场管理系统的特点

（1）自动化管理

停车场管理系统集感应式智能卡技术、计算机网络、视频监控、图像识别与处理及自动控制技术于一体，对停车场内的车辆进行自动化管理，包括车辆身份判断、出入控制、车牌自动识别、车位检索、车位引导、会车提醒、图像显示、车型校对、时间计算、费用收取及核查、语音对讲、自动取（收）卡等系列科学、有效的操作。这些功能可根据用户需要和现场实际灵活删减或增加，形成不同规模与级别的豪华型、标准型、节约型停车场管理系统和车辆管制系统。

（2）安全性高

停车场采用感应卡停车场管理系统，在停车场的出入口各设置一套出入口管理设备，使停车场形成一个相对封闭的场所，进出车辆只需将感应卡在读卡箱前轻晃一下，系统即能瞬时完成检验、记录、核算、收费等工作；挡车道闸自动启闭，实现方便快捷的停车场管理。进场车主和停车场的管理人员均持有一张具有私人标识的感应卡，作为个人的身份识别；只有通过系统检验认可的卡片才能进行操作（管理卡）或进出（停车卡），充分保证了系统的安全性、保密性，有效地防止车辆失窃，免除车主后顾之忧。

（3）软件管理实行分级权限制

出口值班员登录后可进入收费管理，期间该出口所有收费均自动记入该值班员名下并存入电脑数据库。由于值班员受权限限制，不能进入停车场管理系统中更高的软件菜单项，所以对电脑所记录的数据无法更改；上级管理者可以随时查询，核对或打印一个值班段或任何一段时间乃至整个停车场的工作记录。这样就从根本上杜绝了停车费用流失和财务统计的失误，同时系统自动运行，杜绝了人情车、霸王车造成的经济损失。

（4）支持不同收费方式

停车卡可根据需求不同，分别发行月租卡（月票卡）、储值卡、特种卡（免费卡）和时租卡（临时卡）四种类型的卡。月租卡和特种卡以时间为限额；储值卡以余额为限额；临时卡随到随取，简捷方便。另外，月租卡与储值卡实行预交费用，使车场管理简明、主动。同时，停车场管理系统支持不同收费方式，以满足按车的类别分别收费的要求。电脑自动计时、计费，特殊卡、月卡自动识别，临时卡人工收取现金，服务快捷高效；电脑显示屏及收费显示屏同时显示停车时间与应收费用、卡上余额或有效期限，收费透明度高；票箱显示屏还提示指导住户使用停车场，并以文明语言问候致意，使住户心情舒畅，可以吸引更多使用者，提高使用效益。

（5）智能化管控

停车场管理系统配套的电动挡车道闸具有防抬杆、防砸车功能；系统的检测装置采用先进的数模转化技术，抗干扰能力强，适应各种恶劣环境，灵敏度高、可靠性强；系统可随时查询车位，车场满位则自动亮起满位字样红灯并自动停止入口进车操作。

（6）独立数据库

停车场管理系统还可在停车场的出入口各安装的1台高解像度彩色固定摄像机、固定支架、自动光圈手动对焦镜头，可24小时监视车辆出入情况，看清车牌号码。当有车辆驶入车场时，摄像机将信号通过视频电缆传输到停车场管理系统中，存入数据库中；当有车辆驶离车场时，车辆除应交纳必要的管理费用外，驶离车辆的所有资料（车牌、型号、颜色等）都必须与驶入车场时的资料对比相同（默认为人工识别，可加装车牌自动识别系统完成自动识别），闸杆才升起，让车辆通过。

（二）构成

1. 主要设备

停车场管理系统配置包括停车场控制机、自动吐卡机、远程遥控、远距离卡读感器、感应卡（有源卡和无源卡）、自动道闸、车辆感应器、地感线圈、通信适配器、摄像机、传输设备、停车场系统管理软件等。这种系统有助于公司企业、政府机关等对于内部车辆和外来车辆的进出进行现代化的管理，有助于加强企业的管理力度和提高公司的形象。

2. 控制器介绍

停车场专用控制器：专为停车场系统自主研制，四层板设计，信号和电源分层走线，集成度高、可靠性强，功能全面，接口丰富，电压适应范围大，防脉冲冲击，确保使用的安全性和可靠性，全表面贴片工艺生产，三防处理保护线路板免受环境的侵蚀，非常适合停车场的使用环境。支持各种RS485/非接触式ID、IC卡读卡机，远距离有源、无源卡读卡机，兼容性强，可与市场上各种道闸配合使用。一块板可控制一进一出，减少布线和施工难度，自带设定键盘和LCD显示，可独立设定运行控制参数，既可脱机又可联网运行。在脱机状态，可对卡片进行授权、挂失、查询、时间设置等管理。在连机状态，通过管理软件，实现实时监控、收费、报表等综合管理。RS485联网，最远距离可达1500米，最多实现99台控制器联网管理。

（三）架构与功能

1. 停车场管理系统的架构

停车场管理由中央控制系统实现对停车场的智慧化调控。停车场管理中央控制系统主要含主控模块、液晶键盘、电脑串口板、停车场管理软件、对讲主机以及电脑及打印机等设备。落实到入口系统与出口系统方面，其构成如表4-3所示：

表4-3　停车场出入口系统构成

系统名称	所含设备
停车场管理系统架构与功能入口系统	入口机箱、出卡机（可选配）、读卡器、控制器、彩色摄像机、车辆检测器、自动道闸、车辆满位显示器等
停车场管理系统架构与功能出口系统	出口机箱、读卡器、收卡机（可选配）、控制器、彩色摄像机、车辆检测器、自动道闸等

2. 停车场管理系统的基本功能

刷卡（扫描条形码票据）出入、计时收费、中文（英文）显示、语音提示、出入口对讲、出入口图像对比、实时监控、出入口自动吞卡/吐卡、防砸车、车牌识别、空位数量提示、车位引导。

3. 停车场管理系统的高级功能

无卡管理系统、手机刷卡系统、区域车位引导系统、防撞系统、自动区分车型收费、自定义系统功能（分时区区别收费，高峰期不落闸等）、远程监控（控制功能）、控制车辆进入权限、记录及限制停车时间（防止人员收费漏洞）、车位满时限制进入、单通道系统（防止车在通道内堵车）、实现不停车过通道、全视频收费系统、停车场找车系统等。

二、智能停车场管理系统

智能停车场管理系统，是现代化停车场车辆收费及设备自动化管理的统称，也是将停车场完全置于计算机统一管理下的高科技机电一体化产品。它以感应卡IC卡或ID卡（最新技术有两卡兼容的停车场）为载体，通过智能设备使感应卡记录车辆及持卡人进出的相关信息，同时对其信息加以运算、传送并通过字符显示、语音播报等人机界面转化成人工能够辨别和判断的信号，从而达到计时收费、车辆管理等目的。

随着科技的不断更新，智能停车卡也在不断瘦身，功能不断增加。最新的智能停车卡厚度只有区区1.7毫米，而且还配备了双发卡、双倍卡量新功能，大大降低了管理的难度，使管理更方便更人性化。

（一）智能停车场管理系统的组成

根据设计原理，智能停车场管理系统可分为三大部分：信息的采集与传输、信息的处理与人机界面、信息的储存与查询。

（二）智能停车场管理系统的功能

车辆感应IC卡，可以存储持卡人的各种信息。感应IC卡安装在每辆车的驾驶室里面，当车驶过读感器的感应区（离读感器2米左右）时，读感器将读取的有关信号传递给停车场控制器，停车场控制器收到信息，经自动核对为有效卡后，车闸自动开启，数字录像机开始录像，拍下该车进入时的照片，电脑记录车子牌号及驾驶员姓名和进出入的信息。

（三）临时车收费

临时车进场时从出票机中领取临时卡，出场时需缴纳规定的费用，并经保安确认后方能离开。临时车进入停车场时，地感线圈自动检测到车辆的到来，自动出票机的中文电子显示屏上显示“欢迎光临，请取卡”。根据出票机上的提示，司机按“入口自动出票机”上的出票按钮，自动出票机将吐出一张感应IC卡，并且读卡器已自动读完临时卡。道闸开启，MP4NET数字录像机启动拍照功能，控制器记录下该车进入时间。临时车驶出停车场时，司机将感应IC卡（临时卡）在出口票箱处的感应区一晃，停车场控制自动检测出是临时卡，道闸不会自动开启。出口票箱的中文电子显示屏上显示“请交×××元”。交完费后，经保安在收费电脑上确认，道闸开启，数字录像机启动拍照功能，照片存入电脑硬盘，控制器记录下该车的出场时间。临时车实行按次和时间停车交费，交费条件由用户自己在电脑的管理软件中设置。

（四）停车场管理

停车场管理功能是对停车场信息集中汇总、综合处理、智能反应的核心功能。管理者通过停车场管理功能，全面掌控停车场各项信息指标，实现综合发布、统一调度、自动备份、报警提示等功能。

（五）车位引导

通过短信查询、网上查询、终端显示等多种方式向驾驶员提供停车场的车位占用状况、内部行驶路线等信息，以优化、便捷的方式引导驾驶员找到停车位。

车位引导能够减少为寻找车位而耗费的时间，改善由于寻找车位造成的车流拥堵。同时，该功能对提高停车设施使用率、优化停车场经营管理以及促进商业区域的经济活力等方面有着极其重要的作用。

（六）反向寻车

在商场、购物中心等大型停车场内，车主在返回停车场时往往由于停车场空间大，环境及标志物类似、方向不易辨别等原因，容易在停车场内迷失方向，找不到自己的车辆。反向寻车功能，通过智能终端或手机短信查询车辆所停的位置及引导路线，方便用户尽快找到车辆停放的区域。

（七）特殊车辆管理

特殊车辆管理是智能停车场的一项重要升级功能，利用车位感知、视频识别、智能读卡等技术手段，为特殊车辆提供专属权限。停车场入口能够主动识别特殊车辆身份，自动引导进入专属车位。当特殊车辆的车位被非法占用时，系统自动予以报警。

（八）图像对比

对车辆和持卡人在停车场内的图像予以存储。文字信息的采集并定期保存以备物管处、交管部门查询。车辆进出停车场时，MP4NET数字录像机自动启动摄像功能，并将照片文件存储在电脑里。出场时，电脑自动将新照片和该车最后入场的照片进行对比，监控人员能实时监视车辆的安全情况。

IC卡停车场管理系统的架构与功能如表4-4所示。

表4-4 停车场管理系统架构与功能

系统构成	具体介绍
智能停车场管理系统	采用IC感应卡作为车辆出入停车场的凭证，实现一车一卡，并结合先进的图像抓拍技术，实现车辆出入停车场图像对比，实时监控停车场的运行情况，有效地防止车辆的丢失，完成停车场收费的计算机化管理。这是物业管理部门实现停车场管理现代化、杜绝票款流失的好方法。为方便刷卡，可以采用IC与RFID复合卡。
系统软件	采用SQL数据库，是基于Windows1998 /2000平台开发而形成的图形化中文版应用程序，界面友好、操作简单、功能完善。
登录系统	操作员进入系统的门户。
系统维护	提供对系统的车参数、收费标准、系统操作员、数据维护、软件信息等维护的手段。
档案管理	建立车辆类型档案，如果需要将车辆细分成各种车型，需输入车辆类型的编号、名称，否则不需输入；建立车辆颜色档案，如果需要将车辆按颜色区分，需建立车辆颜色的档案，输入车辆颜色的编号、名称，否则不需输入。
IC卡管理	可对250种权限进行管理，不同等级的操作人员凭不同的密码进入软件系统后，实现不同的功能。同时，上层对下层的密码可进行修改，进行重新授权。
IC卡检测	检测IC卡的内容。
IC卡发行	发行出入卡，可打印发行记录表。
IC卡延期	延期月票卡、免费卡，可打印延期记录表。
IC卡回收	回收出入卡，可打印回收记录表。
IC卡黑名单	禁用和启用出入卡，可打印黑名单表。
查询出入卡基本档案	打印出入卡的日期表；具有多种数据统计，具备记录查询及报表打印功能。

（九）工作流程

1. 入口部分

入口部分主要由入口票箱（内含感应式ID卡读写器、自动出卡机、车辆感应器、语音提示系统、语音对讲系统）、自动路闸、车辆检测线圈、入口摄像系统等组成。

临时车进入停车场时，系统检测到车辆，语音提示司机取卡，汉字显示屏自动显示车场内剩余车位数。司机按键，票箱内发卡器即发送一张ID卡，经输卡机芯传送至入口票箱出卡口，并同时读卡。司机取卡后，自动路闸起杆放行车辆，图像系统自动摄录一幅车辆进场图像于电脑，播放欢迎词，并放行车辆。

月租卡车辆进入停车场时，系统检测和语言提示，司机把月租卡在入口票箱感应区晃一下，入口票箱内ID卡读写器读取该卡的特征和有关信息，判断有效性（月卡使用期限、卡类、卡号合法性）；若有效，后续流程同临时车。

特殊卡车辆进入停车场时，设在车道下的车辆检测线圈检测车到，入口处的票箱语音提示司机读卡，司机把特殊卡在入口票箱感应区晃一下，入口票箱内ID卡读写器读取该卡的特征和有关信息，判断其有效性（指的是特殊卡使用期限、卡类、卡号合法性）。后续流程同月租车。

2. 出口部分

小区主出口部分主要由出口票箱（内含感应式ID卡读写器、语音提示系统、语音对讲系统）、自动路闸、车辆检测线圈、出口摄像系统等组成。

临时车驶出停车场出口时，在出口处，司机将非接触式ID卡交给收费员，司机把月租卡在出口票箱感应区晃一下，收费电脑根据ID卡记录信息自动计算出应交费，提示司机交费，同时系统自动显示该车进场图像；收费员确认无误后收费，按确认键，图像系统自动摄录一幅车辆出场图像于电脑，语音系统提示“谢谢，祝您一路平安！”等，电动栏杆升起。车辆通过埋在车道下的车辆检测线圈后，电动栏杆自动落下。

月租卡车辆驶出停车场时，司机把月租卡在出口票箱感应器区晃一下，出口票箱内ID卡读卡器读取该卡的特征和有关ID卡信息，判别其有效性，同时系统自动显示该车进场图像。若有效图像和进场是自动摄录的图像一致，语音系统提示“谢谢，祝您一路平安！”等，自动路闸起杆放行车辆，车辆感应器检测车辆通过后，栏杆自动落下；若无效则报警，不允许放行。

特殊卡车辆驶出停车场时，司机把月租卡在出口票箱感应器区晃一下，出口票箱内ID卡读卡器读取该卡的特征和有关ID卡信息，判别其有效性。根据是否有效，决定是否允许放行。

3. 收费控制

收费控制处设备由收费控制电脑、UPS、报表打印机、操作台、入口手动按钮、出口手动按钮、语音提示系统、语音对讲系统组成。

操作员通过收费控制电脑负责对临时卡、月租卡、特殊卡进行管理和收费，通过图象对比识别功能减少车型及车牌的识别和读写时间，提高车辆出入的车流速度。图像对比与ID卡配合使用，彻底达到防盗车的目的。进出图像存档，杜绝了谎报免费车辆。“一车一卡”，严密控制持卡者进出停车场的行为。操作员对出入口进行智能管理，还负责对报表打印机发出相应控制信号，同时完成车场数据采集下载、查询打印报表、统计分析、系统维护和月租卡发售功能。

入口手动按钮、出口手动按钮主要对出入口道闸进行智能控制，可抬闸、放闸、停止。语音提示系统、语音对讲系统是操作员和司机之间有关收费等的友好提示，二者使系统的服务功能更加全面。

4. 设置方案

表4–5所示的几种模式中，临时访客车辆都遵循入场按键取卡、出场时保安人工收卡、交费确认后自动放行车辆的准则，故在下列模式中不再进行重复性说明。

表4–5　设置方案的不同模式比较

模　式	方　案　及　特　点
模式一	采用近距离卡（读卡为5～15厘米）实现车辆通行收费。 读卡后闸机自动打开放行。 投入相对较少，使用方便。
模式二	采用远、近距离读卡机结合。 小区业主（月保或长期卡）车辆采用远距离卡进出，距离可在3～30米读卡可选。远距离读写分为：①蓝牙卡，读卡距离在10～30米范围；②标签卡，读卡距离在3～10米范围；③数码有源卡，读卡距离在5～10米范围。车辆在小区允许车速情况下，均能自动读卡放行。 方便小区业主，达到进出无须开车窗自动读卡，方便、快速、好用，但投入相对较高。
模式三	采用近距离读卡与车牌自动识别相结合，小区业主（月保或长期卡）车辆采用车牌自动识别进出。当车辆进出小区时，在出入车道保持5公里速度行驶，系统便能自动识别车牌放行。 要求小区进出道口较直、较长，而且车道处需有雨棚及夜间灯光较亮；与卡结合使用，安全、方便、快捷，但投入相对较高。

续表

模　式	方　案　及　特　点
模式四	采用近、中距离相结合；小区业主（月保或长期卡）车辆采用中距离卡，读卡距离为80～120厘米，在车辆车窗离读卡机箱80～120厘米距离时，闸机自动打开放行。 车辆通行相对较快，车主无须打开车窗，安全、方便。
模式五	采用近距离卡与人车对照相结合系统；小区业主（月保或长期卡）车辆驶入进出车道机箱时，打开车辆车窗，将卡放在离读卡机箱5～15厘米距离时自动读卡，读卡时自动将车辆图像及司机图像拍下来，读卡后闸机自动打开放行。 来访车辆进入小区时，系统拍照，出场时人工对比图像。 车辆通行相对较慢，但安全、方便。

具体使用方法如下：

（1）永久用户车辆进入停车场时，读感器自动检测到车辆进入，并判断所持卡的合法性。如合法，道闸开启，车辆驶入停车场，摄像机抓拍下该车辆的照片，并存储在管理电脑。

（2）临时用户车辆进入停车场时，从出票机中领取临时卡，数字录像机抓拍下该车辆的照片，并存储在电脑里，控制器记录下该车辆进入的时间，联机时传入电脑。

（3）永久用户车辆离开停车场时，读感器自动检测到车辆离开，并判断所持卡的合法性。如合法，道闸开启，车辆离开停车场，摄像机录下该车辆的照片，并存储在电脑里，控制器记录下该车辆离开的时间，联机时传入电脑。

（4）临时用户车辆离开停车场时，控制器能自动检测到临时卡，提示司机必须交费，临时车必须将临时卡交还保安，并需交一定的费用。经保安确认后方能离开。车辆驶出停车场时，摄像机录下该车辆的照片，并存储在数字录像机中，控制器记录下该车辆离开的时间，联机时传入数字录像机。

为了有效防止不法分子偷停车卡后再入停车场偷车的情况发生，采用图像捕捉卡将入口处摄取的车辆图像存入计算机硬盘。当车辆出场时，采用图像捕捉卡将出口处摄取的车辆图像存入计算机，计算机自动调出入场时车辆图像及出场时的图像，经人工识别，确认同一卡号，同一车辆时放行；异者报警。

因为系统具有车辆图像捕捉功能，所以停车场除对临时外来车辆及固定月租卡车辆进行管理以外，同时也可绝对保证停放车辆的安全，并有效地防止车辆丢失。

拓展阅读

甘晓利，廖峰．智慧景区信息化应用解决方案[J]．中国新通信，2019，21（21）：82.

业界实践

海淀智慧停车系统8月上线，全区停车位哪儿能停即时可查[①]

据北京日报客户端2020年7月8日报道：开车出行，目的地附近有没有停车场、是否好停车，到了以后还能不能找到停车位，是司机们最关心，也最难提前掌握的事。在海淀区，这一难题有了解决方案。

海淀智慧停车系统将于今年8月份上线，全区近500个路外备案公共停车场近6万个停车位和路内约1.3万个停车位信息全部录入系统，只要安装车主端小程序，从出门开始，通过主干道交通提示屏一级诱导、目的地附近道路交通提示屏二级诱导、停车场入口电子屏三级诱导，车主就能以最快速度找到停车位。

7月8日上午，海淀区举行2020年交通综合治理工作新闻发布会，发布了2020年海淀区停车建设管理、绿色出行、创新智慧交通应用、重大交通基础设施建设以及中关村西区智慧交通场景建设相关情况。

其中，海淀智慧停车系统建设已接近尾声，已逐步打通与道路停车系统、经营性停车场卡口信息等各项数据接入，实现统一分析、统一管理，通过设置微信小程序、重点区域诱导系统屏等信息发布渠道，实时显示停车场空满率信息。项目预计8月份可以上线试运行。

"智慧停车管理系统分政府侧和公众侧两个方面。公众侧将开发一个小程序，司机安装后，将通过三级诱导系统，从主干道开始提示目的地周边停车资源，到目的地附近道路、再到停车场，周围有哪些停车位可以用，可以最快地给出引导。"海淀区城管委相关负责人任海琼介绍道。目前，海淀区共有备案的公共停车场近500个、停车位近6万个，路侧停车位1.3万个，这7万多个停车位信息正在全部录入系统。

政府侧，智慧停车管理系统将融入海淀区城市大脑，为政府决策、多部

① https://baijiahao.baidu.com/s?id=1671624765586738828&wfr=spider&for=pc

门行业管理、市民绿色高效出行、错时共享停车等提供信息化支撑。

另外，今年，海淀区将充分利用疏解腾退等可利用空间增加停车位，依托《海淀区鼓励社会力量增加停车设施供给资金奖励办法（试行）》等措施，挖潜增设停车位5000个以上；通过推进停车设施项目建设、停车位有偿错时共享，继续推进道路停车改革。（来源：北京日报客户端　记者：于丽爽　编辑：王海萍）

代表委员热议“系统安全”：智能网联车安全成焦点[①]

经济参考报2021年3月9日北京报道：你的汽车会被黑客通过远程操控开走吗？你的隐私数据会被上传到网络公布吗？行驶中的汽车，制动会突然失灵吗？这一切都不是科幻电影，而是智能汽车时代你将要面对的现实。

随着汽车智能化、网联化程度的加深，汽车在成为可移动、可交互的智能网络终端，为生活带来便利的同时，也产生了远程攻击、恶意控制、隐私保护、数据安全等问题。

智能网联车安全成为公众关注的焦点，万亿美元的市场规模也令业界关注。2021年全国两会上，来自电子信息及汽车行业的代表委员围绕构建智能网联车“系统安全”展开热议。

一、智能网联车安全问题集中产生

2020年以来，智能网联车安全问题集中爆发引发公众关注；2021年两会，代表委员提交了十余份提案、议案，深入审视车联网的安全风险。

2020年，一名黑客针对特斯拉汽车成功开发了新的密钥克隆中继攻击，不到五分钟，一辆价值70多万元的特斯拉就被远程控制开走了。2020年9月，国内网络安全龙头企业——奇安信的车联网安全研究员演示通过远程方式在线开启了一辆智能汽车的车窗、后视镜，随后汽车被启动、上路。

事实上，早在2015年，两名白帽黑客就远程入侵了一辆正在路上行驶的切诺基（自由光），并对其做出减速、关闭引擎、突然制动或者制动失灵等操控，克莱斯勒对此不得不在全球召回了140万辆车。

不仅如此，作为移动数据收集和发射器，每一辆智能车都可以获取车主身份、行动轨迹、驾驶习惯、与手机蓝牙绑定的通讯录、谈话等内容，车主

① http://dz.jjckb.cn/www/pages/webpage2009/html/2021-03/09/content_72131.htm

行驶所到之处，人、地、事、物均一览无遗。汽车联网后，上述安全风险更为突出，车载数据过度采集和越界使用，不仅侵犯了用户隐私，更威胁到国家安全。

据Upstream报告数据显示，公开报道的针对智能网联车网络安全攻击事件，由2018年的80起激增到2019年的155起，2020年整车企业、车联网信息服务提供商等相关企业和平台的恶意攻击已达到280余万次。

“信息安全是继主动安全、被动安全、功能安全之后，汽车领域的第四大安全问题。智能网联车的信息安全不仅可能造成企业经济损失和个人隐私泄露，还可能对人身安全造成严重后果，甚至引发威胁国家的公共安全问题。”中电工业互联网有限公司党委书记、董事长朱立锋告诉记者。

二、“新安全底座”崛起的千亿级市场机遇

智能网联车发展带来的安全风险引起了政府部门、企业和用户的共同关注，也带来了巨大的市场机遇。

2020年2月，中央网信办等11部门联合发布《智能汽车创新发展战略》，明确提出要确保用户信息、车辆信息、测绘地理信息等数据安全可控。完善数据安全管理制度，加强监督检查，开展数据风险、数据出境安全等评估。

2020年12月，住房和城乡建设部、工业和信息化部联合发布《开展智慧城市基础设施与智能网联汽车协同发展》文件。

2021年2月24日，《国家综合立体交通网规划纲要》印发，提出建设融合感知平台，推动智能网联车与现代数字城市协同发展。

国家政策的层层加码，让智能汽车安全这一细分市场开始崛起。

麦肯锡曾预测，智能网联车产业生态链在2025年的经济规模将达到1.9万亿美元，而中国将是全球智能网联车产业发展的重要推动者和受益对象。中国工程院院士、国家智能网联车创新中心主任李骏形容智能汽车“将形成全新的、十万亿级的、对未来产生深远影响的新型产业生态体系”。多位行业专家预测，细分的智能汽车安全市场将是千亿规模。

小康股份创始人、董事长张兴海认为，要确保国家数据安全，应将数据安全作为新的必备指标之一，推动和扶持自主品牌着力发展三电（电池、电驱、电控）及智能联网等核心技术。

“不仅仅是硬件安全，软件安全也将成为智能网联车行业的‘新安全基座’，”奇安信总裁、中电车联董事长吴云坤指出，“要为智能车辆构建起纵深防御的安全框架体系，汽车企业将与信息安全企业共同探索融合创新的智能汽车安全解决方案，共建车联网安全技术生态，这其中包括智能网联车网络安全技术中心、汽车行业工业互联网安全大数据运营中心等。”

据了解，奇安信先是在内部成立了奇物安全实验室，专注于智能网联车安全技术研究，其后在2019年11月的湖南网络安全智能制造大会上，奇安信联合北汽蓝谷信息、中电互联成立车联网安全体系实验室，研究方向包括安全技术、安全评测认证、汽车工业互联网安全等。

2020年，奇安信与中电互联合资成立中电车联，深度聚焦“5G+车联网+安全”领域，目前已研发了车联网安全评估评测、智能网联车示范安全产品和服务体系。与此同时，奇安信和北汽、长安汽车、广汽、吉利、上汽等十多家车企直接展开合作。

三、构建国家级的智能网联车“系统安全”

在保障智能网联车安全上，一方面车企和奇安信等安全企业开始进行探索实践，另一方面国家相关部门也加大了安全推广力度。

公开信息显示，在工信部公布的相关技术应用示范项目中，对于智能网联车系统安全就有明显的涉猎。其中，奇安信打造的车联网网络安全综合服务平台、车联网安全测评系统成为2020工信部网络安全技术应用试点示范项目。奇安信的车联网内生安全终端主动防御系统以及车联网安全运营管理中心两大项目成为2020—2021年工信部科技司物联网关键技术与平台创新类、集成创新与融合应用类示范项目。

在今年的两会上，代表委员纷纷建议智能网联车的“系统安全”应提前布局、同步规划、协同发展。

“要以安全牵引全面推动智能网联车、智能网联道路与现代数字城市协同发展。”朱立锋说。建议前置智能网联车信息安全测试工作，进一步完善基于智能网联车行业数据对培育信息安全相关的规范、标准和技术监管，支持在智能网联车概念设计阶段将信息安全前置规划，提倡以先进技术保障过程安全。同时，应建设基于信创体系的智能网联车大数据安全态势感知等关键技术平台应用，探索基于“智能网联车数据+区块链+保险+数字人民币”的新模式，助推行业安全发展。

上汽集团党委书记、董事长陈虹则表示，国家层面应建立准入制度，智能网联车数据（包括高精地图数据）的采集、存储和商业用途需要经过相关部门备案管理。智能网联车的制造和销售企业应高度重视信息安全风险，要建立完备的数据安全管理和软件升级流程。

广汽集团党委书记、董事长曾庆洪建议，发展智能网联车，法律法规要走在前面。须尽快完善现行交通安全法规，确认“机器驾驶人”的法律主体资格；加快自动驾驶相关技术标准的编制和发布；完善道路测试相关政策法规。

曾庆洪指出，在保障现有“单车智能”技术路线的同时，应大力支持“车端智能+网联共享”相结合的技术路线，鼓励互联网安全企业关注车联网安全，支持车企与信息安全企业联合研发，共同推动智能网联车产业的发展。

（记者：刘璐璐）

第五章

智慧交通系统

【引言】

在旅游过程中，智慧交通相关信息非常重要。交通信息通常包括基础地理信息、交通实时状态信息、交通控制和管理信息、交通政策法规信息及公共交通信息。依据信息的时态特征，交通信息可分为静态信息和动态信息。静态信息在相当长的时间内相对稳定；而动态信息是分布在城市道路网中的实时交通状态，根据实际交通状况时刻变化。静态信息包括与城市交通有关的交通地理信息、交通结构、城市交通政策和法规、城市交通管理体制等；动态信息包括反映城市交通流实时状况的特征参数、交通事故信息、天气信息、实时的交通管理控制信息、车辆和出行者需求服务信息等。本章主要介绍智慧交通信息服务系统、智慧交通安全保障系统等方面的知识。

【学习目标】

- 了解智慧交通信息服务系统相关知识。
- 掌握智慧交通安全保障系统相关知识。

【导入阅读】

加快打造“惠州智慧交通”系统[①]

随着市民生活水平不断提高，机动车数量增长迅猛，满街奔跑的汽车让市民畅享现代化便捷生活的同时，也使道路交通拥堵问题日益加剧。

如何破解惠州的堵车难题？我建议由市有关部门牵头，联合惠州有实力

① 石山相. 加快打造“惠州智慧交通”系统[N]. 惠州日报, 2018-11-30(A01).

的企业，打造“惠州智慧交通”系统，利用大数据、AI等前沿技术，整合各类基础资源搭建战略性交通管理平台，资源共享，并为其他细分系统提供服务，包括交通监测系统、交通管理系统、道路交通调控系统、公共出行信息服务系统、交通指挥应急系统、交通管理决策支撑系统，相信可以有效治堵。

一是通过完善卡口、电子警察、交通诱导、信号控制、交通信息分析、交通事件检测、闭路电视、车牌识别、地磁、移动警务等高清视频监控系统，与惠州“天眼”系统深度融合，打通信息孤岛壁垒，构建交通信息感知网，实时掌控车辆动态、静态信息，既可协助交通指挥调度、遏制交通违法、维护交通秩序，亦有助于治安防控、刑侦处突等。

二是引进AI智能研判分析系统，通过对交通流量和态势的研判，实时分析当前城市道路拥堵情况，并通过诱导发布系统，发布道路实时状况。市民可以在了解道路拥堵状况后，自主、合理地选择出行线路，减轻局部拥堵严重情况，方便市民出行。

三是广泛应用行人绿波、行人专用相位、多功能灯分时管控等控制方案，以实现动态车道管控技术体系化、信号配时服务社会专业化，而不是增设防护栏，隔断机动车与非机动车、行人，避免花大成本建了又拆、拆了又建、建了还被破坏的恶性循环，更加人性化、科学化地梳理交通，打造“惠州信控模式”。

四是配置二次识别高密度分析、智能交通运维平台、交通信息发布平台、智慧交通综合平台、高清平台升级等交通安全综合管控平台，强化和提升新技术应用和引进创新机制，打造一个“智慧交通”大脑。比方说，在高峰期、平峰期和夜间的时候，如果对向没有车了，直接切换一个绿灯，可以快速通行，而不用浪费时间等红灯。

五是在合适的街道重新施画标线，最大限度缩小机动车道宽度，增加机动车道，拓宽非机动车道，增设潮汐车道，合理分流，提高道路利用率。

希望惠州以新时代新担当新作为的精神，建设更加高效的交通体系，人、车、路达到和谐统一，切实方便市民出行，提高城市宜居性，加快建成国内一流城市。

第一节　智慧交通信息服务系统

交通信息服务是指为驾车出行者提供路况、突发事件、施工、沿途、气象、环境等信息，为采用公共交通方式的出行者提供票务、营运、站务、转乘、沿途路况等信息。据此，出行者可提前安排出行计划，变更出行路线，使出行更安全、更便捷、更可靠。随着我国经济和社会的快速发展、人民生活水平的不断提高，特大型城市普遍存在严重拥堵问题。提高和改善交通信息服务质量，是缓解城市交通拥堵、改善交通信息服务水平的重要途径，也是促进我国智能交通产业进一步快速发展的必然需求。目前，交通信息服务系统为广大用户提供多方位的交通信息服务。交通信息服务系统是智能交通系统的一个子系统，也是发展ITS的基础。

一、智慧交通信息处理流程

从交通信息到交通信息服务必须经过交通信息处理才能实现。从数据提供商处获取的交通信息数据，通常要经过协议转换、地图匹配、数据处理等工作才能进行进一步地应用。图5-1为智慧交通信息处理流程示意图。

（一）智慧交通信息采集

智慧交通信息采集是利用安装在道路上和车辆上的交通信息收集系统（传感器、摄像头等）进行交通流量、行车速度、管制信息、道路状况、停车场、天气等动态信息收集、处理和发布。它是智能交通系统中的一个重要组成部分。

智慧交通信息收集系统的基础是交通信息数据的采集。近些年来，交通信息采集的方式快速发展，在传统的微波雷达、视频、红外和环形感应线圈等方式的基础上，发展出现了浮动车交通信息采集、无人机交通信息采集等新方式。

1. 环形感应线圈

环形感应线圈通常由环形线圈、传输馈线、检测处理单元部分组成。环形线圈铺设在道路上，并在其附近形成一个磁场，当车辆进入这个磁场时，检测处理单元就检测到一个车辆，并输出信号。它不仅可以计数、检测交通流量，还可以测速。微波检测器是一种雷达探测器，利用多普勒效应检测车辆，不仅可以检测交通量，还可以测速，从而达到检测道路交通信息的目的。

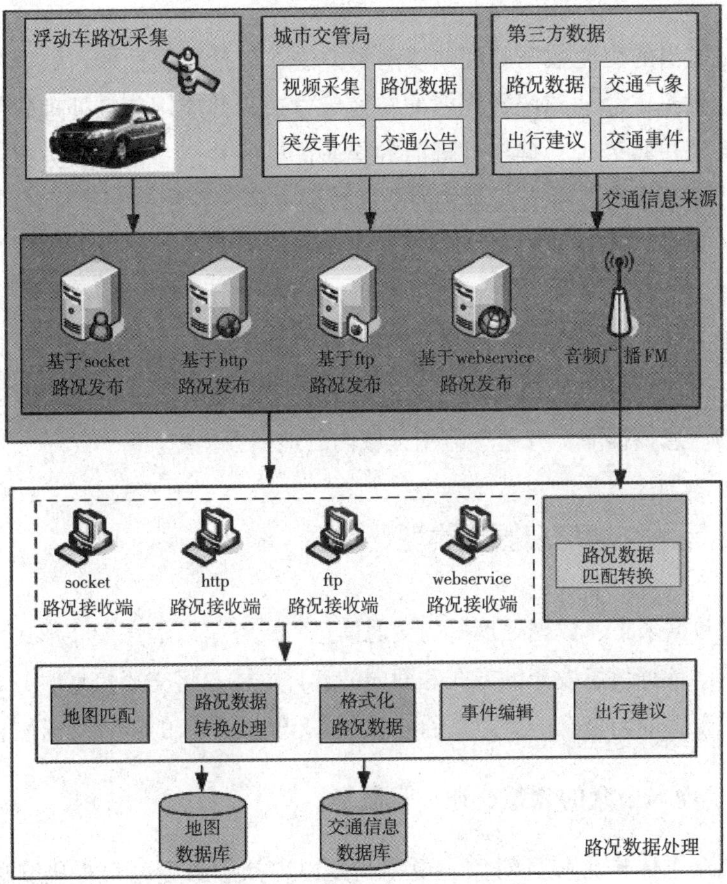

图5-1 智慧交通信息处理流程示意图

2. 视频监控系统

该设备主要由前端、传输和终端三大部分组成。前端部分：主要包括摄像机、镜头、云台、解码器等；传输部分：常用的有光缆、视频电缆、电话线等；终端部分：监视器，它可以显示前端传来的图像，还可对前端设备进行控制。电视监控系统有图像监视和交通数据采集双重功能；安装简单，检测率高，寿命长，维护费用低。

3. 浮动车交通信息采集

这种方式是通过安装有全球卫星定位系统和无线通信装置的车辆（如出租

车、公交车等）与交通数据中心进行实时信息交换得以实现的。该方式的特点是采集范围广、投资少，能够反映路网运行状态的变化，为疏堵提供参考。

（二）智慧交通信息处理

选取适当的交通数据处理的模型和方法，包括数据抽取、数据挖掘、数据融合、数据汇总、路况数据匹配转换等方法，并应用信息处理软件对这些模型和算法进行处理；确定处理后的交通信息的共享和信息服务提供的方式和机制。由于来自各种交通方式的交通数据（第三方数据）具有多源、多维、时态与大规模数据量的特点，因此，交通数据的存储必须以异构型分布式数据库和数据仓库为基础，根据交通数据的特点完成对异构型分布式数据库的集成处理方法、数据格式规范和网络接口协议标准的建设。

数据库建立：将处理后的交通信息按照设定的模式进行数据库存贮构建成为交通信息数据库，并建立应用区域内的地图数据库。

二、智慧交通信息服务类型

通过数据采集、数据处理后的交通信息，最终是以信息发布形式为公众提供服务的。依据信息发布的方式和面向的客户群体，将交通信息服务划分为以下两种类型：面向公众的智慧交通信息服务和面向个人的智慧交通信息服务。

（一）面向公众的智慧交通信息服务

以公众主体作为服务对象，更多的是以广播形式为公众提供交通信息服务的，主要包括：

1. 手机短信（SMS）

建立一个统一的短信服务平台，为系统提供整合的交通信息短信服务。该平台将提供实时路况、位置服务、路况预报、重大交通事件通告等信息内容。短信平台的信息提供方式包括：临时请求、长期定制。

2. 可变情报板

可变情报板设在路边，方便驾驶者获得途中交通信息，包括前方路况、重大交通事件等。它可以在最正确的位置向驾驶者发布最及时的信息，这些信息可以帮助驾驶者选择行驶路线，时效性强。

3. WEB门户

建设一个整合多模式交通信息的综合交通信息WEB门户，在此门户上集成大量交通信息服务。可以使用户得到一站式的变通信息服务。目前，我国很多地市都建立了相应的交通信息服务网络系统。

4. 交通广播

交通广播是驾驶者在出行过程中经常收听的媒体，在发布交通信息方面有着独特的优势。系统为交通广播提供信息终端，通过信息终端使广播电台可直接得到交通信息，如实时路况等。

（二）面向个人的智慧交通信息服务

以个人客户作为服务对象，为客户提供定制形式的交通信息服务。目前，面向个人的交通信息服务主要是通过车载终端的方式来实现的。

将车载终端安装在车内，由电子地图、TTS语音播报器和无线接收装置组成，主要对出租车、私家车等提供实时的交通服务信息。提供的主要信息包括：实时路况、位置服务、重大事件通告等。

三、智慧交通信息服务内容

（一）智慧交通信息服务框架图

经过加工处理的交通信息，存放在数据库中，根据不同的需要通过通信服务器及路况服务器进行交通信息服务。图5–2为智慧交通信息服务框架示意图。

（二）智慧交通信息服务的具体内容

在进行智慧交通信息服务时，主要提供下列交通信息服务内容：

1. 实时路况

通过播报实时路况来指导司机、市民选择出行路段。

2. 交通气象

根据交通气象来指导市民出行的时间、交通工具的选择，以及提示司机安全。

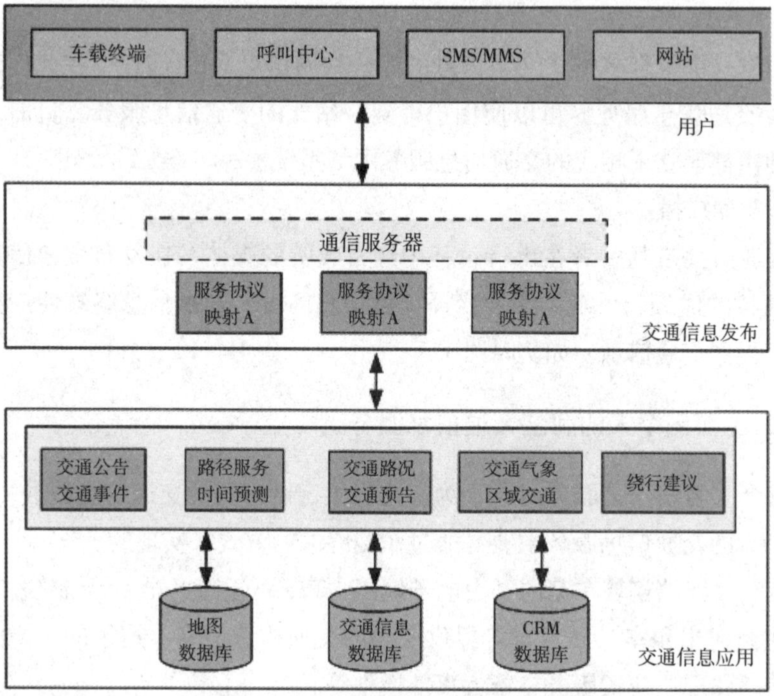

图5-2　智慧交通信息服务框架示意图

3. 交通管制

实时播报交通管制的情况和预告，帮助出行者选择路段。在某地区有活动发生时，预报提示周边道路的交通情况。

4. 交通突发事件

在道路上交通事故等事件突发时，提示出行者绕道行驶。

5. 停车场车位信息

显示重点地区停车场车位情况，提示驾驶者便利停车。

6. 交通状况预告

根据以往类似时间、类似路段的经验数据，进行交通状况的预告。

7. 高速信息

提示全国高速公路、国道、省道的突发事件、维护信息、事故情况，以及收费口的拥塞状况等。

8. 沿途交通拥堵预测

根据用户规划线路，对线路的通常情况进行评估。

9. 最优路线选择

根据当前的交通情况及交通预测，规划通畅路线。

10. 周边路况查询

根据用户规划路线，查询其周边交通情况。

11. 绕行建议

根据用户的出发地及目的地，结合当前的交通状况，给出可选择的交通路线，并给出可能的到达时间。

四、面向个人的智慧交通信息服务实例

面向个人客户的交通信息服务在便携式移动终端上得到较快的应用。目前集成各种功能的移动终端层出不穷，只要是具备通信传输功能的，都有可能成为交通信息服务的发布载体。市场普遍更看好的是手机，确切地说是个人移动终端的应用。国内手机用户增长速度很快，而且携带方便，同时，移动等通信运营商大力推动手机信息增值服务的发展。随着5G时代的到来，交通信息除了以短信、彩信、WAP的方式提供服务外，以图片、视频等其他形式打包服务成为可能，发展前景很大。

（一）车载终端系统

车载终端系统融合了GPS、GIS技术以及通信技术等，主要完成以下功能：

1. 信息查询

可以查询基础地理信息、道路交通信息、路况信息等。

2. 车辆定位

将定位系统获取的车辆位置坐标转换成为电子地图坐标，并显示到车载终端系统的电子地图上。

3. 路径规划

用户所选择路径具有权重因子调整功能，并能实现选择最优动态路径。另外，还要考虑路径的不同时段因素。

4. 语音导航

依据用户进行的路径规划，通过全程语音导航将用户从出发地指引到目的地。

（二）基于动态智慧交通信息的车辆诱导

基于动态信息的诱导系统，旨在通过向驾驶员提供基于实时交通信息的最佳行驶路径来达到诱导出行行为，减少车辆在道路上的逗留时间，进而改善城市交通，避免交通拥挤、阻塞的目的。

在动态交通信息车辆诱导中，将动态交通信息进行显示，即在电子地图上用不同颜色表示出不同路段的交通拥挤情况；结合动态路网交通信息，进行动态交通分配，为出行者计算能够避免拥挤、减少延误、快速到达终点的最优行车路径。这里的路径诱导可以分为三种情况：

（1）自主诱导，即根据历史数据库的数据决定的最佳行驶路径；

（2）基于所传输的当前时刻的路段行程时间的最佳路径选择；

（3）基于预测的未来时刻的路段行程时间的最佳路径选择。

（三）动态路况信息服务

1. 终端自导航方式

目前市面上导航软件设备都包括一个较大容量的城市数字地图（保存在存储卡中），而且都具备较强的地图数据搜索功能。与静态导航不同的是，动态导航软件需要根据城市交通状况来优选行驶路线。

终端自导航流程如图5–3所示。

①路况数据请求。车载终端向路况服务器发出路况请求。

②路况数据。路况服务器将当前路况数据发送到车载终端。

车载终端也可进行数据定制。车载终端根据接收到的路况数据进行路径选择及导航。车载终端也可根据规划的行车路线进行相关范围内的路线请求，可以减少数据传输量。

2. 路线请求方式

路线请求方式的实现流程如图5–4所示。

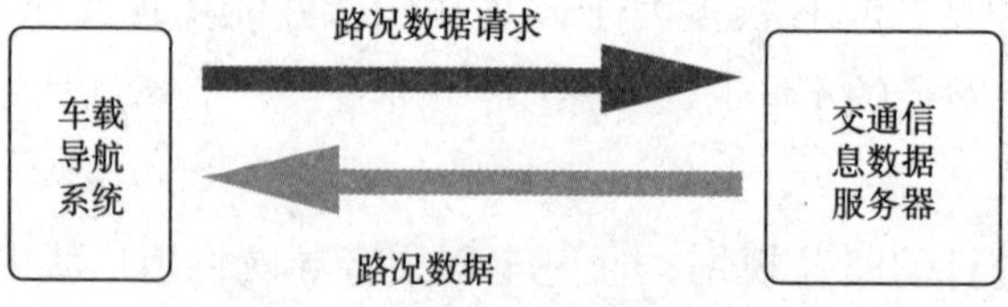

图5–3　终端自导航流程示意图

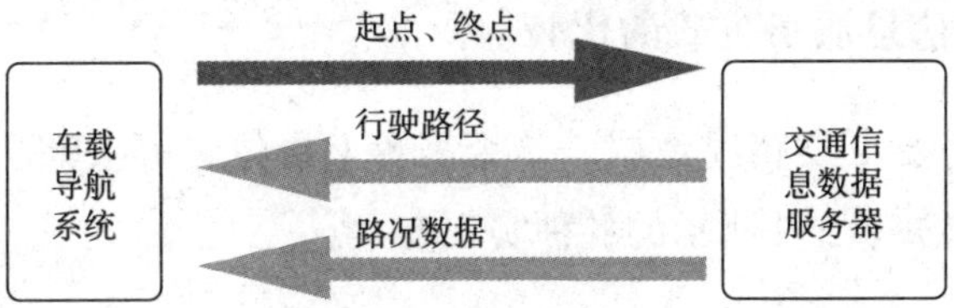

图5-4　路线请求方式

①起点、终点。车载终端将起点和目的地一同发送到路况服务器。

②行驶路径。路况服务器根据当前路况及相关道路上的交通路况预测结果，进行路径规划，并将路径规划结果及相关道路上的路况信息一同发送到车载终端。

③路况数据。车载终端根据路况服务器发回的路径进行导航。

3. 路线保障方式

路线保障方式的实现流程如图5-5所示。

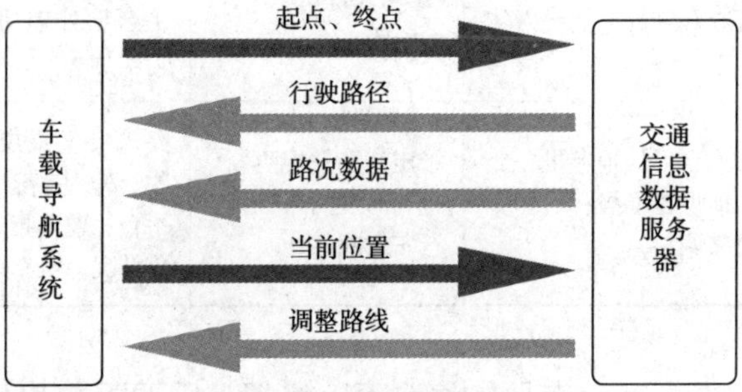

图5-5　路线保障方式

①起点、终点。车载终端将当前位置、目的地发送到路况服务器。

②行驶路径。路况服务器根据出发地和目的地进行路径规划，并将规划结果返回到车载终端。

③路况数据。车载终端根据该路径进行导航，并且在行车过程中不断向路况服务器发送当前位置信息。

④当前位置。路况服务器根据当前位置及前方道路的情况进行路径规划；如果需要改变路线，则重新规划合适的行车路线并将结果发送到车载终端。

⑤调整路线。车载终端接收到路线调整命令后进行路线调整，并根据新的规划路径进行导航。

（四）几种信息服务方式的比较

根据是否需要下发路况数据，是否需要上报位置等关键功能的具体部署位置，可以获得如表5-1所示的各种实现方案。

表5-1　动态导航方案比较

方　案	导航终端	路况服务器	比　较
终端自导航	1.请求路况； 2.路况解析与处理； 3.优选线路计算（参考路况计算）。	响应请求发布路况。	终端：接收、解析并显示路况，参考路况计算优选线路。改动中等。 平台：监测路况变化，响应请求发布路况。发布数据量较大。如果结合终端路径规划结果，可减少数据交互量。
路线请求	1.位置上报（包括终点）； 2.接收和处理导航线路。	1.优选路线计算（参考路况）； 2.优选路线发布。	终端：上报位置（包括终点），接受线路后实施导航。 平台：处理功能集中，处理压力增加。
路线保障	1.出发点目的地上报； 2.当前位置上报； 3.线路调整。	指定线路路况更新，也可以是不同线路行车时间估计。	终端：上报出发点目的地，接收、处理路况（如调整线路等）。 平台：监测指定线路上的路况变化情况，发布路况及调整线路。

终端自导航中，在动态导航情况下，终端只需要报告出发点和目的地，所有的计算工作由终端完成。路况服务器的唯一工作就是把变化的城市交通状况发布给终端，由终端进行最优行车线路计算和后续的导航工作。终端接收到城市路况后，可以用来计算最短行车时间路径，也可以直接显示到导航地图上，供司机自主选择最佳行驶线路。这种自主的导航模式容易造成BRAESS矛盾，就是指如果被诱导的车辆都收到相同的交通信息，它们会被派遣到相同的、以前不拥挤的道路，这条道路可能很快变得拥挤甚至更糟。

对于路线请求，路况服务器将根据当前路况来计算最优行车线路，并下发给终端。终端以接收到的优选线路为基础进行导航。一旦终端偏离导航线路，或者沿线路况有明显变化，路况服务器开始重新计算优选线路，并下发计算出来的最佳行驶线路。这种方案采用系统的方法来进行路径规划，合理调度车辆，避免BRAESS矛盾，提高整个路网系统的效率，使整个路网系统被更充分利用。

对于路线保障，路况服务器不断监控车辆的当前位置，并对前方道路的状况进行判断，但需要改变路线时，进行重新规划并下发终端。这种方案只能对少数车辆进行服务。

五、智慧交通信息服务核心技术支持

交通信息服务系统中的技术是智能运输系统ITS重要的一部分，主要用以提供公路铁路航空出行的相关信息。建立综合交通信息服务系统的目的就是要通过全方位的信息采集、可靠的信息传输、高效的信息处理、获取方便的信息发布，为出行者及潜在出行者提供及时、准确、可靠、方便、全面、实用的出行相关信息。综合交通信息服务系统的建立与应用方便了出行者的出行，从而缓解了交通压力和交通事故频发等问题。

美国、日本、加拿大、英国、法国、韩国等国家都投入了较大的人力和物力从事交通信息服务系统的研究，相关研究在国际上处于领先地位。美国旧金山海湾地区511系统是通过免费电话、网站、广播、有线电视等，为出行者提供交通信息的服务系统。该服务系统可提供分钟级的交通状况相关信息及时间（事故、拥堵、交通事件、赛事、文化活动等）、公共交通路线、费用等细节信息，以及即时停车信息、合乘信息、自行车信息、重要路段的旅行时间预测信息、天气信息（降雪、结冰、积水、雾天等）与行车指引（机场）、自行车出行指引和旅游信息等。日本的ITS开发既重视技术的商品化和应用，又重视先导型技术的研究、开发和应用。车辆信息和通信系统（Vehicle Information and Communication System，缩写为VICS）是当今世界上相当成功的一个交通信息和通信服务系统，以既有交通管理系统为基础，配以数字地图和红外Beacon双向短程通信的道路交通情报通信系统。它在日本ITS中的地位非常重要，已经成为日本TTS建设的基础和核心。VICS运用远红外、调频副载波作为传输介质，发布实时交通信息的动态导航系统，将警察部门和高速公路管理部门提供的交通堵塞、驾驶所需时间、交通事故、道路施工、车速及路线限制，以及停车场空位等信息编辑处理后及时传输给交通参与者，特别是在汽车导航车载机上以文字、图形显示交通信息。

不难看出，实现智慧交通信息服务的重中之重便是GPS及卫星导航技术在其中的应用，从而实现信息源的采集，为后续的处理与发布集成奠定基础，形成综合性服务。由于GPS系统在第三章已有所涉及且常见的GPS导航、北斗星导航等均为卫星导航，故而本部分不将其作为重点。

（一）卫星导航技术简介

卫星导航技术，是指采用导航卫星对地面、海洋、空中和空间用户进行导航定位的技术。卫星导航系统主要由导航卫星、地面台站和用户定位设备三个部分组成。

1. 导航卫星

卫星导航系统的空间部分，由多颗导航卫星构成空间导航网。

2. 地面台站

跟踪、测量和预报卫星轨道并对卫星上设备的工作进行控制管理，通常包括跟踪站、遥测站、计算中心、注入站及时间统一系统等部分。跟踪站用于跟踪和测量卫星的位置坐标。遥测站接收卫星发来的遥测数据，以供地面监视和分析卫星上设备的工作情况。计算中心根据这些信息计算卫星的轨道，预报下一段时间内的轨道参数，确定需要传输给卫星的导航信息，并由注入站向卫星发送。

3. 用户定位设备

通常由接收机、定时器、数据预处理器、计算机和显示器等组成。它接收卫星发来的微弱信号，从中解调并译出卫星轨道参数和定时信息等，同时测出导航参数（距离、距离差和距离变化率等），再由计算机算出用户的位置坐标（二维坐标或三维坐标）和速度矢量分量。用户定位设备分为船载、机载、车载和单人背负等多种型式。

（二）北斗车载智能导航

北斗卫星导航系统（BeiDou Navigation Satellite System，缩写为BDS）是我国自行研制的全球卫星导航系统，也是继GPS、GLONASS之后的第三个成熟的卫星导航系统。北斗卫星导航系统（BDS）和美国GPS、俄罗斯GLONASS、欧盟GALILEO，是联合国卫星导航委员会已认定的供应商。

1. 北斗卫星导航系统的构成

北斗卫星导航系统由空间段、地面段和用户段三部分组成，可在全球范围内全天候、全天时为各类用户提供高精度、高可靠定位、导航、授时服务，并且具备短报文通信能力，已经初步具备区域导航、定位和授时能力，定位精度为分米、厘米级别，测速精度0.2米/秒，授时精度10纳秒。

2. 北斗卫星导航系统的功能

2020年6月23日，北斗卫星导航系统第55颗卫星（北斗三号系统地球静止轨道卫星）完成在轨测试、入网评估等工作。2020年7月31日上午，北斗三号全球卫星导航系统正式开通。北斗三号具备导航定位和通信数传两大功能，可提供定位导航授时、全球短报文通信、区域短报文通信、国际搜救、星基增强、地基增强、精密单点定位共七类服务，是功能强大的全球卫星导航系统。北斗导航业务正式对亚太地区提供无源定位、导航、授时服务。2020年12月15日，北斗导航装备与时空信息技术铁路行业工程研究中心成立。目前，全球范围内已经有137个国家与北斗卫星导航系统签下了合作协议。随着全球组网的成功，北斗卫星导航系统未来的国际应用空间将会不断扩展。

3. 北斗卫星导航系统方案落地的尝试

随着卫星定位系统的愈发普及，学界相关学者与产业层面先驱都在积极探索卫星定位系统在智慧旅游中的应用，并形成了可以落地的方案设计，为卫星定位系统在交通信息服务中的进一步落实打下坚实基础。

交通运输部出台的《关于在行业推广应用北斗卫星导航系统的指导意见》明确指出，“十三五”时期，智慧交通的发展进入关键阶段，而高精度的定位导航服务则是建设智慧交通的关键支撑手段。为了实现高精度服务，就需要开展增强系统建设。我国大中型城市由此掀起新一轮以信息化、智能化推动现代化信息技术与交通运输管理和服务融合的城市智慧交通管理建设的浪潮。

在我国保险学会、国家卫星定位系统工程技术研究中心、公安部交通科学管理研究所等单位的支持下，武汉六点整北斗科技有限公司参与起草完成了《智能网联车载后视镜终端》《智能网联车载系统保险数据》企业标准，填补了我国还没有北斗高精度智能车载系统数据用于保险领域标准的空白，为高精度北斗定位数据合法性及在交通事故处理中的证据效力提供了保障和依据。

2017年6月28日，我国工程院课题组在宁波市召开“互联网+智能交通”行动计划发展战略研究课题咨询会，同时举办“北斗智慧交管和保险创新协同应用高峰论坛”，就如何将北斗高精度卫星导航系统在“互联网+智能交通”领域用好用活进行了广泛讨论。论坛上有关“北斗高精度+保险”应用模式引人关注。据了解，北斗公司开发的“即时判北斗高精度警保联动智能系统”具备UBI数据采集强大功能，系统在保险行业的规模推广，将提升车险领域大数据深度应用的能力，有利于在保险定价、保险承保、保险理赔、客户增值服务等方面提高管理水平，降低保险公司运营成本，提高客户服务质量。具体而言，当安装有北斗高精度智能网联车载终端的汽车发生道路交通事故时，该系统可实时将记录的事故现场视频图像和北斗高精度定位汽车行驶轨迹的车道级信息数据（亚米级）自动上传至交警和保险公司道路交通事故在线处理平台；当事人车主在线远程报案后，交警即可远程在线勘查定责快速处理，同时及时将高精度定位、全时空信息有关数据推送到保险公司；保险公司可同步远程在线接收查勘、审核相关即时事故现场的高清视频和图像等信息，实现快速定损、快速理赔，实现事故车辆可在3～8分钟内快速撤离事故现场。该系统的应用，可以实现警保在线同步一站式全流程快处快赔服务，提高道路交通事故的处理时效，解决因道路事故造成的拥堵问题，弥补交管警力和保险公司查勘人力不足问题，降低交管和保险公司综合成本，提升子用户对北斗高精度服务的体验。

（三）GPS导航

GPS是英文Global Positioning System（全球定位系统）的缩写。GPS起始于1958年美国军方的一个项目，1964年投入使用。20世纪70年代，美国陆海空三军联合研制了新一代卫星定位系统。主要目的是为陆海空三大领域提供实时、全天候和全球性的导航服务，并用于情报收集、核爆监测和应急通信等一些军事目的。经过20余年的研究实验，耗资300亿美元，新一代卫星定位系统于1994年全面建成。整个系统由21颗工作卫星和3颗备用卫星组成，6个轨道平面的每个平面上分布4颗卫星，这样的配置使同时出现在地平线以上的卫星数目随时间和地点而异，最少为4颗，最多可达11颗。

1. GPS系统的特点

①全球、全天候工作。能为用户提供连续、实时的三维位置，三维速度

和精密时间不受天气的影响。

②定位精度高。单机定位精度优于10米，采用差分定位，精度可达厘米级和毫米级。

③功能多，应用广。随着人们对GPS认识的加深，GPS不仅在测量、导航、测速、测时等方面得到更广泛的应用，而且其应用领域不断扩大。

2. GPS导航的分类

①车载型GPS导航。用于车辆导航定位。

②航海型GPS导航。用于船舶导航定位。

③航空型GPS导航。用于飞机导航定位。由于飞机运行速度快，因此，在航空上用的接收机要求能适应高速运动。

④星载型GPS导航。用于卫星的导航定位。由于卫星的速度高达7公里/秒，因此对接收机的要求更高。

3. GPS的功能

由于GPS系统具有定位精度从数十米至毫米级的技术特性，同时系统的空间卫星上载有精密的时钟可以发布时间和频率信息，因此，GPS除了应用于交通运输方面外，在水力、农业、铁路、地震监测、通信产业、民用航空、测绘和制图、大气科研、管道施工、公共安全、城市规划、土地管理、影视广播等方面也有着极其广泛的应用，同时发挥了理想的社会效益和经济效益。

陆地交通运输是当前GPS最大的应用领域，特别是在车辆导航和跟踪应用方面发挥着突出作用，显示出巨大的市场。据交通系统有关方面资料记载和目前实际现状可知，GPS在智能交通系统中主要应用于车辆的定位和导航系统。GPS定位导航系统与电子地图、无线电通信网络及计算机车辆管理信息系统相结合，可以实现车辆跟踪和交通管理等许多功能。

（1）车辆跟踪功能

利用GPS和电子地图可以实时显示出车辆的实际位置，并任意放大、缩小、还原、换图；可以随目标移动，使目标始终保持在屏幕上；还可实现多窗口、多车辆、多屏幕同时跟踪，利用该功能可对重要车辆和货物进行跟踪运输。

（2）提供出行路线的规划和导航功能

规划出行路线是汽车导航系统的一项重要辅助功能，包括：

①自动线路规划。由驾驶员确定起点和终点，由计算机软件按照要求自

动设计最佳行驶路线，包括最快的路线、最简单的路线、通过高速公路路段次数最少的路线等。另外，它还有修改功能：假如用户因为不小心错过路口，没有走车载GPS导航系统推荐的最佳线路，车辆位置偏离最佳线路轨迹200米以上，车载GPS导航系统会根据车辆所处的新位置，重新为用户规划设计回到主航线路线，或是为用户设计从新位置到终点的最佳线路。

②人工线路设计。由驾驶员根据自己的目的地设计起点、终点和途经点等，自动建立线路库。线路规划完毕后，显示器能够在电子地图上显示设计线路，并同时显示汽车运行路径和运行方法。

（3）信息查询功能

GPS可以提供包括周边和出行在内的信息查询功能，为用户提供主要物标，如旅游景点、宾馆、医院等数据库，包括周边的景区、美食、停车场、生活服务设施等，用户均能够在电子地图上根据需要进行查询。查询资料可以文字、语言及图像的形式显示，并在电子地图上显示其位置。同时，监测中心可以利用监测控制台对区域内任意目标的所在位置进行查询，车辆信息将以数字形式在控制中心的电子地图上显示出来。

（4）测速

通过GPS对卫星信号的接收计算，可以测算出行驶的具体速度，比一般的里程表准确很多。

（5）紧急援助功能

通过GPS定位和监控管理系统可以对遇有险情或发生事故的车辆进行紧急援助。监控台的电子地图可显示求助信息和报警目标，规划出最优援助方案，并以报警声、光提醒值班人员进行应急处理。

（6）转向语音提示功能

车辆只要遇到前方路口或者转弯，车载GPS语音系统提示用户转向等语音提示，这样可以避免车主超速、走错车道、走弯路等问题的发生。它能够提供全程语音提示，驾车者无须观察其显示界面就能实现导航的全过程，使得行车更加安全舒适。

（7）增加兴趣点功能

由于我国大部分城市都处于建设阶段，随时随地都有可能冒出新的建筑物，由此，电子地图的更新也成为众多消费者关心的问题。因此，遇到一些电子地图上没有的目标点，只要你感兴趣或者认为有必要，可将该点或者新路线增加到地图上。这些新增的兴趣点，与地图上原有的任何一个点一样，均可套用进电子地图查阅等功能。

（8）定位功能

GPS通过接收卫星信号，可以准确地定出其所在的位置，位置误差小于10米。如果机器里带地图的话，就可以在地图上相应的位置用一个记号标记出来。同时，GPS还可以取代传统的指南针，显示方向；取代传统的高度计，显示海拔等信息。

（9）话务指挥功能

指挥中心可以监测区域内车辆的运行状况，对被监控车辆进行合理调度。指挥中心也可随时与被跟踪目标通话，实行管理。

（10）显示航迹功能

如果去一个陌生的地方，去的时候有人带路，回来时怎么办？不用担心，GPS带有航迹记录功能，可以记录下用户车辆行驶经过的路线，小于10米的精度，甚至能显示两个车道的区别。回来时，用户可以启动它的返程功能，让它领着你顺着来时的路线顺利回家。

（11）个性化需求功能

为了减少用户使用GPS过程中的枯燥感，导航系统还可以满足用户的一些个性化的需求，比如更换语音、录制自己的语音，还比如可以要求系统讲个笑话、点一首歌之类的，这样可以大大降低用户驾车或者乘车过程中的疲劳感。

4. GPS技术的内容研究与应用

我国有关GPS技术在汽车导航和交通管理工程中的研究与应用时间不长，而国外在这方面的研究早已开始并已取得了一定的成果。加拿大卡尔加里大学设计了一种动态定位系统：该系统包括一台捷联式惯性系统、两台GPS接收机和一台微机，可测定已有道路的线性参数，为道路管理系统服务。美国研制了应用于城市的道路交通管理系统：该系统利用GPS和GIS建立道路数据库，数据库中包含各种现时的数据资料，如道路的准确位置、路面状况、沿路设施等。该系统于1995年正式运行，为城市道路交通管理起到了重要作用——通过在城市设立一个基准站，车载GPS实时接收基准站发射的信息，经过差分处理便可计算出实时位置，把目前所处位置与所要到达的目标在道路网中进行优化计算，便可在道路电子地图上显示出到达目标的最优化路线，为警局、消防、抢修、急救等车辆服务等方面。

GPS是近年来最具有开创意义的高新技术之一，必然会在诸多领域中得到越来越广泛的应用。相信随着我国经济的发展，以及高等级公路的快速修建和GPS技术应用研究的逐步深入，其在道路工程和交通运输中的应用也会更加广泛和深入，并发挥出更大的作用。

拓展阅读

李静，刘燕威. 基于GPS定位仪的智能旅游路线自动优化方法研究[J]. 自动化与仪器仪表，2020（10）：172-175.

第二节　智慧交通安全保障系统的组成

目前，我国交通运输业正处于加速发展时期，随着交通基础设施的逐步完善，距离因素的影响力将逐步减小，而旅游目的地市内交通与旅游的同步发展显得愈加重要，城市交通安全、快速、便捷，关系到旅游资源能否充分发挥效用。

近年来，我国智慧交通客运行业安全形势总体平稳，四大客运系统交通承载量继续保持良好势头、客运质量稳步小幅增长的同时，水运、铁路及航空交通系统旅游安全保持稳定态势，未出现重大事故与重大损失。而对于陆路交通而言，以2016年“湖南郴州宜凤高速6·26特别重大道路交通事故”最为典型，为旅游安全敲响了警钟。同时不乏境外旅游安全问题，维权难度较大。景区内部交通安全险象时有发生，但侧重有所改变：索道、缆车事故得到良好控制，景区内自驾造成伤亡成为发生事故的主要诱因，如2016年“7·23北京八达岭野生动物园老虎伤人事件”一度引起社会广泛讨论。旅游客运交通安全涌上旅游安全问题的风口浪尖，成为社会广泛讨论的问题之一。

安全作为产品最基本的特质，是用以满足消费者最低预期的根本保证，其直接反映着产品的品质与延展性，是消费者了解产品性质甚至企业形象、产业态势的最基本把控渠道，在产业发展层面承担着其独有的强力推进作用。

广义而言，不乏相关政策法规对产品安全的硬性要求，以《中华人民共和国消费者权益保护法》为例，其第七条明确提出有关产品安全的要求——“消费者在购买、使用商品和接受服务时享有人身、财产安全不受损害的权利。消费者有权要求经营者提供的商品和服务，符合保障人身、财产安全的需求”。而交通安全作为产品安全的重要一环，其作用自然也不可小觑。

细化到旅游业层面，交通作为旅游“食、住、行、游、购、娱”六大构成要素之一，承担着沟通客源地与目的地之间大交通以及连接目的地内部各节点间小交通的桥梁作用，并基于此实现旅游系统的串联，形成旅游行为的闭环回路，对游客的旅游体验产生无可替代的作用。

一、智慧交通方式

旅游者通过综合考虑时间、费用、个人喜好等因素后，选择乘坐合适的交通工具抵达旅游城市。出境旅游或居住地与旅游目的地相对较远、时间紧迫的旅游者，选择乘坐飞机抵达；居住地与旅游目的地距离适中、时间较充裕或爱好沿途风俗文化的旅游者，选择乘坐火车抵达；而居住地与旅游目的地距离较近的旅游者，则更倾向于乘坐私家车或客运班车抵达。在旅游者往返于惯常环境与旅游目的地的过程中，智慧交通安全保障体系便成为其中最重要的一环，从根本上支持着旅游者实现旅游活动。旅游客运交通组织由道路客运、铁路客运、航空客运以及水路客运四种方式组成。

（一）道路客运

汽车的大规模使用，带动了交通基础设施的快速发展。19 世纪末至 20 世纪 30 年代，全球各个国家都开始对原有的乡村道路进行改建或加铺路面，逐步形成基本道路网。20世纪 50 年代后，高速公路与干线公路规划开始实施建设，道路交通条件得以大幅改善，为道路运输的发展奠定了良好的基础。由统计数据可以看出，道路运输在整个综合运输体系中占有绝对优势。道路运输因其所具有的“通过”和“送达”或“集散”功能，一般作为其他运输方式的终端运输方式，在智慧交通中的外部交通组织、旅游目的地交通组织和景区内部交通组织中均起到重要衔接作用，也是整个综合运输体系中不可缺少的组成部分。

（二）铁路客运

淞沪铁路被认为是我国的第一条铁路，詹天佑主持修建完成的京张铁路是由我国自行设计和修建的第一条铁路线。1957年通车的武汉长江大桥是我国修建的第一座铁路和公路通用的跨江大桥，对我国铁路发展史有着不凡的影响。高速铁路的崛起为铁路运输的发展寻求到合适的突破口，并产生了良好的社会效应。

铁路在智慧交通中主要起到中长途运输作用，是外部交通组织中重要的组织方式之一。随着我国经济的发展和居民生活节奏的加快，人们对交通工具的便捷性、快速性、舒适性等要求也在不断提高。同时，高速公路网的迅猛发展更使铁路运输面临严峻的挑战。在此巨大的压力下，我国铁路开始探求新的发展出路：通过技术创新和管理手段的提升，实现铁路运输的高速化和重载化。2007年第六次提速后，我国部分铁路区段的运输时速可达到200公里以上，实现了铁路高速化的跨越性发展，标志着我国开始进入高铁时代。与其他运输方式相比，高速铁路具有明显的优势：运送速度快、准时性高、安全系数高、环境污染小、价格合适。高速铁路是唯一能在时间上与飞机相抗衡的交通工具，但是相比航空运输的高价格，铁路运输的票价低很多，使得它成为许多旅客出行的首选。

（三）航空客运

我国民用航空局于1949年成立，随后拉开了我国民用航空发展的序幕。新中国航空业的发展大致可以划分为以下四个阶段：

1. 探索发展时期（1949—1978年）

从1950 年到1977年，我国民用航空旅客运输量由1.04万人次增长至164.57万人次，旅客周转量由1000万人公里上升至18.34亿人公里，增幅巨大。在此期间，我国民用航空开始开辟航线、加快基础设施建设、更新机队、提高技术与管理水平，取得了显著的成果，我国航空业的发展正式步入正轨。这一时期，民用航空总局归国务院领导。

2. 企业化发展时期（1978—1996年）

1978年以后，我国政府开始着眼于加快经济建设，民航业也随之加速发展。1987年，国务院批准我国民航局依据政企分开、减少管理层次和简政放权的原则，将民航局、地区管理局、省（区、市）局和航空站四级管理改为民航局与地区管理局两级管理，组建6家骨干航空公司，并将机场和航务管理分开。在此期间，我国民航总局既管理民航事务，又经营航空运输业务。此后，航空业发展持续升温，1990至1992年航空客运量平均每年以30%的增幅稳步上升。

3. 波折发展时期（1997—2001年）

1997年是航空业发展的转折点，金融风暴席卷亚洲，打破了亚洲经济急速发展的景象，航空业的发展也遭受打击，航空运输自此由“卖方市场”进入“买方市场”，开始了市场化的进程。虽然民航业的发展在此时遭受冲击，但是由国家统计局统计的客运量数据来看，旅客运输量仍然在增加，只是增幅降低迅速。总的来说，1997年至2001年，航空客运量年平均增幅6%，比金融危机前下降了将近20个百分点。此时，不同企业间开始争夺客源，行业内部竞争激烈。

4. 平稳发展时期（2002年至今）

2002年以后，我国政府对民航的管理体制进行了彻底的改革，实行事企分离，航空运输企业和管理机构开始各司其职。2004年，民航总部进一步开放市场，允许民营企业进入航空运输市场，并批准了多家民航企业。但2008年，金融危机使多家民营企业受重创，进而出现多种弊病，因此，中国民用航空局又进行了新一轮的兼并与重组。2011年10月，中国民用航空局对所属企业进行了重组，通过联合航空公司与航空服务保障企业，成立了“中国航空集团公司、中国东方航空集团公司、中国南方航空集团公司”三大运输公司和“民航信息集团公司、中国航空油料集团公司、中国航材进出口有限责任公司”三大运输服务保障集团，基本上形成了国营航空集团公司三足鼎立的局面。民航运输工具因其在速度、服务、舒适性的优势，成为外部交通的主力。

（四）水路客运

我国是全球水路运输发展比较早的国家之一。公元前2500年便开始制作舟楫，商代制造出帆船；公元前500年左右开凿运河；唐朝向国外输出丝绸及其他货物，开发出海上丝绸之路。1872年，由我国自行研制的蒸汽机船舶开始在内河与海上航行。

水路运输具有强大的运载能力、低成本、少投资、少能耗、平均运距长等多项优势，已经成为国内、国际货物运输的重要方式之一。水路运输一直保持着持续的发展，各国的水路运输均朝着现代化的方向发展。在运输工具方面，船舶向大型化、通用化和专业化方向发展；在港口方面，表现在泊位的深水化、装卸的机械化和自动化等。

由于水路运输条件复杂、营运范围受天然航道的限制、航程容易受到自然气象条件的影响，使得运送的准时性和安全性差、经营风险相对于其他运输方式略高，这些固有的不利因素使得水路客运的发展受到限制，因此，并没有大规模地运用于客运，只有在近海岸和内河航道的港口、码头保留了水路客运的功能，如烟台港—大连港之间的客运航线。相反，水路运输以其独有的优势被广泛应用在远洋货物运输和大宗货物运输上。

综上所述，在大多数旅游者的出行计划中，航空和铁路一般完成从旅游者居住地到旅游目的地之间的运输；而道路交通主要负责旅游目的地市内交通组织，即旅游者旅游活动末端的交通组织。旅游活动的特殊性质决定了其对时空压缩的需求，而满足这种需求的载体正是交通运输业。

二、智慧交通安全政策保障体系

毋庸置疑，无论是自由行还是跟团游，无论其品质高低，旅游线路作为最基本的旅游产品之一，都具有其相同且不可逾越的底线即安全性，这也是旅游产品对游客而言最基本的保障。总体来说，常见的智慧交通方式主要分为航空交通、铁路交通、水路交通与陆路交通四种。不论是哪种交通方式，均有其对自身安全层面的思考，相关规章制度的建立成为其重视交通安全的有力佐证（如表5-2所示）。

表5-2　各种交通方式安全层面规章制度支持

交通方式	相关规定制定
航空交通	在《中华人民共和国民用航空法》《中华人民共和国民用航空安全保卫条例》等法律法规的保障之下，制定了《中国民用航空安全检查规则》及《中国民用航空旅客、行李国内运输规则》等具体规则，在机体检查、保养与维护、运输、服务多维度对安全性做出了规定，强调飞行安全的前期保障和后期运营，从而为乘客提供安全、便利、舒适的航空体验。

续表

交通方式	相 关 规 定 制 定
铁路交通	以《铁路安全管理条例》为依据，从铁路建设、运输、载客、设备制造与维修层面建构管理框架，坚持安全第一、预防为主、综合治理的方针，旨在加强铁路安全管理，保障铁路运输安全和畅通，保护人身安全和财产安全。
水路交通	以《中华人民共和国海上交通安全法》为纲领性文件，用以加强海上交通管理，保障船舶、设施和人民财产的安全，维护国家权益。基于此，形成《国内水路运输管理规定》与《水路运输安全管理办法》，从而规范国内水路运输市场管理，维护水路运输经营活动各方当事人的合法权益，促进水路运输事业安全有效、健康发展。
陆路交通	根据《中华人民共和国安全生产法》《中华人民共和国道路交通安全法》《中华人民共和国道路交通安全法实施条例》《中华人民共和国道路运输条例》等法律法规，制定《道路旅客运输企业安全管理规范（试行）》与《汽车旅客运输规则》，加强和规范道路旅客运输企业的安全生产工作，提高企业安全管理水平，全面落实道路旅客运输企业安全主体责任，预防和减少道路交通事故，并实现“为旅客提供安全、及时、方便、舒适的运输服务”的愿景。

不难发现，航空交通、铁路交通与水路交通拥有较为完备的安全保障、检修机制及应急系统，发生安全事件多具突发性且概率较小，总体而言三者安全性较高。而陆路交通在与其他三者的对比中呈现显著弱势，成为交通安全事件频发的重灾区，故相应的旅游安全保障体系亟待构建。

三、智慧交通安全系统设计

（一）智慧交通安全系统的内容

1. 视频监控系统

视频监控系统是实现统一监控指挥体系的基础系统。遵循《安全规范视频监控联网系统信息传输、交换、控制技术要求》（GB/T 28181）标准，构建辖区内统一的道路交通视频监控平台，实现交警部门视频资源的实时浏览、回放和集成，从而与上级视频监控平台实现进一步对接。

2. 路况信息管理系统

路况信息管理系统是实现国、省道统一路况信息监测和发布系统的基础系统。各部门应在遵循规范建设标准的基础上，自建、集成现有交警、交通、气象等部门的路况信息采集系统，实现对国、省道公路主干断面的车流量、车速、拥堵等交通流信息，以及事故、道路施工、气象等环境信息的监控、采集、处理，并通过内、外部发布系统进行智能诱导和发布。同时根据接口规范，将路况信息实时上传上级平台，实现国、省道路况信息发布的联动和集成。

3. 机动车违法采集处理系统

各地可因地制宜建设包括闯红灯自动记录系统、超速抓拍、区间测速、视频检测等多种违法行为监测系统，对各类机动车辆违法行为进行抓拍、采集，进入非现场执法证据采集流程，同时遵循规范标准，及时上传机动车违法信息到各市支队的缉查布控平台，实现对机动车闯红灯、超速、违法停车、违法占道、违法停车上下客、不系安全带等违法行为的执法处理。同时，可根据辖区的实际情况，针对不同的违法行为，选用非现场执法查处流程和现场拦截的查处流程。

4. 机动车缉查布控扩充平台

建设省市二级的机动车缉查布控扩充平台，实现对全域国、省道主干公路及城区交通的通行轨迹实时缉查和布控功能，通过大数据技术实现对通行轨迹的深度分析功能。机动车缉查布控扩充平台的建设，在遵循公安部缉查布控系统核心版的标准规范的基础上，立足本地实践，为大公安联控应用提供良好示范。在数据标准一致的基础上，由各地新建、利用或集成公路车辆智能监测记录系统，实现对过车信息（含文本和图像）的采集、本地存储和黑名单比对报警、车辆的缉查布控。通行信息统一接入支队的缉查布控扩充平台，同时在重要的省、市际卡口，拦截点卡口纳入机动车违法采集处理系统进行管理，实现对机动车违法统一的比对、布控、报警、拦截处理和状态同步等流程。

5. 社会化服务基础平台

建立省市两级的社会化服务基础平台，通过互联网提供路况信息推送、交通信息查询和多种新型媒体服务等功能，最大限度地面向社会共享信息资源，进一步推进便民利民服务，提高交警信息化建设水平。

根据上述内容，各级国、省道安全智能管控系统与同级高速公路安全智能管控系统平行部署，共享路况、违法、布控和报警数据；通过对视频监控、违法数据和路况信息采集实现对车辆追踪、违法报警和综合分析，从而将所有基础数据在省级平台进行汇总，实现数据共享、研判分析。

（二）智慧交通安全系统的构架

智慧交通安全系统的构架如表5-3所示。

表5-3　智慧交通安全系统相应平台部署架构

系统/平台名称	相应系统/平台部署
视频监控系统	基础系统+平台
路况信息管理系统	基础系统+平台
机动车违法采集处理系统	基础系统+平台
机动车缉查布控扩充系统	基础系统+平台
社会化服务基础平台	平　台

其中，部署架构中的基础系统指智能管控建设中的硬件设备系统；平台一般指市级后端平台，主要包括设备管理平台和设备系统平台。综合平台特指以集成各市平台和跨部门的信息为主的集成平台。图5-6为智慧交通安全系统关系构架图。

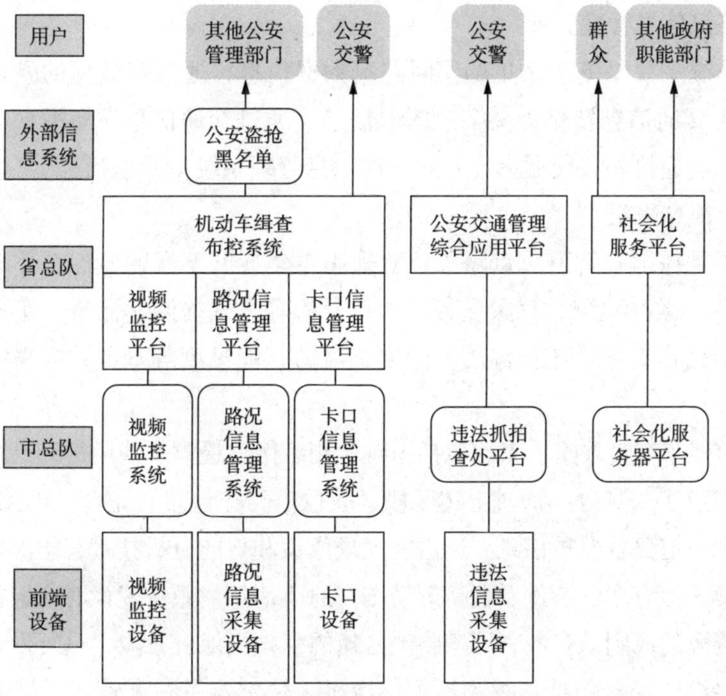

图5-6　智慧交通安全系统关系构架图

（三）智慧交通安全系统的组成

1. 视频监控系统

应遵循《安全防范视频监控联网系统信息传输、交换、控制技术要求》（GB/T 28181）标准，自建、改建和利用属地内的视频监控系统，在国、省道公路、城市快速路、城市主干路、次干路等重要位置安装视频监控设备，实时监控路面及周边环境情况。各地系统支持省平台统一调用，实现各市交警部门视频资源的实时浏览、回放和集成，为实现全省道路“实时监控、快速响应”的管理目标提供信息支持。

视频监控系统一般由前端、传输、本地存储、控制及显示四个主要部分组成：前端部分包括一台或多台摄像机以及与之配套的镜头、云台、防护罩、解码器等；传输部分包括电缆/光缆，以及可能的有线/无线信号调制解调设备等；本地存储包括对系统中视频、图片、数据信令的存储设备与存储机制；控制部分主要包括视频切换器、云台镜头控制器、操作键盘、各类控制通信接口、电源和与之配套的控制台、监视器柜等；显示设备主要包括监视器、多画面分割器、大屏等。

2. 路况信息管理系统

本系统主要是基于采集的实时路况数据信息，通过对数据的融合和预测分析，将交通信息转化为文字、图形信息，通过交通信息发布平台等方式进行发布，传递给相关交通参与者。路况信息管理系统主要包括：

（1）信息采集

主要是在国、省道重点路段位置采用自建或共享视频监控、环形线圈车辆检测器、微波检测、气象设备、卡口分析等方式检测车流量、车速、车辆密度、道路占有率、路面温度、湿度、风力、能见度等基本数据来完成信息采集。

①道路车流量采集。来源包括视频检测、微波检测、线圈检测、地磁、雷达、卡口过车采集等。通过上述手段，获取道路车流量、车速、道路占有率、车辆密度、道路状况等信息。通过视频摄像头和智能分析技术，检测车辆的流量、速度、占有率、事件、拥挤等动态交通流信息。系统建设时应遵循充分利用现有资源的原则，有效利用道路上已建的视频摄像机，减少重复投入。

主要组成部分包括：视频检测摄像机、传感器及适配镜头、视频分析检测软件和通信模块。

②气象信息采集。公路交通气象观测主要包括能见度观测、路面气象条件观测、气象环境观测、视频实景观测四个主要方面。

气象监测设备包括能见度检测仪、路面状况传感器、遥感路面状态传感器、遥感路面温度传感器、大气温湿度检测器、风向风速检测器、雨量检测器、激光雨量检测器、大气压力传感器和数据处理器等。

③道路事故、施工、拥堵事件信息采集。采集方式包括：通过前端视频智能分析或人工发现事故事件，交警人员通过路面巡逻发现交通事故事件，通过接处警平台获取的交通事故事件信息，通过与相关部门共享获取交通事故事件信息。

（2）数据清洗

①清洗的范围。冗余数据清理、过期数据清理、错误数据清理。

②容易产生错误数据。包括：异常气象信息（如异常的气温、气压值等）、异常的交通流量信息等。

③异常数据判定方法。系统要求提供采集数据值的异常门限值，由系统根据异常门限值来判定和清理错误数据值。

（3）数据分类存储

①存储的数据格式。

②存储的周期。

③存储的数据项。

（4）数据分析

①交通流状态信息。

②交通评估信息。

③交通态势分析。

（5）信息发布

依据所要发布信息的保密级别，控制发布范围，通过互联网、广播电台、手机终端（特服号码短信、微博、微信、QQ）、交通诱导子系统等不同的平台发布路况信息。

①交通诱导屏发布。通过路面的交通诱导屏等外场设施，显示道路交通网络畅通、拥堵情况，使车辆驾驶者获知相关交通信息状况进而做出相关行驶决策，实现交通诱导控制。

②车载式道路交通信息显示屏发布。通过路面执勤交警的流动巡逻车车载式道路交通信息显示屏来发布公路实时的交通拥堵、事故、天气、管制（特殊勤务、施工维护）等路况信息，为执勤交警在紧急情况下发布交通信息和疏导交通提供科技支持。依据用户的不同需求、不同的现场环境及不同的传输距离，可以采用光纤、双绞线、无线等几种不同的方式传输，充分共享交通部门已建的流动巡逻车车载式道路交通信息显示屏资源，将其作为交通路口信息的发布途径之一。

③移动终端发布。通过手机短信、微博、微信、QQ等多种方式，实时推送公路拥堵、事故、天气、管制（特殊勤务、施工维护）等路况信息，为出行者选择路线提供信息参考。

④社会发布（互联网、电视台、电台等）。通过互联网、电视台、电台等方式对外发布公路拥堵、事故、天气、管制（特殊勤务、施工维护）等路况信息，提高应对公路突发事件和应急处置能力，为广大人民群众出行选择路线提供信息。

3. 机动车违法采集处理系统

本系统主要是基于外部设备对违法行为进行采集取证，严格遵循规范标准，及时上传机动车违法信息到各市支队的缉查布控平台，对违法信息进行存储和执法处理。机动车违法采集处理系统的工作内容包括：

（1）闯红灯自动记录

通过安装在信号控制的交叉路口和路段的闯红灯自动记录设备，对指定车道内机动车闯红灯行为进行不间断自动检测和记录。由机动车闯红灯检测单元、图像采集单元、数据处理存储和应用软件单元组成。

（2）超速抓拍

超速抓拍系统是通过固定卡口、雷达测速等设备进行机动车行驶速度测定、抓拍取证及上传存储的。由前端测速抓拍取证单元、车辆识别单元、中心存储单元组成。测速方式包括雷达测速、环形线圈检测器和激光测速等。

（3）区间测速

由区间测速起点监控设备和终点监控设备对机动车非现场区间超速违法行为进行实时测速、取证，并通过通信网络上传至省级中心违法原始证据库进行存储和处理。整个系统由区间测速起点和终点监控设备、通信网络、中心控制设备及软件等组成。

（4）视频检测及抓拍

该系统利用外部视频设备和智能图像分析技术对机动车违法停车、逆向行驶（倒车）、不按规定车道行驶等违法行为进行自动检测报警，并可实现自动、手动抓拍。采集方式分为自动检测抓拍和人工手动抓拍两种模式。

（5）移动视频动态取证

移动动态取证设备安装固定在警用巡逻车辆上，可做机动车违法动态取证、移动卡口、移动缉查、移动视频、移动测速等移动警务应用。整个系统由视频抓拍取证单元、车载云台控制单元、车载比对报警单元、车载视频监控单元、卫星定位采集单元、无线5G传输单元、数据交互加密单元、车载显示单元、雷达测速单元等组成。

4. 机动车缉查布控扩充平台

在遵循公安部缉查布控系统核心版标准规范的基础上，立足本地实践，建设省市二级的机动车缉查布控扩充平台，利用大数据技术搭建云计算基础应用框架，实现对机动车通行记录（含文本和图像）的采集、本地存储、黑名单比对报警、缉查布控，以及对通行轨迹、嫌疑车辆等的深度分析。

5. 高清智能交通抓拍系统

本系统由前端固定卡口设备子系统和后端管理子系统组成。前端固定卡口设备子系统，在数据标准一致的基础上，由各地新建、利用或集成，实现对车辆特征照片、车牌号码与颜色、车身颜色、司乘人员面部特征以及详细过车记录等信息的采集，并完成图片信息识别、车辆速度检测、超速判别、数据缓存以及网传、存储等功能。后端管理子系统通过与前端固定卡口子系统（包括主干卡口、收费站卡口等）的联网、前后端数据的实时交互、布控报警，实现整合式的现场拦截处理。

（1）设备运维全生命周期管理

①项目管理。对电警、卡口等智能监控项目投资计划进行申报、登记，为后期执法设备接入集成平台做准备。主要申报项包括：项目名称、申报单位、项目类别（卡口、电警等）、计划投资金额、项目负责人、联系方式、项目名称、招投标名称概况等。同时需要根据申报项目情况，综合考虑是否同意申报；同意申报的纳入平台接入计划，不同意申报的给出项目完善建议。

②设备管理。实现设备基础信息的管理，对所有设备设施进行入网登记管理（登记内容包括IP、设备类型、设立时间、责任人、提供服务的端口

等），同时，对设备的接入和业务调用操作的合法性进行检查，确保符合标准规范要求。

③服务器管理。实现服务器信息的管理。

④状态监控和管理。根据定义的监控设备工作状态（如正常、关机、故障），收集各个监控点的运行状况，并将这些信息以形象的设备运行图形面板（Dashboard）显示出来。

⑤设备停启管理。对设备进行停启管理，当发现监控设备运行不正常，或者设备需要维修、调试时，停止/启动设备数据的发送和接收，以便于维修工作的正常进行，保护扩充版系统数据的准确性与完整性。

⑥巡检管理。为了设备的正常使用，应该按照设备的管理要求周期性地进行巡检维护工作。登记管理员录入人工发现的设备故障和系统自动故障报警发现的设备故障维护信息。

⑦故障维修管理。对设备故障情况进行记录管理，包括故障发生的日期、时间、事故的性质、原因、等级、责任人等信息。同时分析事故产生的原因、频率等内容，跟踪故障的改善情况，避免事故的再次发生。

⑧保养管理。实现对设备的保养管理。对设备做日常检查工作，可以对设备制定年度、月度、周度的保养计划，也可以制定相应的保养计划。对设备进行的保养，需要记录保养时间、保养人、保养内容等，可通过保养记录反映设备保养计划的执行情况。

⑨报废管理。对于满足设备报废条件的设备进行报废管理，主要流程：提出报废申请→报废审批→执行报废。

（2）设备标定管理

按照规定的方法和程序完成对卡口、移动测试仪、酒精测试仪、信号灯等执法设备的标定管理。

（3）预案管理

指对智慧交通运输安全系统突发事件的应急预案进行管理。

（4）路段路网管理

对城市路网中的关键路段进行识别与堵塞预防，提高关键路段对于交通拥堵影响的抵抗力，从而提高路网系统的畅通性。

（5）报表分析

提供对交通安全设备信息多角度的统计分析功能。

6. 公安PGIS系统

PGIS系统是指警用地理信息系统（Police Geographic Information System，缩写为PGIS）。以PGIS系统平台为基础，实现多种监控设备标注及信息显示，实现业务数据的分析展示。

7. 面向区域的地方道路和高速监控集成管理

实现面向区域的地方道路监控和高速公路全程监控的集成管理，建设跨区域监控包围圈，初步形成区域智能边界监控网，进一步完善道路交通防控体系，更加有效地遏制各类交通违法行为，特别是严重的交通违法行为导致的交通事故。

8. 系统服务与管理

（1）系统基本信息管理

对系统内的基本信息进行管理。

（2）预案管理

根据信息的种类和具体数据，生成不同种类的管理预案。

（3）远程卡口视频管理

卡口，即公路车辆智能检测记录系统的通俗称呼。该系统一般是在进出市区的重要道路及高速公路的重点路段设立一个自动监控点，以实现对过往车辆的情况进行24小时不间断、全天候的自动记录。该系统支持对远程卡口视频的管理功能。

（4）信息交换

建立集成统一服务层和时钟同步机制，实现各种信息的统一接入以及中心管理平台的信息传输和交换。

（5）应用考核

包括卡口系统接入量、正常工作比率、布控信息签收率、预警处置率、成功拦截率等考核指标的信息生成、查询统计等。

9. 社会化服务基础平台

社会化服务基础平台主要通过互联网提供路况信息推送、交通信息查询、警务公开、安全指南等公众服务，最大限度地面向社会共享信息资源，进一步推进便民利民服务。

10. 多媒体指挥调度系统

多媒体指挥调度系统（Multimedia Dispatch System，缩写为MDS）基于软

件交换平台提供包括语音调度、视频调度、视频会议、数据调度等多媒体调度业务的一体化解决方案。该系统集视频调度、视频会议、视频监控和指挥调度于一身，即会议监控实现了多业务集成，能够让多个用户在不同地点，通过网络同时进行可视化的多层级指挥调度和远程商讨。在实际应用中，多媒体指挥调度可与第三方数据业务、安防报警、应急预案、语音调度等进行结合，从而构成功能强大的多媒体应用通信平台。一方面，MDS系统可实现对行业用户各种终端类型的调度，如通过有线IP网络对有线调度话机进行语音调度，对固定点监控摄像头进行视频调度；通过PSTN/GSM/CDMA/5G网络对外线电话进行远程语音调度；通过5G网络对远程单兵人员进行远程音视频调度；通过无线宽带网络对移动终端进行音视频调度；通过IP网络召开远程视频会议。另一方面，系统能够把现有各种专业通信系统融入现代调度管理之中，使调度工作的应急性、统一管理性、有效性和监察性，以及资料的保留性都得到显著地加强，实现新老系统的无缝对接，真正实现通信无死角，满足多种使用环境的需求。

（1）系统构架

多媒体指挥调度系统可以通过各类无线网关及模块化网关等设备实现与PSTN网络的互联，满足手机和固定电话网络用户的接入需要。丰富的终端类型可以满足用户对固定岗位、移动人员及车辆设备等不同环境的使用需求，根据人员岗位工作性质可以配置IP调度话机、手持终端和车载台等终端。同时，本系统具有传统视频监控系统、视频会议系统、5G单兵系统所不具备的不同视频设备、语音通信设备统一部署和集中管理调度的能力，从而提供全方位、多业务的语音、视频接入及多媒体指挥调度整体解决方案。

多媒体指挥调度系统分为应用层、网络层、接入层和各类终端。

①应用层。包括系统各种核心业务处理服务器，包括调度服务器（支持双机热备份）、视频服务器、录制服务器、GIS服务器、网管服务器等设备。

②接入层。通过交换机（AVAYA）或各类网关可接入PSTN电话系统、GSM/CDMA/5G移动电话系统、集群对讲系统，以及视频会议、广播系统、视频监控等。

③网络层。系统支持各类网络类型，包括IP网络、5G网络、GSM/CDMA、McWill、WiMax、Wi-Fi、模拟/数字集群、PSTN等。

④终端层。包括专用指挥调度终端、支持触摸快捷操作，车载台、应急

车等移动终端，模拟/数字视频监控设备，标准视频会议终端，5G单兵设备、可视电话、5GPDA手机等视频终端，IP调度话机、集群对讲终端、广播终端、无线手持终端，公网手机和座机等语音通信终端。

（2）多媒体融合调度平台

按功能划分，多媒体融合调度系统的构成图如图5-7所示。

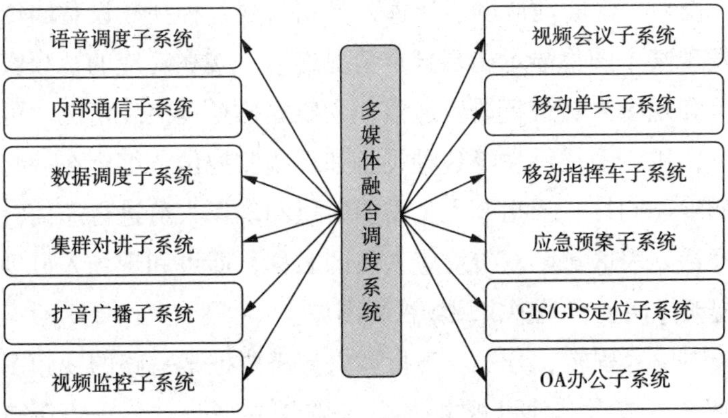

图5-7　多媒体融合调度系统构成图

（3）多媒体指挥调度平台的特点

①不同通信设备集中管理。多媒体指挥调度系统可以把用户内部使用的所有语音设备、视频设备，包括内部办公分机、调度分机、外线电话、视频监控设备、可视电话设备、5G单兵设备、5G手机等定义到多媒体调度台上，并按照一定规则（如按照组织架构、按照执行任务类型等）进行分组。指挥人员可通过调度台上的分组列表快速查找对应的语音、视频终端（或对应的人员）进行指挥调度，而不用关心对方使用的是什么终端类型。同时，指挥人员可在调度台上对所有视频设备和语音设备进行管理和配置，并可实现呼叫、挂断、分组、视频转发、视频录制、强插、强拆、监听、代接等音视频的调度功能。

②多种通信终端统一调度。指挥人员需要紧急调度某个成员时，直接在视频分组列表里点击对应终端或人员的图标，即可和指定人员进行语音、视频联系。调度台支持多窗口显示，可同时调度多个不同调度终端的图像显示到调度界面上。同时调度平台可实现多种视频会议的业务（触发视频会议、公共会议室等）。如可把需要参加视频会议的终端或成员设定在会议组内，一键发起触发视频会议，自动在调度界面上显示所有参会人员的图像，可在会议

召开的过程中随时追加调度某一路现场监控图像或5G单兵回传的图像供参会人员观看，其他参会人员可通过远程调度软件参加视频会议；也可通过可视电话参加视频会议，可由会议管理人员把主会场或其他会场的图像转发到可视电话上显示；如参会人员没有可视调度软件，可通过手机或座机参加语音会议。

③音、视频一键联动调度。指挥人员在监视各种视频设备回传的视频图像时，如发现某个图像显示出现异常情况，可直接在对应的视频窗口上点击呼叫，即可和现场人员进行语音通信，紧急安排处理突发情况。可把现场人员的手机、座机、无线终端等各种设备和视频监控设备绑定在一起，实现音视频联动调度。同样，当指挥人员需要紧急和现场人员进行通信时，可直接在“语音通话列表区域”双击对应人员的名称，即可和现场人员进行语音通信，同时视频界面上自动弹出现场视频图像。

④视频图像远程转、分发。当指挥人员需要把某一路的视频图像转发给其他远程调度台或者其他可视电话或5G终端共享时，只需要在需要转发的窗口上点击“转发”按钮，调度台上会自动弹出转发列表，把需要接受的用户拖入到“转发目的端”即可实现把某路视频转发给多个视频接收端共享的功能。

⑤不同类型终端无缝互通。当指挥人员需要让两个视频设备实现点对点视频通信时，如两个终端是同一型号设备，可直接进行视频通信；如两个不同型号的视频设备需要进行视频通信，可由调度台调度两个视频设备，然后通过视频转发功能实现两个不同视频设备的视频通信，大大简化了不同类型终端之间可能存在的互斥问题。

11. 地理信息系统

路网结构不尽合理、交通供给和交通需求不匹配、交通供给不均衡、交通承载能力处于饱和状态等因素的共同影响，使得主干道高峰时段往往处于十分脆弱的临界运行状态，稍微不慎，交通事故、恶劣天气、局部交通拥堵等就有可能导致整个路网系统运行状态的迅速恶化。面对严峻的交通形势且目前交通供给无法无限制持续增长的条件下，科技成为交通管理的根本出路。在现有交通管理科技应用的基础上，运用先进的科技手段，建设智能化交通指挥系统，提高科学交通管理的系统性、集成度，扩展科技系统应用范围，形成规模效益，是充分挖掘道路资源、科学调控交通流量、缓和车路矛盾、提高城市路网交通运行效率的有效途径，同时也是保障智慧交通安全、应对突发意外事故、增强城市交通抗风险能力、保证可持续发展的关键性、根本性的技术保障。当前，将技术广泛运用于交通管理已经成为一种共识。通过技术，可以确定一个事件或设施的地理位置以及它与周围相关事件或设施的相互关系，因此通过对交通事件或设施地理要素的分析，可以指导道路最终的设计、施工和维护。

人们常把城市的通信系统称作城市的“神经系统”，而把城市的交通网络称作城市的“血液循环系统”。城市的交通系统不畅便会导致城市功能的瘫痪，严重影响目的地城市的旅游形象。近年来，地理信息系统在交通方面的应用得到了广泛的重视。

地理信息系统（Geographic Information System，缩写为GIS）是一种采集、处理、传输、存储、管理、查询检索、分析、表达和应用地理信息的计算机信息系统。它以地理空间数据库为基础，采用地理模型分析方法，适时提供多种的和动态的地理信息，为地理研究和地理决策服务的计算机技术系统。实质上，地理信息系统本身不过是计算机技术在地理空间研究领域的具体应用，是具有特定的数据集和特定的操作集的计算机系统。地理信息系统作为集计算机科学、地理学、测绘遥感学、环境科学、城市科学、空间科学、信息科学和管理科学等为一体的多学科新兴边缘学科，综合应用了多种技术。与一般事务系统相比，地理信息系统数据收集是以地理空间为基础，并对信息进行空间分析和解释。因此，除了具有一般的数据库外，还有图形数据，而且要共同管理分析和使用图形数据与属性数据。在硬件和软件方面均比一般事务处理系统更加复杂。将三维GIS融入智慧交通安全管理中来，是GIS在交通行业应用的新的发展方向。

（1）地理信息系统的特征

地理信息系统是一门综合性学科，基于此GIS构筑起旅游安全保障系统中重要的一环，为智慧交通的实现保驾护航。智慧交通地理信息系统的基础是，建立一套以全区域统一的电子地图为基础的综合基础数据库，形成科学、有效的数据采集和更新维护机制，实现数据的统一，并在此基础之上，建立地理信息共享与交换平台，完成数据的网络传输，实现信息共享，保证全区域各业务单位地理信息数据的一致性。概括地讲，地理信息系统具有如下特征：

①空间性和动态性。地理信息系统具有采集、管理、分析和输出多种地

理实体空间信息的能力，具有空间性和动态性。

②目的性和手段性。以地理研究和地理决策为目的，以地理模型方法为手段，具有区域空间分析、多要素综合分析和动态预测能力，产生高层次的地理信息。

③技术性和模拟性。由计算机系统支持进行空间地理数据管理，并由计算机程序模拟常规的或专门的地理分析方法，作用于空间数据，产生有用信息，完成人类难以完成的任务。

（2）地理信息系统的构成

作为智慧交通的基础和重要组成部分，地理信息系统集信息采集、处理、控制、疏导、指挥于一体，将交通信号控制系统、交通视频监视系统、车辆自动记录系统、接处警系统、车辆导航系统、有线无线通信系统、交通诱导系统和交通管理信息系统集成在一起。该中心将所属各系统建立在统一的计算机网络上，由中心计算机统一指挥管理，使各系统的信息有效地共享和利用，并自动完成相互控制，形成一个完整的智能化道路交通系统。

①车辆导航系统。该系统通过在各类车辆上安装GPS接收机定位车辆的实时位置，在车载的电子地图与道路和周围的具体设施相匹配，在地图上直观显示车辆的运行轨迹，在车载电脑上或在管理中心服务器上显示最佳路线的选择，最终让出行者能够安全迅捷地到达目的地，让警车和各种特殊车辆在最短时间内到达事故现场。

②交通监控系统。通过在指定位置安装摄像机，经过通信线路将监视信号传送到交通指挥部中心，监控相关道路的交通情况。主要包括隧道监控、收费车道监控、特殊路段和事故多发地段的定点监控等。

③紧急事件处理系统。该系统主要是接处警系统和紧急事故处理专家系统。接处警系统是依托计算机网络技术和现代通信技术所建立的一个完善的集语音、数据于一体的综合系统，主要完成电话报警接处警功能、指挥调度功能、综合信息查询功能、实时数字录音功能等。另外，当有事故报警时，工作人员能够通过系统初步确定事故地点及离事故地点较近的警车或交通管理部门，分配下达任务指令，及时处理。综合信息系统可以对系统的工作服务质量进行监控管理。专家系统主要是当事故发生后，管理中心能够根据历史同类事件和实际情况由计算机辅助来做出最佳的决策。

④综合查询系统。综合信息系统的信息，按照使用对象的不同可分为对

内显示子系统和对外发布子系统。对内显示子系统的用户为交通管理者，系统向指挥中心内部提供信息查询服务，如车管、驾管、违章、道路交通视频等交通信息和道路信息、桥梁信息、管养机构信息、附属设施信息等基本信息，各业务处室根据拥有的权限对系统进行访问。对外发布子系统的用户为出行者，系统将有关的交通信息通过交通电视、广播及显示大屏等形式向出行者发布，供出行者查询。

⑤接报警情地图分析辅助系统。结合指挥中心的GIS应用需求，基于平台的全局警用地理信息数据库和GIS应用服务，建立报警GIS应用系统。

⑥信息发布系统。主要包括交通指挥中心综合信息管理系统固定信息发布、可变情报发布和特殊信息发布。

⑦交通地理信息系统。应该说整个系统的实施都是依托交通地理信息平台完成，它为各个子系统提供了最好的人机交互界面和后台数据库支持。这里单独提出作为一个功能子系统是为了突出它的重要作用。

⑧交通流监测系统。在当前车载还不是广泛普及的情况下，可选择通过在各高等级公路路网中广泛埋设环形线圈车辆检测器来采集、处理、存储、提供公路路网的交通流量分布、道路运营和车辆运营信息。但对于交通流监测的最终方案仍将是车载。

⑨气象检测系统。为高速公路监控系统及时跟踪当地气象变化做出科学预报，并联动相应的可变情报板和可变标志即时发布诱导、警示信息。

⑩通信传输系统。完成监控系统的视频信号、控制信号、数据信号的组网传输。

12. 交通应急业务系统

交通应急业务系统是以提高交通管理服务水平和应急指挥能力、掌握道路交通动态情况、提高预防交通事故的能力等为目标，按照“兼容、实用、可靠、先进、经济”和“统一规划、统一建设、分步实施”的原则，充分集成现有资源，以GIS系统为基础平台，综合各类道路交通管理业务系统，从而形成统一的信息、控制、扁平化管理指挥平台。

该系统改变了各类监控系统数据不统一、控制不集中、操作管理极其不便的现状，并为系统的建设制定了一套符合交通管理情况的标准，保证了系统建设的整体性及信息的综合利用，同时加快实现了公安交通管理各项业务工作信息化、路面管理全程监控智能化、警务通信现代化，以及交通管理信息纵向贯通、横向集成、互联互通的共享目标。在该平台应用的基础上，逐步对公安交通管理动态及静态信息进行有效汇总整合、综合分析与深层挖掘，建立起先进实用、反应快速、运转协调、安全可靠的现代化公安交通监控和服务体系，充分发挥交警支队的宏观管控、协调监控的作用，不断提高公安交通管理水平，尤其是提高预防交通事故的能力，并为领导决策提供更有效的技术和数据支持，从而达到完整流畅的指挥调度目标。

（1）交通应急业务系统的构成

①交通视频监控系统

指挥中心除能定点监控外，还可设定顺序和画面停留时间，对所有监控点的视频图像进行自动轮播。可通过点击电子地图显示的视频监控点位置，进行人工选择监控。对接入指挥中心的视频图像，可在后台进行交通流量、车速、交通密度、事故等情况分析，在监控路段出现行人、违规停车、逆向行驶、交通堵塞、交通事故、治安事件时能自动向指挥中心和大队值班员发出声光报警，减轻值班员的工作强度。视频监控设备实行24小时不间断录像，视频录像机保存15天内的所有视频录像，以备日后需要时查询。保证视频监控系统一定的扩展性，为下一步引入交通部门或其他的监控图像或增加监控点预留空间。视频图像按照支队、大队不同职责实行分级管理，各大队对可以使用电脑监视辖区内的视频图像，实现指挥中心的部分功能。支持网络视频功能，对授权其他不同警种用户，可以在联网的办公室、岗亭等位置观看视频监控图像，将来还可以通过联网的“警务通”观看视频监控图像。

②交通事件检测系统与交通流信息采集系统

建设交通事件检测系统，实时掌握道路各种交通事件的发生并进行记录，向指挥平台发送事件信息。对交通事故、排队长度过长、逆向行驶、失速、烟/雾、遗撒等事件进行检测报警。

建设交通流信息分析系统，实时掌握道路车流量情况，并向指挥平台发送交通流信息。

③交通应急指挥平台

交通应急指挥平台利用协同调度指挥系统，为城市提供一套综合智能的城市交通应急调度指挥解决方案，利用先进的通信、图像处理、电子和计算机技术，结合了可视化指挥调度、数字录音、GIS、GPS、视频监控、智能告警、视频会议等多种智能应用平台，是一个集语音、视频、数据信息处理于一体，通过有线、无线、语音、视频等多种通信终端进行远程指挥调度和业务处理的协同信息化平台。

交通应急指挥平台作为一个综合性平战结合的综合应急平台，是集突发事件预警、突发事件辅助评估、突发事件动态监测、资源机动调配和应急指令下达于一身的信息平台，承担着突发事件及相关信息的处理、分析、发布和应急反应工作。由于业务需要，该系统应是一个处于24小时待命，并能机动调整系统状态的综合性应急平台。

应急指挥系统建设达到的效果如表5-4所示。

表5-4 应急指挥系统建设目标及效果

序号	目 标	效 果
1	精准指派	通过这个平台，决策者可以根据突发事件的信息来源和影响范围，对参与应急指挥系统的组织单位进行指派，迅速明确各单位的分工和信息处理功能，并接入相关业务信息，建立信息报送体系。在简短的信息定制后，可以得到一个专用于当前事件的应急指挥系统。
2	有机协作	通过这个平台，该系统中的各业务单位有机地分工协作，对事件信息进行采集、处理和传递；该系统既能概要地向决策者反映事件的进展状态，也可以根据需要观察各组织单位的工作情况。
3	全程追踪	通过这个平台，可以全程记录紧急事件采集、预案、处理、善后处理和总结，并且通过事后不断完善相应预案，实现提前预测、预防和将来事件发生时更好地开展组织救急工作。
4	详细记录	通过台账的方式，将翔实的记录预警和事件处置中各个环节的信息上传、下达，为方便应急过程的详细日志记录。
5	快捷高效	有利于危险的预测和正确采取措施（预案不断完善），以及争取宝贵的营救时机、时间。
6	掌控全局	通过平台融合GIS、GPS、视频监控、电话会议、有线无线通信等技术和产品，将紧急事件地理信息、人员分布（知彼）信息和参加救急的专家、执行单位、救援车辆的信息（知己）“尽收眼底”，实现运筹帷幄，决胜千里的目的。
7	公开透明	通过这个平台，社会公众和相关单位能及时接收到各类预警信息，能随时了解到各类应急事件的最新进展。

④集中控制与显示

所有显示内容可以结合GIS系统合理地分图层地予以显示。以电子地图为基础界面，使用户能够简单、快捷地进行访问和控制。

⑤基础信息维护功能

需要采集的交通数据按实时性分类为静态数据和动态数据；其中，静态数据例如机动车信息、驾驶人信息、事故信息、违法信息等不需要实时更新的信息，这类信息采用定期更新的方式汇总到综合数据库中。

⑥应急交通业务系统的子系统

应急交通业务系统的子系统如表5-5所示。

表5-5　应急交通业务系统的子系统

子系统名称	子 系 统 内 容
辅助决策子系统	实现交通应急指挥中心对预案的管理，主要任务是应急预案的日常维护。该模块能够辅助工作人员编制新的应急预案，将已有的文本预案结构化形成数字预案；同时提供对预案进行查询、修改、删除、版本管理等功能。监测预警任务各种预警信息的转换及所有预警数据的前期分析处理。各安全监控子系统通过数据交换中心提交预警信息，通过系统的过滤和转换后，产生相应的事件报告；同时系统对所有的预警预测对象进行统计分析，并记录保存分析结果供日常事务模块展现用。
指挥调度子系统	能够及时发现、快速处理突发性交通和治安事件，迅速疏导由此而引发的交通堵塞，恢复正常交通秩序；为警卫、抢险、救护、消防等特殊紧急任务提供快速通路。
勤务管理子系统	实现对民警、警用装备、警车、勤务安排的统一管理，并为交通管控和辅助决策提供支持。

⑦运行维护管理功能

开发交通设施管理系统，建立交通设施基础资料库，为市公安局交警支队管辖范围内的各项道路交通设施的建设、管理和维护等业务工作提供信息系统支持，实现交通设施的建设维护规划、工程实施、故障抢修、数据维护、信息查询、资产管理等一系列业务工作的信息化管理。

⑧交通流信息分析系统

交通流信息是指交通状况信息，主要包括交通流量、车道占有率、车速和行程时间等交通特性、交通事件和拥挤程度信息。这些实时动态信息都是依靠交通流采集系统来提供的。

⑨地理信息系统

该系统是采集、存储、管理、描述和分析与地球表面和空间地理分布有关的数据的信息系统。它是以地理空间数据库为基础，在计算机硬件、软件环境支持下，对空间相关数据进行采集、管理、操作、分析、模拟和显示，并采用地理模型分析算法，适时提供多种空间和动态的地理信息，为指挥决策服务而建立的一套计算机应用系统。

GIS使交通管理者摆脱传统的管理模式，利用信息系统辅助管理和决策分析，提高工作科学化、规范化水平，高效利用各种交通管理信息，保证资料的完备性、实时性，提高查询检索的速度，促进信息共享。在GIS基础上实现办公自动化，将计算机系统作为处理交通管理工作的工具，不仅可以减轻日常工作量，提高管理效率和准确性，而且可以有效降低人为操作的失误。通过GIS能够对交通管理进行动态监测和管理，对交通管理做出及时反应，为交通管理提供决策支持。

⑩系统管理

对本系统的用户和使用权限按角色进行管理和授权。

（2）交通应急业务系统的框架

①智能交通子系统层

智能交通子系统层是指包括在系统框架内的各个前端基础交通应用系统，如交通视频监控系统等。

②数据交互层

数据交互层主要完成交通信息的采集。它通过统一规范的信息采集接口与各个系统建立连接并实现数据交互。

③数据处理层

数据处理层则将采集的交通信息进行整合、分析和存储，以适合上层应用的要求。

④服务层

服务层主要是对内或对外提供服务，主要包括数据服务和控制服务，采用面向对象的方式将各种数据和控制接口进行封装，形成服务接口供其他部分调用。

⑤应用层

应用层则是针对现有的交通管理信息进行二次开发应用的一层，可以是WEB应用，也可以是纯客户端程序或终端应用，甚至是第三方的应用软件，也可以是对外的一些发布应用。

⑥客户层

客户层主要是用户或一些设备终端，如PC终端、LED屏或大屏、移动终端等。数据交互层、数据处理层、服务层合并起来就是信息交互与互联系统。采用层状架构有助于把复杂的问题按功能分解，使整体设计更为清晰。系统集成是一项抽象而又复杂的工作，尤其是智能交通系统的集成，由于涉及的基础交通应用系统众多，数据结构和接口各异，如何将这些数据整合在一起，如何把这些接口通用化，无疑对集成来说都是巨大的挑战。采用分层结构可以缓解系统集成的压力，把大问题分割成一些小问题，放置在不同层面上解决，小问题解决了，大的问题也就迎刃而解了。

（3）智能交通子系统

①交通视频监控系统

交通视频监控系统是最常用也是最实用的交通信息采集系统，在国内外交通管理领域已被广泛应用。它能直观地反映道路交通信息与交通状况，便于交通管理监控人员及时掌握交通动态。由于视频监控系统所记录的图像具有很强的直观性、实时性和可逆性，使得它在解决交通事故、预防和疏导交通拥堵、及时响应交通突发事件等方面发挥重要的作用。

交通视频监控系统图像上传要求参见表5-6。

表5-6　交通视频监控系统图像上传要求

上传要求	具 体 内 容
图像数据上传路由	各交警大队到支队指挥中心图像传输采用专网，其传输方式采用IP网传输。 图像压缩编码器需要一个IP地址，符合本地IP地址分配规则，通过该IP地址将压缩的数字图像数据包发出，并经过网络（路由器、交换机设备）传输到支队指挥中心交换机。因此，图像数据包需要经过路由器、交换机的转发，在数据通路上需要路由器和交换机的设置能配合图像数据包的传输。
图像上传传输方式	视频图像通过专网传输，将模拟图像数字编码后传输（Mpeg4或H.264），在指挥中心进行数字化编码图像的还原及显示。 每路图像估算占用带宽2~5M，在各个大队的编码设备由市公安局分配IP地址，并进行相应的端口设置，保证图像上传。上传图像质量为D1，即720×576像素，或4CIF（704×576像素），动态传输图像25帧/每秒。
图像控制	指挥中心矩阵键盘控制：在交警支队指挥中心设置矩阵控制键盘，主要用于控制视频矩阵输入与输出的对应关系。 指挥中心软件终端控制：通过软件控制视频矩阵，实现视频切换、前端摄像机控制功能。其实现方式分为两步：第一步支队指挥中心先发送内部控制指令，将目标监控点所在大队上传通道切换到监控终端，这一步通过发送切换指令控制指挥中心视频矩阵实现；第二步通过网络发送外部控制指令给相关大队视频矩阵控制适配器，视频矩阵控制适配器将指令发送给大队视频矩阵，实现目标监控点到目标传输通道的切换。对摄像机的控制也是通过此种方式实现的。

②交通流信息采集系统

视频交通事件检测器通过摄像机的视频信号自动进行各种交通事件检测，包括车辆停驶、交通拥堵、车辆逆行、车速超过极限、抛撒物、交通事故、行人进入公路等各种事件。此外，视频交通事件分析系统还可以进行交通参数的测量，如流量、速度、占有率、车辆间距、排队长度等。视频交通事件分析系统在检测到交通事件事故时，能够快速自动报警和自动录像。

交通流信息主要是指交通状况信息，主要包括交通流量、车道占有率、车速和行程时间等交通特性、交通事件和拥挤程度信息。这些信息都是依托各系统前端设备来实时提供取得。

交通流信息采集系统的要点：

要点一，交通流信息采集来源。

道路交通部门埋设的交通流采集设备的流量信息，公安交警部门安装的卡口系统采集的交通流量信息，公安部门在城市道路安装的视频监控采集的交通流量信息。

要点二，交通流信息采集系统结构如图5-8所示。

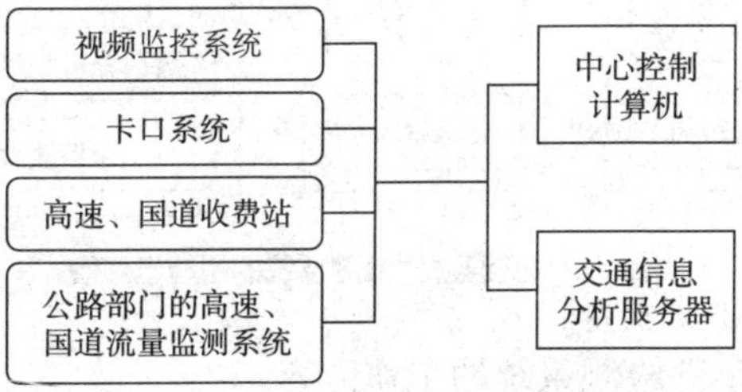

图5-8　交通流信息采集系统结构图

交通流信息分析系统由前端各系统、各部门的交通信息采集设备和通信网络以及中心数据分析系统组成。

③交通事件检测系统

交通事件检测系统的要点：

要点一，交通事件检测系统的工作原理。

通过视频摄像机和计算机模拟人眼视觉功能，通过分析摄像机拍摄的道路交通视频，在视频范围内划定虚拟检测区域，运动物体进入检测区域发生变化，从而感知运动目标的存在，实现对车辆、行人等交通目标进行跟踪、定位、识别和检测。通过对跟踪和识别交通目标的交通行为进行检测分析和判断，完成多种交通事件信息的分析、采集和存储取证。

要点二，交通事件检测系统的组成。

由安装在道路上的多台交通事件检测器等组成，可在第一时间发现交通事故、路面积水等各种意外事件，自动报警并对事件过程全程录像。系统能够实时分析检测视频，监控道路状况，及时甄别发现交通事故、异常停车、车辆逆行、道路遗撒、人员闯入等多种交通事件，检测汇报交通拥堵状态，将传统的事故、扯皮、拥堵、拥堵蔓延、报警、出警、现场处置、交通疏导N部曲转变为自动监测、实时预警、及时出警三部曲，做到了早发现、早处置、早疏导，可以极大地改善城市交通状况，提高城市交通拥堵治理能力。图5-9为交通事件检测系统的组成示意图。

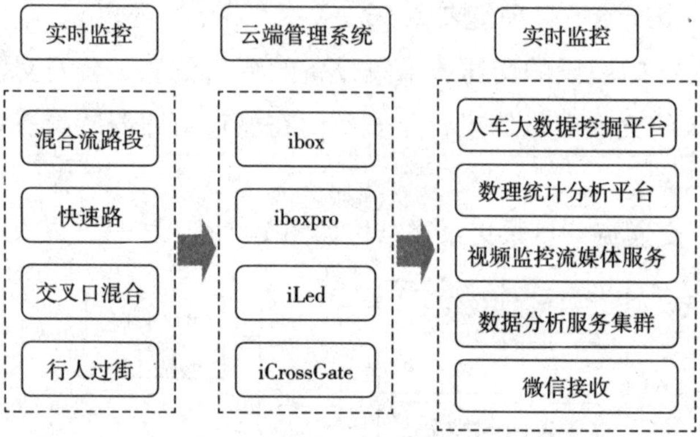

图5-9　交通事件检测系统的组成示意图

要点三，交通事件检测系统的工作内容。

主要包括：异常停车检测、交通拥堵检测、车辆逆行检测、行人闯入检测、超速行驶检测以及非法停车检测。

（4）交通应急业务系统的价值

①交通应急指挥平台是重要的综合管理系统。

交通应急指挥平台是基于GIS电子地图，由基础应用系统、通信系统和指挥调度系统有机结合构成的具有交通数据采集、处理、决策、发布能力及组织协调、指挥调度的综合管理系统。

它融合了信息、控制、通信等先进技术和管理思想，综合运用现代电子信息技术和设备，与交通管理指挥人员紧密结合，对交通参与者实施指挥和服务。

②交通应急指挥平台是智能交通系统建设之关键。

交通应急指挥平台能够实现多种交通信息的采集、融合、集成、发布，这些正是智能交通系统建设之关键。平台将实现交通管理信息的高度共享和增值服务，使得交通管理部门能够科学决策、反应及时、响应快速，也使交通信息服务能够惠及千家万户，让交通出行变得更加安全、舒适和快捷。

④交通应急指挥平台能够体现公安交通管理现代化建设的水平。

交通应急指挥平台以地理信息综合系统数据和电子地图作为平台软件的主要操作界面，完成视频监控、交通流采集、交通诱导、拦截布控、高清卡口（含收费站/拦截站、区间测速卡口）、接警、GPS定位、移动警务、道路交通管理信息等系统的集成，实现交通信息的统一管理，从而达到全面监控公路交通状况、协调组织警力、统一指挥调度的目的。

拓展阅读

张宇飞，王伟. 上海市“智慧交通安全管理系统”构建内容[J]. 交通与运输，2018（11）：59-60.

第三节　智慧交通安全系统的功能

智慧交通安全系统的功能决定着整个智慧交通系统的品质和成败。它取决于系统中每个组成部分的功能能否正常实现。

一、视频监控系统的功能

智慧交通视频监控系统的功能包括：

（一）开放式视频接入功能

系统应支持不同品牌、不同格式的前端设备，包含嵌入式硬盘录像机、视频编解码器、网络摄像机、高清摄像机、网络型报警主机等，实现开放式资源接入、跨设备报警联动等功能。通过统一的系统管理，实现对前端设备的接入管理和配置。

系统应支持与省级缉查布控扩充平台的对接，开放应用层所需数据接口和开发接口，实现视频实时浏览、录像文件回放、录像下载等功能。

（二）视频浏览功能

系统能够按照指定设备、指定通道进行图像的实时浏览，支持浏览图像的显示、缩放、抓拍和录像，支持多用户对同一图像资源的同时浏览；应配合前端编码设备，支持QCIF至1080p多种分辨率，支持MJPEG、MPEG1、MPEG4、H.264等多种编码格式；支持1~25分屏同时浏览功能，配合双码流自动切换功能；支持开放式云镜控制接口，支持Pelco-D、Pelco-P等多种串行控制协议，应能根据组态工具自定义控制协议。

（三）录像回放功能

系统应能从视频存储系统中读取录制的历史图像，解码后进行播放，支持单路回放和多路回放功能；应能实现多通道同一时段同步回放和单通道多时段回放功能，回放的方式应支持单帧、慢放、常速、快速等方式；支持录像时间的智能定位，对录像进行自动定位播放，精确到秒；支持录像快照、局部放大、剪切、下载等功能。

（四）触发及抓拍功能

前端的视频摄像单元，也可以作为卡口的触发源；触发方式支持灵活配置，可采用IO、RS232、RS485、网络等方式。

（五）报警联动功能

系统应支持智能报警联动策略配置，通过配置实现不同报警点、不同时段产生的报警，执行不同的应急预案。系统报警联动策略不受设备物理链路制约，并支持声光报警、中心语音提示报警、云台预置位、电视墙预案联动、警务通短信等多种报警输出方式。

（六）交通事件检测功能

系统利用自动检测模块提供对交通事件的自动检测功能，包括事故检测、逆行检测、非法变线、违法停车、交通拥堵等交通事件。系统检测到交通违法事件后，能够通过前端跟踪球机进行音频输入、输出，支持监控中心与前端扩音设备的通信转接；在发现交通违法事件时可对现场进行语音喊话、录音播放等，提示现场驾驶人员及时停止违法行为。当新建视频监控部署在隧道内时，必须具备交通事件检测功能。

（七）交通流参数检测功能

系统利用自动检测模块提供对交通流参数的检测功能，所检测的主要参量包括：交通流量、车速、占有率、车头时距、车头间距、车长度分类等。

二、路况信息管理系统的功能

（一）路况信息采集功能

路况信息采集可以细分为道路车流量采集功能、交通气象信息采集功能、道路事故/施工/拥堵事件信息采集功能。详见表5-7所示。

表5-7 路况信息业务系统一览表

信息大类	信息小类	具体信息
路况信息采集	道路车流量状态信息	时间、车道（如有可以分车道）、方向、流量值、速度、占有率（密度）、车辆长度、车型、大车比例、时均流量、日均流量、周均流量等
	气象信息	时间、温度、湿度、风力、风向、大气压、雨量、能见度、地点编号等
	交通事故信息	事故时间、号牌号码、号牌种类、联系方式、违法证据、事故描述等
	道路施工信息	项目负责人、管理机构、联系电话、施工计划起始时间、施工计划终止时间、施工路段、占用车道、占用方向等
	道路拥堵信息	拥堵地点、拥堵起始时间、原因、估计拥堵持续时间、拥堵长度
	交通管制信息	交通管制措施、交通管制地点、原因、影响范围、持续时间等

续表

信息大类	信息小类	具 体 信 息
路况发布信息	交通诱导信息	地点编号、设备编号、起始时间、结束时间、模板类型（1-标语，2-公告）、发布状态、发布内容、审核人、诱导屏发布时间、发布类型
	巡逻车LED屏发布信息	安装位置、可变信息标志类型、全点阵部分的水平方向像素数、全点阵部分的垂直方向像素数、路段区域列表、文字区域列表
	可变信息板发布信息	安装位置、可变信息标志类型、全点阵部分的水平方向像素数、全点阵部分的垂直方向像素数、路段区域列表、文字区域列表
	移动终端发布信息	手机号码、短信内容、发送方式、发送时间
	社会发布（互联网、电视台、电台等）信息	发布系统类别、对象ID、发布内容、发布方式

1. 道路车流量采集功能

道路车流量采集的来源包括视频检测、微波检测、线圈检测、地磁、雷达、卡口过车采集等。主要功能包括：

（1）交通数据采集功能

可以支持多达10车道或10车道以上车道交通数据的采集，包括车辆流量、路口占有率等。这两项数据的采集意义重大。其中，车辆流量的采集可以帮助实现道路理论最大车流量的计算。包括：通过道路限速与观测时长的乘积，计算车辆的行驶长度；计算车辆的安全车间距；计算车辆的有效行驶长度；根据车辆的有效行驶长度、安全车间距以及标准车辆长度，计算理论最大车流量。占有率反映了路口使用的繁忙情况，有利于直观地向出行者、交通管理部门以及城市规划部门展现城市道路使用情况，是智能交通系统的重要组成部分。

（2）实时路况采集功能

系统能采集实时的道路交通流的状况，状况信息自动上传，时间支持灵活设定。

（3）触发及抓拍功能

触发方式支持灵活配置，可采用IO、RS232、RS485、网络等。

2. 交通气象信息采集功能

公路气象监测系统对公路沿线的能见度、风向、风速、气温、湿度、雨量、路面状况（表面温度、干湿状况、结冰）等进行自动监测，并将监测信息及时传送到监控中心，在恶劣或极端气象条件下能及时发出警示信息并告知公路管理部门和交通参与者。

①交通气象信息的检测功能

气象检测器能够检测以下参数：道路能见度、空气温度、空气湿度、降水量、降水类型、风速、风向和路面温度、地下温度、干燥、潮湿、结冰、雪、水膜厚度等路面状况信息。

②交通气象信息的预处理功能

气象数据采集单元能将上述信息处理成气象参数。

③交通气象信息的传输功能

数据通信单元能按规定的时间通过通信系统向中心发送气象参数。

④交通气象信息的自诊断功能

整机具有自/手动自检故障诊断功能，并提供其工作状态信息。

⑤交通气象信息的数据存储功能

一般来说，交通气象信息的数据存储容量大于12小时，能输入笔记本计算机，并能适应野外连续不间断工作。

3. 道路事故/施工/拥堵事件信息采集功能

通过设立统一的信息录入标准，对交通事故/交通拥堵/占道施工/交通管制/事故多发点段等交通信息进行统一的数据规范，明确信息采集项目、采集格式、采集时效。一般来说，上述平台所采集数据均来自交警指挥中心接处警、公安视频卡口、电子警察、事件检测等数据系统，以确保信息采集的精准性。平台还会针对不同的交通事件类型，建立不同的时效性标准。例如，对于交通拥堵、事故、占道施工等交通事件类信息，要求自发现时起15分钟之内上线至平台；发现了交通事故高发点，要求7天之内上线；对于安全提示类，如大雾天气，交通、路况信息要求实时上线。信息上线后，传达到各个渠道也就10分钟甚至5分钟。

现阶段，通过与高德地图、百度地图、腾讯地图等地图导航企业的深度合作，建立信息共享、发布机制，打通数据交互渠道。同时，还与交通广播、交警官方微博、互联网网页、可变式远程信息情报板建立信息推送渠道，通过“传统+科技”的方式，实现受众用户最广泛。

（二）路况信息数据清洗功能

针对系统的各个环节可能出现的数据二义性、重复、不完整、违反业务规则等问题，通过制定相应的规则，对有问题的数据进行清洗，确保业务系统数据的有效性和完整性。路况信息数据清洗功能主要包括：

1. 冗余数据清理的功能

系统要求提供冗余数据处理功能，提供冗余数据清理的周期任务执行功能，如由系统以天、月为周期进行数据清理。

周期性采集的数据需要重点进行冗余处理，包括车辆流量信息、气象信息、事故信息。

2. 过期数据清理的功能

要求提供对存放超过存储周期的数据进行清理的功能。

3. 错误数据清理的功能

当前端数据出现故障时，采集到的数据通常是错误的，系统需要对错误数据进行定期清理。

（1）锁定容易出错的数据

容易产生错误的数据包括：异常气象信息（如异常的气温、气压值等），异常的交通流量信息。

（2）明确异常数据的判定方法

系统要求提供采集数据值的异常门限值，由系统根据异常门限值来判定和清理错误数据值。

（三）数据分类存储功能

1. 存储数据格式划分的功能

所有前端数据经过采集提取后，整理成分类信息（车流量、气象、管制、事故、施工、拥堵），存放于数据库，并进一步分析处理生成交通评估信息、紧急事件告知信息、交通诱导信息等供信息发布使用。

2. 判定存储数据存储周期的功能

为保持数据的可追溯性，所有类型的数据建议长久保存，最低不应少于2年。超过保持周期的数据可以进行清洗处理。

3. 存储数据归类的功能

根据相应的规则，将源数据按规则分类到目标数据系统中。

（四）数据分析功能

1. 交通流状态信息的分析功能

计算处理检测断面各条车道、单向断面在一个周期内的车流量、平均车速、占有率等，分别按照不同的时段、路段对数据进行统计，生成不同时段、路段的交通流数据供平台及其他各子系统调用。

2. 交通评估信息的分析功能

按照前端采集的车流量信息，进行道路通行速度、拥堵级别的采样分析，对多样采集分析结果进行融合分析，生成各时段平均速度、路段阻塞程度等交通评估信息。

3. 交通态势的分析功能和导出功能

系统按照道路进行图表分析，能够提供5分钟实时图表显示及每日速度变化、每周速度变化、每月速度变化等多种数据图标的分析，分析结果支持表格、折线图、柱状图等多种图表表现形式，并支持多种数据格式的导出功能。

同时应能支持对常用的交通事故致死率、万车交通事故死亡率等交通安全态势做周、月、年的数据统计分析。

（五）信息发布功能

依据需发布信息的保密级别，控制发布范围，通过互联网、广播电台、手机终端（特服号码短信、微博、微信、QQ）、交通诱导子系统等不同的平台发布路况信息。

1. 交通诱导屏发布的功能

设计LED交通诱导屏，主要需实现三级诱导功能：广域诱导、局部诱导、交通流控制诱导。

（1）广域诱导功能

主要是较大范围显示道路网络畅通、拥堵情况，告知行驶到设置交通标志位置的驾驶员，前方相关路段和交通节点（立交等）的交通状况，以尽早选择或变更出行路径。广域诱导标志还具有道路指引牌的功能。广域诱导标志主要采用大型图形的形式显示诱导信息。

（2）局部诱导功能

主要显示交通诱导标志设置位置相连接的局部前方路段和主要相关交通节点的交通状况和达到相关节点的旅行时间，诱导行驶到交通诱导标志设置点的驾驶员在下游交叉口进行转向决策，并兼顾出行路径选择进行局部诱导。局部诱导标志可采用图形或图形加文字的形式显示诱导信息。

（3）交通流控制诱导功能

主要对行驶车辆进行行驶速度的限定。诱导车辆按照预期的速度行驶，或者对道路车道进行控制，达到提高路网通行能力的目标。

2. 车载式道路交通信息显示屏发布的功能

车载式道路交通信息显示屏主要是指路面执勤交警的流动巡逻车内的车载式道路交通信息显示屏。其主要功能就是发布公路实时的交通拥堵、事故、天气、管制（特殊勤务、施工维护）等路况信息。

作为流动场合交通疏导文字图形警示工具，目前市场上的显示屏，主要分为两种：

（1）固定式显示屏

固定式显示屏将显示屏固定安装，显示屏不具有升降功能。在车上固定安装时，既要考虑显示距离、显示盲区，也要考虑安装过高后所带来的牢固度、风阻增大等问题。这种固定式结构方便制作较大面积的显示屏。

（2）电动折叠显示屏

电动折叠显示屏采用电机作为动力，螺旋传动推杆来折叠升降显示屏。电动折叠显示屏虽然解决了风阻问题，但它属于机电产品，会存在关键时刻（如高速事故处理等紧急情况）升降失控的概率。电动折叠显示屏由于结构限制，不能制作显示面积过大的显示屏。

3. 移动终端发布的功能

智能交通系统借助移动互联网提供出行增值服务信息，是移动互联网应用在城市智能交通领域的有益尝试，是人们出行必不可少的"掌上交通"。系统将向手机业务订购者提供城市交通路线导航、路线沿途停车场泊位信息、实时路况信息、公交地铁线路以及车辆实时到站信息等功能。智能手机用户需从网络运营商移动互联网门户下载客户端软件，订购交通信息服务业务。在出行前和出行中，用户通过手机界面输入和选择，进行最佳交通路线查询、所在位置周边交通信息查询、所在位置周边公交地铁信息和实时到站信息查询等；在出行后，用户还可根据实际信息服务质量予以互动反馈，为系统运行情况提供可行意见或建议。

4. 社会发布（互联网、电视台、电台等）功能

主要是指基于外部设备对违法行为及时上传、存储和执法处理。具体包括：

（1）闯红灯行为的记录与发布功能

①闯红灯的位置记录。一般只记录机动车闯红灯过程中两至三个位置的信息以反映机动车闯红灯违法过程。第一个位置的信息应能清晰辨别闯红灯时间、车辆类型、红灯信号、机动车车身未越过停止线的情况；第二和第三个位置的信息应能清晰辨别闯红灯时间、车辆类型、红灯信号和整个机动车车身已经越过停止线并且在相应红灯相位继续行驶的情况。至少有两个位置的信息能够清晰辨别号牌号码，号牌的水平分辨率应不小于75个像素点。

②图片的记录。图片格式一般采用JPEG格式，且图片具有防篡改功能。记录的原始图片数量不超过四张，且每张图片应包含时间信息，至少应精确到0.1秒。记录的最终图片会合成为一个图片文件，且至少包含时间、地点、方向和车道等信息。合成的图片清晰度可以满足人工对车辆号牌号码认定的要求，且不得出现因红灯信号泛白、光晕等颜色失真而影响人工对红灯信号的判断。图片合成时，不得出现原始图片遗漏、错位等情形。

③信息的记录。闯红灯自动记录系统记录的机动车闯红灯违法信息应符合GA16.31、GA 329.3、GA 648的要求。

④数据的传输和下载。闯红灯自动记录系统应具备联网数据传输或现场数据下载功能。

⑤号牌识别功能。若具有号牌识别功能的闯红灯自动记录系统，号牌识别功能指标应符合GA/T 496《闯红灯自动记录系统通用技术条件》的要求。

⑥录像功能。闯红灯自动记录系统应具有录像功能，视频质量不低于720P及8fps，连续录像时间不小于7日，视频流采用H.264、MPEG4或MJPEG编码标准；视频流支持OSD信息叠加，叠加的信息至少包括日期、时间（精确到秒）、监控点名称、设备编码等信息。

⑦时钟校准。系统具有与中心时钟服务器自动校时功能。

（2）超速抓拍的记录与发布功能

主要功能包括：

①限速同步及设置。前端必须支持后台限速信息的自动同步功能，同步

时间间隔不得超过1小时。前端设备一般支持按车道进行大车标志限速、大车实际限速与小车标志限速、小车实际限速的多样设定。移动测速设备可通过开发代理上传软件等方式进行限速设置。

②时间同步及设置。前端必须支持与时间同步服务或时间同步服务器的同步设置，系统要求24小时内的计时误差不超过0.1秒。移动测速设备可通过开发代理上传软件等方式进行时间同步设置。

③车牌识别。应支持抓拍违法信息的号牌自动识别功能，识别率可参考《公路车辆智能监测记录系统通用技术条件》（GA/T497—2009）要求，下浮10%。

④违法证据上传功能。必须支持抓拍违法数据的实时上传功能，异常情况下必须支持违法数据的补传功能。测速和取证的数据信息通过通信网络上传至省级原始证据库进行存储和处理，校对审核后统一写入综合应用平台。

（3）区间测速的记录与发布功能

主要功能包括：

①信息采集功能。具有实时采集机动车驶入、驶出测速区间时的车辆信息及全景特征图片的功能。区间测速起点和终点监控设备的车辆图像捕获率大于等于95%。

②号牌识别功能。具有机动车号牌图像自动识别功能。号牌识别准确率应符合《机动车号牌图像自动识别技术规范》（GA/T833—2009）的要求。

③时钟同步功能。具有与中心校时服务器时间同步，获取北京时间的功能，24小时误差0.1秒以内。

④均速度计算。具有计算机动车区间行驶平均速度的功能，计算方法必须符合《机动车区间测速技术规范》（GA/T959—2011）的要求。

⑤限速值判定功能。具有自动依据车辆车型判别限速值的功能。

⑥违法行为判定功能。具有自动甄别通行车辆违反限速规定的功能。违法信息项符合《道路交通违法管理信息代码》（GA408）的要求。

⑦图像取证功能。驶入、驶出测速区间时至少各采集一张机动车特征图片。通行车辆违反限速规定的，系统还应将采集的图片自动合成为一张机动车交通违法行为图片。机动车交通违法行为图片至少应包含测速区间名称、距离、驶入时间、驶出时间、平均速度、限速值等信息。

⑧防伪及存储处理。机动车交通违法行为图片应包含防伪信息，防伪

信息及存贮格式应符合《道路交通安全违法行为图像取证技术规范》（GA/T832—2009）的要求。机动车交通违法行为图片至少为24位真彩图像，且能满足人工确定车辆类型、号牌号码、号牌颜色等要求。

⑨违法数据集成处理。参考超速抓拍系统违法证据上传接口说明。

（4）视频检测及抓拍的记录与发布功能

主要功能包括：

①违法停车事件取证的记录与发布功能。自动检测到有停车事件时，球机进行自动跟踪放大直到能看清车牌为止，且自动抓拍违法行为全景图片和车辆特写图片各一张；提供一段不小于10秒钟的录像证据，录像中叠加路段名称、时间、地点等信息必须符合GA/T832—2009的要求，整段录像能够看清车辆颜色、车型、车牌等信息。

②非紧急情况占用应急车道的记录与发布功能。自动检测到有机动车占用应急车道的事件时，球机进行自动跟踪放大直到能看清车牌为止，且自动抓拍违法行为全景图片和车辆特写图片各一张；提供一段不小于10秒钟的录像证据，录像中叠加路段名称、时间、地点等信息必须符合GA/T832—2009的要求，整段录像能够看清车辆颜色、车型、车牌等信息。

③逆向行驶（倒车）取证的记录与发布功能。系统要求检测到有逆向行驶或倒车事件时，球机进行自动跟踪放大直到能看清车牌为止，且自动抓拍违法行为全景图片和车辆特写图片各一张；提供一段不小于10秒钟的录像证据，录像中叠加路段名称、时间、地点等信息必须符合GA/T832—2009的要求。

④其他违法行为手动取证的记录与发布功能。系统要求能够利用前端视频监控设备，对其他违法行为进行手动抓拍与云台控制；可对前端违法行为进行违法特写图片、全景图片的抓拍取证，并提供一段不小于10秒钟的录像证据。

⑤移动式视频抓拍取证的记录与发布功能。系统要求能够利用手持式视频抓拍设备对违法停车、不按规定车道行驶等违法行为进行手动抓拍。

⑥报警提示和语音喊话功能。系统检测到交通违法事件后，能够通过前端跟踪球机进行音频输入、输出，支持监控中心与前端扩音设备的通信转接；在发现交通违法事件时可对现场进行语音喊话、录音播放等，提示现场驾驶人员及时停止违法行为。

（5）移动视频动态取证的记录与发布功能

①卡口功能。系统支持对过往车辆的自动检测、抓拍、识别功能，抓拍图像可以清晰分辨出车辆的车身颜色、特征、车牌号码、司乘人员的面部特征，系统支持将动态取证车辆捕获的车辆过车信息、图片进行本地缓存，并实时上传至省级平台。

②黑名单下载。系统可与省级平台黑名单库在线下载与同步，并支持离线黑名单数据的手动导入与更新处理，支持对重点违法车辆、多次违法车辆、个案布控车辆、被盗抢车辆、假牌套牌车辆等多种黑名单车辆的分类策略与报警设置。

③比对报警。系统支持对动态取证设备捕获的车辆号牌、车辆类型等信息自动识别，并实时与前端黑名单库进行比对报警，同时支持报警信息的实时上传与联动报警。

④移动测速。系统支持车载雷达的移动测速功能，以实现对过往车辆的测速取证，具体要求参考超速抓拍子系统。

⑤视频监控。系统支持对车载视频的实时监控与回放控制，并支持前端视频回传开关、码流等参数设置，可通过无线5G实时将前端现场视频回传至省级指挥中心。

⑥违法处理、机动车/驾驶人查缉。动态取证车内系统支持动态取证车的现场执法和机动车的综合查缉，可通过与移动警务系统集成来实现。

⑦定位信息（GPS/北斗）采集。动态取证车内系统支持对车辆当前定位信息（GPS/北斗）的采集及上传，前端系统支持对采集时间间隔、上传机制的灵活设置，同时支持与省级指挥平台的实时交互。

（6）机动车缉查布控扩充平台的记录与发布功能

系统功能分为前端管理子系统功能和后端管理子系统功能。具体包括：

①前端管理子系统功能。

第一，全天候高清过车图像功能。抓拍及识别处理单元对每一辆过往的车辆至少采集一张高清图片（超速采集两张图片）。在不影响抓拍图片本身原始信息反映的情况下，将车辆通过时间（精确到0.1秒）、地点、路段信息、车速、限速信息、通行方向、车辆号牌、号牌颜色等详细过车信息自动叠加到图片边缘预留的空白区域上。

第二，违法高清图片抓拍功能。在车辆通过时，高清抓拍摄像机能准确拍摄包含车辆正面全貌、车牌的照片，并在照片上叠加车辆通行信息。每张图片应能叠加有交通违法日期、地点、方向、图像取证设备编号、防伪等信息。用于拍摄机动车交通安全违法行为的图像应清晰记录机动车交通安全违法行为过程，记录的图片应能清晰辨别机动车车型、车身颜色、号牌号码等基本特征；图像质量应满足至少24位真彩图像，单幅图片尺寸不应小于768×576个像素点。

第三，图像记录防篡改功能。高清抓拍摄像机输出的JPEG图片具有防篡改功能，当篡改了图像内容实体后能够发现数据被损伤。图像文件遵循GA/T832—2009要求：每幅机动车交通安全违法行为图片应包含管辖区域内的上一级公安部门认定的原始防伪信息，防止原始图片在传输、存贮和校对过程中被人为篡改。

第四，车辆牌照识别功能。抓拍及识别处理单元可自动对车辆牌照进行识别，包括车牌号码、车牌颜色的识别。在环境无雾、车牌悬挂规范、无污损且不含无车辆情况下，白天车辆号牌识别准确率应不小于90%，夜间车辆号牌识别准确率应不小于80%（GA/T497—2009）。号牌颜色识别率应不低于90%，号牌结构识别率应不低于95%（GA/T833—2009）。

第五，车身颜色识别功能。抓拍及识别处理单元可自动对车身深浅和颜色进行识别，可供用户根据车身颜色来查询通行车辆，为公安交通管理和刑侦案件侦破提供科技新手段。

第六，车型判别功能。抓拍及识别处理单元能区分小型车、中型车、大型车、重型车等不同长度的车辆类型。

第七，全景视频监控功能。拍摄卡口前端现场一个方向的所有车道，全景摄像机具有强光抑制、日夜模式自动转换等功能，以实现24小时全天候不间断的高质量图像视频信息采集，其数据输出接口为RJ45。前端卡口全景监控摄像机全天摄录的图像资料，通过光端机实时传回后端存储系统，在后端管理平台上实现实时观看、资料检索、历史调阅等操作。

第八，前端数据存储功能。系统提供大容量高速SD卡存储（内置于高清抓拍摄像机中）前端缓存模式，可根据具体存储需求及外场应用环境灵活配置。同时采用自动循环覆盖的数据存储机制，当存储达到最大储存容量时，自动进行循环覆盖当前最早的数据信息。当前端卡口至后端公安机房数据中心之间的专线网络故障导致数据传输中断后，系统继续在存储硬件中临时存储数据，并在网络恢复后自动断点续传回后端管理平台，以防止数据丢失，保证前端采集数据的完整性。

第九，数据自动上传与补录功能。系统实时监测记录网络传输子系统的工作状况，正常状态下，前端固定卡口设备子系统通过TCP/IP网络协议将车辆通行数据信息自动上传至中心平台的应用服务器。当网络出现异常时，系统自动启用前端数据缓存功能，将车辆通行数据缓存在前端的存储介质中，并在网络传输恢复后自动补全中心平台的数据信息。

第十，前端设备管理维护功能。卡口前端子系统应预留时间校正接口、参数设置接口、运行情况的诊断接口和恢复接口，可通过C/S和B/S两种模式对前端设备进行设置、调试及维护。管理员可通过网管界面实时查看前端设备的运行状态。

第十一，现场防盗报警功能。卡口系统前端选用的卡口机箱具有防盗报警功能。当机箱门被非法打开或异常震动时（如连续敲击），能现场报警，同时可将报警信号上传至后端管理平台。该功能可以在日常的运维过程中有效地防止人为地对卡口前端系统的破坏，保障前端系统能够长期稳定安全地运行。

第十二，远程管理和自动更新功能。系统支持对前端高清抓拍摄像机等主要设备的远程程序更新和操控，并具有批量更新和自动更新功能。

第十三，限速同步及设置功能。固定卡口抓拍系统，前端必须支持后台限速信息的自动同步功能。前端设备支持按车道进行大车标志限速、大车实际限速与小车标志限速、小车实际限速的多样设定。

第十四，时间同步及设置功能。固定卡口抓拍系统，支持与时间同步服务或时间同步服务器的同步设置，系统24小时内的计时误差一般不超过0.1秒。移动测速设备可通过开发代理上传软件等方式进行时间同步设置。

②后端管理子系统功能。卡口信息管理系统的后端管理子系统大多纳入各支队的缉查布控扩充平台范畴，过车通行信息统一接入缉查布控扩充平台，同时在重要的省、市际卡口，拦截点卡口纳入全省统一的违法查处平台进行管理，实现对外地车违法行为的统一违法比对、布控、报警、拦截处理和状态同步等流程。后端管理子系统一般包括以下功能：

第一，统一接入功能。统一接入服务是机动车查缉布控外挂系统的核心和基础服务层，它为机动车缉查布控系统、指挥中心平台与相关监控系统提供高性能、智能化的统一接入。主要负责接收智能交通监控设备的数据交换请求，并访问读写后端的中心数据库。接入服务向前端设备提供开放的服务接口。统一接入平台可以实现对各市卡口平台、高速智能交通管控平台、全国缉查布控核心平台及前端智能监控设备与数据中心之间的数据传输和存储服务；可以实时将各类采集信息按设计规范存储于中心设备，为比对报警、轨迹分析等多种服务提供基础数据接口。系统支持监控和治安卡口数据在同一服务程序中并存，并支持文字、数据和图片文件的传输和存储。

第二，分布式存储与管理功能。具备机动车通行信息的分布式存储与管理功能，具体包括：实现对车辆通行文本信息、图片信息等的高效存储和分析；实现对流数据实时计算引擎，使得上层应用平台可以在此基础上开发面向无界的、不间断的交通流数据处理应用；实现针对大规模道路交通数据的专门数据挖掘算法；提供面向交通核心业务的数据访问接口、应用组件调用接口等。

第三，缉查布控功能。缉查布控功能包括布控管理、预警管理、报警管理、撤控管理、应急联网调度等功能。

● 布控管理功能。能够接收不同信息源的布控信息，能够实现对核心版软件转递的车辆违法信息、预警库信息及关联黑名单（含被盗抢及其他警种所发布）布控信息的布控。布控定制、审批功能是指对定制布控信息，按不同级别权限提供审批功能。布控管理分类及功能如表5-8所示。

表5-8　布控管理分类及功能

布控管理分类	布控管理功能	布控管理功能的具体内容
布控类别	紧急布控信息	按紧急布控时限和权限要求，能够实现前端卡口拦截点的紧急查控堵截。
	交通违法信息	包含高速交通违法信息和各市交通违法信息，并且能够关联缉查布控核心平台自动将数据转入。
	黑名单和其他涉案信息的确定	黑名单一般包括被盗抢、肇事逃逸、关联省厅涉案人员库等。
	违法比对	通常与省厅及全国相关DB进行关联，能够实现与卡口上传的过往车辆信息的违法比对。
	布控等级的划分	按布控信息类别实现布控等级划分。

续表

布控管理分类	布控管理功能	布控管理功能的具体内容
布控方式	总队布控	省级缉查布控平台需要根据各自的权限和辖区，制定分级布控管理机制，能够实现全省范围内的高效布控管理。
	各市支队布控	
	高速公路支队布控	
布控信息的录入审核	布控区域管理	提供便捷的布控信息录入机制，录入相关布控信息，制定严格的审核机制对布控进行有效把控。
	布控机关管理	
	布控点管理	
布控信息管理	分类维护	针对不同布控信息类型，提供便捷高效的维护机制。
	黑名单管理功能	至少包括对黑名单信息的查询、编辑、新增等功能。

● 预警管理功能。根据预警区域、预警开始时间、预警结束时间等参数设置预警模型，预警至少需要实现对套牌车辆、假牌车辆、无牌车辆、违法未处理车辆、注销车辆、强制注销车辆等实时预警。

● 撤控管理功能。制定撤控管理机制对布控生效的车辆进行撤控操作，撤控成功表示布控结束。车辆完全撤控后，该车辆从布控名单中转入布控历史名单。

● 应急联网调度功能。系统能够关联指挥调度、GPS定位、视频监控等系统，关联部省市应急指挥系统，提供联网布控、跨区域指挥调度等功能。

第四，信息查询统计功能。实现通行车辆信息的查询，实现对布控信息、报警信息、处置信息、撤控信息的查询，实现对设备信息、运行情况、设备故障和维修信息的查询，实现布控信息关联查询等功能。信息查询统计功能如表5-9所示。

表5-9　信息查询统计功能分类及内容

功能分类	功能次级分类	功　能　内　容
信息查询功能	有条件查询	可实现单一条件查询、组合条件的查询，支持各条件模糊查询。通行车辆的查询条件包括卡口列表，查询内容包括号牌种类、号牌号码、通过时间（可手动输入）等。
	PGIS地图信息查询	对所有卡口设备的安装位置、探头方向以及是否具备红外功能等属性进行标注，实现在PGIS卡口点相关信息的点播显示。包括卡口基础信息、通行车辆信息、视频信息等。集成公路视频监控和卡口可视化指挥系统，实现网上远程视频监控。
统计功能		针对不同查询内容和条件，提供列表、柱状图、饼图等不同形式的展示。

第五，通行车辆实时监控功能。

第一种，对卡口的监控。实现对单个卡口、多个卡口的实时监控，列表显示通行车辆的信息，包括通过时间、通过地点，号牌种类、号牌号码，行驶方向、行驶速度，车辆品牌，车身颜色，车辆属地，图片详情。

第二种，对车辆的监控。实现对单个过车信息的实施监控，查看其经过卡口的图片、时间等信息。对单个车辆，可在GIS地图上展示实时行进的轨迹。

第六，安全服务站功能。

提供安全服务站终端查核功能。包括长途客车、旅游包车、务工人员包车、微型面包车、危险爆炸品运输车等重点车辆信息查询功能，驾驶人准驾资格审查及违法车辆报警功能。安全服务站功能如表5-10所示。

表5-10　安全服务站功能

序号	功能名称	功 能 内 容
1	交通违法车辆信息分析	对不按车道行驶、超速、违反禁行（违法进入市区、车辆走禁行路线、单双号禁行、环保车辆）等交通违法行为的分析。
2	嫌疑车辆分析	逾期未年检车辆、报废车辆、假牌车辆、套牌车辆、伴随车辆、碰撞车辆分析以及快速模糊搜索涉案车辆等。
3	交通流统计分析	汇总全省交通流量、车辆平均通行速度等信息，实现按道路、按车道、方向、路面进行流量和速率的查询、统计、分析、预测等。
4	区间测速	提供对任意两个卡口点进行区间测速功能，生成违法信息、实现审核入库、查询统计等。
5	模糊检索	在车牌号码不完整或无牌情况下，提供模糊检索功能，得到车辆图片集合。
6	过往车辆案件关联分析	提供案件发生周边卡口过往车辆信息分析功能，为案件侦破提供研判信息。
7	行为异常车辆分析	根据卡口通过车辆信息，分析行为异常的车辆，为案件侦破备用。
8	旅行时间分析	需根据指定线路、车辆通行时间、车速等信息，实现车辆旅行时间分析功能。
9	危险度分析	提供根据车主、驾驶人、违法库等信息进行车辆危险度分析功能。
10	视频处理与分析	需具备视频图像增强功能，能够实现对雾霾及低照度或模糊图像的增强优化；需要具备图像特征信息的检索比对功能，缩小侦查范围，提供准确线索。

续表

序号	功能名称	功 能 内 容
11	道路交通流量的分析处理	提供海量数据下道路交通状态判别功能，能够提供实时、有效的出行信息。
12	危险品车辆管理	提供危化品车辆信息的路线维护、时间设定、筛选查询、删除、编辑、新增等功能。
13	长途客车管理	提供对客运单位、车辆类型、营运路线及车辆轨迹查询管理功能。

第七，预案管理功能。针对不同分析研判结果，为用户提供研判信息处置预案，提供预案的编辑、修改、新增等功能。

第八，设备运维全生命周期管理功能。

设备运维全生命周期管理功能如表5-11所示。

表5-11 设备运维全生命周期管理功能

序号	功能名称	功 能 内 容
1	项目管理	项目立项、验收管理、支队审批等。
2	设备管理	设备入网登记、设备查询、设备停启、设备签到、设备标定等。
3	服务器管理	新增、维护、反馈记录等。
4	状态监控和管理	设备状态监测、监控点统计、设备传输状态、设备告警、可视化监控工作面板Dashboard等。
5	设备停启管理	设备停启管理、设备预案停启管理等。
6	巡检管理	设备分组、巡检计划、巡检记录等。
7	故障维修管理	故障申报、故障处理、维护考核、维修申请、维修结果等。
8	保养管理	保养记录、保养计划制定管理和保养提醒等。
9	报废管理	报废申报、报废审批、报废单导出等。
10	设备标定管理	标定信息录入与维护、标定预警、标定检测查询、数据控制。
11	预案管理	预案申报、预案查询、预案审批、预案停启管理等。
12	路段路网管理	路口管理、道路管理、路口识别、路段管理、地理信息管理等。
13	报表分析	提供对设备信息多角度的统计分析功能。主要包括设备的运行、故障、缺陷、运行成本等，并根据系统各个监控设备检测数据，提供设备运行和故障情况的统计分析报表。

三、公安PGIS系统的功能

（一）智能展示功能

实现PGIS监控点播显示。主要功能包括显示各市的卡口、视频及交通智能监控设备的基础信息（属性和状态）、通行车辆信息、流量信息及视频信息，集成显示警务工作站机构、人员、装备信息和GPS信息等。

（二）布控预警展示功能

主要对布控车辆和特定目标车辆实现预警展示、PGIS轨迹展示、指挥调度等功能。

（三）地图渲染功能

在电脑绘图中，渲染是指用软件从模型生成图像的过程。模型是用严格定义的语言或者数据结构对于三维物体的描述，它包括几何、视点、纹理以及照明信息。主要功能是实现对道路拥堵、事故频发等事件的地图渲染分析显示。

（四）对道路监控系统的控制功能

主要功能是通过GIS地图实现监控点位布控信息的控制，包括布控内容、黑名单内容、布控时间、优先级别，也可以中断正在执行的布控计划，按优先级高低重新布控。

（五）用户自定义图层（特殊监控点展示）功能

提供用户自定义图层功能，对于用户感兴趣的点位或设备，可在GIS地图上手动标注，保存到自定义图层中，并能自定义图层的名称、展示的图标。

（六）GIS地图基本功能

提供矢量影像地图展示、交通设施图层展示、路径测量与优化，以及地图基本操作功能，如地图的快速浏览、缩放（鼠标点选自由无极缩放、目的地居中）。

（七）系统服务与管理功能

1. 系统基本信息管理功能

包括：参数管理、角色管理、部门管理、用户管理、授权管理、辖区管理、代码管理等功能。

2. 预案管理功能

根据信息的种类和具体数据，生成不同种类的管理预案。

3. 远程卡口视频管理功能

包括：点播、下载、回放、截取等功能。

4. 信息交换功能

建立集成统一服务层和时钟同步机制，实现各种信息的统一接入以及中心管理平台的信息传输和交换。

5. 应用考核功能

包括：卡口系统接入量、正常工作比率、布控信息签收率、预警处置率、成功拦截率、撤控率等考核指标的信息生成、查询统计等。

四、社会化服务基础平台的功能

（一）信息通告功能

主要通过互联网通道，辅助以手机（APP、短信、微博、微信、QQ）、电视台、电台等方式，对外发布公路拥堵、事故事件、特殊天气、道路施工、交通管制等信息，为广大人民群众出行提供参考信息。

（二）信息查询功能

1. 相关信息查询功能

通过互联网应用、手机应用等方式向群众提供相关信息查询服务。

2. 道路交通电子地图查询功能

可查看道路交通的电子地图信息功能。

3. 违法查询功能

根据车牌号码、驾驶人身份证号码等条件，查询相关违法信息。

4. 施工预告查询功能

可查看道路施工预告信息。

5. 路况信息查询功能

提供道路基础信息及气象信息查询服务，包括路线名称、公路里程、公路沿线与旅游景点的出入位置或编号、安全服务设施与服务项目、公路收费站与收费标准信息以及当日及未来48小时的公路交通气象信息，特别是雾、雨、雪、风等直接关系到公路交通安全的重大气象预警信息。

6. 出行提示查询功能

提供出行线路选择提醒服务，包括公路封闭、中断或阻塞、拥堵、缓慢、畅通等动态运行状况信息，以及建议绕行方案。

（三）业务办理功能

可通过互联网应用、手机应用等方式向群众提供道路交通相关业务的办理以及进度查询，如违法自助处理缴费、公路施工预申报等。

（四）警务公开功能

1. 警务公开服务

通过互联网应用、手机应用等方式向群众提供警务公开服务。

2. 法律法规服务

提供法律法规的发布及管理服务。

3. 表格下载服务

提供相关表格的下载服务。

4. 违法处理流程查询

提供违法处理流程查看服务。

5. 事故处理流程查询

提供事故处理流程查看服务。

6. 测速点位公开查询

提供全省公路公开的固定测速点位，以文字或地图点位标注的方式呈现。

7. 违法处理点公开查询

提供违法处理点，以文字或地图点位标注的方式呈现。

8. **联系方式服务**

提供交警各辖区办公地址及联系电话等信息。

（五）安全指南功能

1. **安全指南服务**

通过互联网、手机（短信、APP）等方式向群众提供安全指南服务。

2. **安全行车常识服务**

提供安全行车常识的查看及发布服务。

3. **安全提醒服务**

提供安全提醒的查看及发布服务。

4. **急救常识服务**

提供急救常识的查看及发布服务。

5. **联系电话服务**

发布公安交通管理部门的报警、投诉联系电话。

6. **曝光台服务**

行政处罚公告的发布。

（六）投诉、举报功能

通过互联网、手机（短信、APP）等方式提供网上投诉信息渠道，接受群众对交通管理办案的投诉、举报和建议，并及时公布反馈投诉建议、违法举报、案件执法的处理进程和结果。

五、多媒体指挥调度系统的功能

在多媒体通信领域，相当长的一段时间里，视频会议与视频监控、5G单兵、可视电话、5G手机、语音通信系统等是分离使用，互不干涉，即视频会议仅仅应用于远程的沟通协商，而视频监控应用于现场画面的及时反馈。但是，在实际应用中，面对突发事件进行系统指挥时，用户不仅需要通过视频会议或者语音对讲，而且需要现场画面以供参考，以便找到最佳的解决方案，而两套系统的频繁切换，不仅造成了时间的大量浪费，而且容易造成指挥者命令下达的滞后，错过最佳时机。同时，由于视频会议系统与视频监控系统要同时运行，这在无形中提高了系统应用成本，增加了用户的使用负担。基于此，多媒体指挥调度系统应运而生。

（一）语音调度子系统的功能

1. 指挥调度功能

（1）统一通信录功能

系统调度组同步服务器上的系统通信录，具备独立的通信录数据库，实现与行政办公的通信录分开管理，具备层次分明的组织架构，可按不同的等级权限，实现权限分组分层管控。调度组可同步服务器用户组通信录，只支持一级目录和本人具备可读写操作权限。联系人支持模糊搜索，点击拨号，提高调度效率。

（2）一键触发功能

单键实现强插、强拆、强通、监听等操作。

（3）群呼功能

可自定义预设用户群组或默认预设群组进行群呼。

（4）ACD自动队列服务功能

系统集成ACD自动队列服务，调度员可主动调配应答途径和时机，有的放矢地接听来电，所有来电队列和停放队列可以在调度台上直观显示。可区分VIP用户和普通用户。VIP用户呼入时，呼入队列显示为红色状态，代表紧急呼叫，具有优先接听权。

（5）状态实时显示功能

用户状态区的用户图标将以用户所处的状态实时显示，以方便调度员及时了解所管理的用户群中用户的现时状态，实现监管与控制。

（6）呼叫保持功能

在通话过程中，调度员可以暂时保持一个呼叫，并发起另一个呼叫，也可以实现挂断、取回、停放、转移等操作。在通话过程中，调度员还可保持一个呼叫，自身以及同组的其他调度员都可以取回这个呼叫。

（7）通话转移（无协商转移）功能

调度员可保留现在的通话，占用一路空闲线路呼叫另一个终端用户，通话后将保留通话转移给对方。

（8）通话桥接（协商转移）功能

调度员可将通话中的用户直接转移给另一终端用户，而无须通话后再转移。

（9）强插/强拆功能

调度台对通信系统的使用具有控制支配权，调度员具有高优先权。调度员可强插权限级别低、正在通话的用户，而不需征求对方同意形成三方通话。调度员挂机不影响正在通话的用户。调度台能主动建立或拆除某些用户间的通话，能对任一个用户呼叫进行拆除。

（10）代接功能

调度员可代接权限级别低或权限级别相同的用户。

（11）禁话功能

一键实现禁止系统用户呼出、呼入功能。反之，若想恢复呼出、呼入功能，则需取消禁话。

（12）监听功能

调度员可监听权限级别低的终端用户。

（13）录音功能

调度员在通话、会议过程中可随时启动录音功能，实现实时录音。调度员通过调度软件只可听取属于自己本身的录音，可另存录音但不可对录音进行删除。

（14）热线号码功能

调度员可自定义两个热线号码，号码可自由选择系统内部号码或者外部号码。

（15）夜服功能

当非工作时间时，可通过设定无人值守号码开启无人值守功能，将所有对本调度台的呼入电话直接转移到另一指定的调度台或内部话机上。

（16）远程调度功能

调度用户可通过远程使用调度软件登录并进行调度，实现调度功能与本地无异。

（17）轮流通话功能

可实现两路呼叫的轮流通话。在有两路呼叫（其中一路为保留状态）的情况下，可进行挂断、切换、停放、桥接等操作。

（18）应急预案功能

系统具备自动报警联动功能，可自定义应急预案，如可实现五大灾害的报警处警及录音录时系统的联动功能，大大地缩短了灾害报警的通信报警时间，并为事故处理提供了原始的依据。系统提供快捷有效的应急处理手段，如单呼、短信、会议、广播，调度员可自主设定各类应急预案，实施快速调度，提高应急救援效率。

（19）紧急广播功能

配合系统调度组，调度员可对组内的用户实现广播。当出现突发事件时，调度员可直接播放应急预案中设置好的预案语音文件，通过与现行报警系统对接，对组内用户实施报警联动紧急广播，实现突发事件的快速救生引导。

（20）短信应用功能

系统提供开放接口，通过接入短信网关，提供调度成员之间的短信互通、文本消息调度应用。基于MDS多媒体调度台软件可以发送短消息给SIPIP话机或直接发送短信到用户手机；同样，也可接收SIP终端或手机发来的短信；支持短信单发和群组发送功能，可输入400个字符，内容溢出时，系统自动提醒；支持复制、粘贴、撤销、删除等编辑操作；短信历史记录自动存储在本地电脑，可导出或另存为文本文件；支持预案的短信应用，但发生突发事件时，可启动预案，即刻可实现短信群发通知。

（21）对讲机应用功能

系统提供用户账号可实现与对讲机网关的对接，实现对讲功能。调度台或普通用户拨打对讲机号码，对讲机自动应答，进入接收模式；对讲机可预设呼出号码，支持一键进行发言模式，快速呼出。

2. 网络管理功能

（1）分组管理

管理员可为每个调度用户定义若干个调度组，并在系统调度组同步显示。普通用户及调度员不归属于任一个组，同一普通用户、调度员可同时在多个组中显示。管理员还可分配调度连选群组，用于多调度员方式下呼入队列的共享。

（2）录音管理

管理员可对系统内的任意一台话机（IP或模拟）开启是否自动录音功能。可通过录音管理软件对录音进行查询、下载、删除、另存。其中查询条件有：号码、通话时间、通话时长、入呼叫、出呼叫。考虑到服务器的磁盘空间有限，管理员可另存录音文件于其他的存贮空间上。

（3）系统安全管理

系统具有双机热备功能，可实现主、备服务器及电源双备份；当主服务器发生故障时，系统自动切换到备用服务器继续工作，服务器切换后可保持原有数据不变，系统本身提供各类高级提醒功能，同时支持同系统信号系统联动提示、联动告警功能。

（二）内部通信子系统的功能

多媒体调度系统是基于IP核心交换的调度系统，不仅能够对IP网络下的IP话机和PC软电话进行调度，还可以对接传统程控PBX，扩大系统兼容性，使新老系统同时工作于同一系统内，保护客户的已有投资，满足客户原有使用习惯。通过多种模式融合现有内部通信子系统提供整体解决方案；同时支持分布式VOIP部署、丰富的语音办公功能支持调度、办公用户的逻辑分组、多种办公终端的接入，继而实现多种终端间的免费通信。

调度员可以通过拨叫触发号码快速发起语音会议；可以根据需要灵活选择参与人员；系统允许用户通过手机和固定电话发起会议，这样就可以让指挥人员在现场进行指挥，不需要在调度台前等待情况汇报上来再做出决策；开启会议保密鉴权功能，防止非授权人员随便发起会议手机和固定电话作为会议终端，提高系统可用性和兼容性，同时具备调度台一键发起固定组或临时组会议的功能。

（三）数据调度子系统的功能

指挥中心可以向所有调度用户群发指令信息，用户可以对指令信息进行确认回复操作；可以和现存管理信息系统对接，将管理系统数据信息发送给相关工作人员；支持对内线IP话机、无线宽带终端、手机的短信收发等功能。

（四）集群对讲子系统的功能

MDS多媒体调度系统是基于IP技术，能够接入各种不同方式的网络环境。无线网络更是增强调度范围、扩大调度应用的法宝。对于人员移动作业、大范围防火巡逻、固定区域的车辆调度，都是无线调度发挥作用的最佳场所。本地系统支持通过有线网络连接到McWill数字集群网络、Wi-Fi集群网络和WiMax等集群网络。用户可以根据自己的使用环境和通话范围等特性来选用相应的集群技术。数字集群技术不仅大大扩展了调度范围，相对于传统模拟集群，在安全性和数据负载量上也有极大的提高。在数字集群网络覆盖下，工作人员可以携带手台、视频回传摄像机、PDA等多种数字终端进行现场工作，大大丰富了现场工作人员的通信手段。支持基于无线宽带网络的集群对讲方式，包括PTT一键即可实现呼叫全组，为移动作业人员提供便利的语音通信方式，同时支持多组功能，可将对讲用户划归多组，支持紧急呼叫、动态重组、多级别调度支持、有线电话对讲和常规电台或数字集群等的对讲互通等，从而保障高级别对讲通达。

（五）扩音广播子系统的功能

调度机可连接扩音广播和扩音电话等终端；可按照需要对这些广播终端灵活编组；一键式广播，可快速呼叫指定的广播终端，终端收到广播消息后自动打开扩音声道播放广播；在出现突发事件时，可直接播放应急预案中设置好的预案语音文件，实现突发事件的快速引导；可与现行报警系统对接，实现报警联动广播功能。

（六）视频监控子系统的功能

提供多种接入方式，把现有各种视频监控设备整合到多媒体平台实现统一调度和管理，实现语音、视频、GIS的联动调度，实现视频监控摄像头；实现丰富的视频管理功能，如视频调度、转发、分发、视频会议等。系统可以提供二次开发接口，方便第三方应用集成，易于扩展升级。实现应用的客户化，提供环境监测设备、视频监控和语音通话的多种方式的联动报警。

（七）视频会议子系统的功能

基于IP网络召开远程视频会议系统部署便利，服务器+客户端参加会议方便，可配置专业会场专用设备，也可通过PC机+网络即可参加远程视频会议。囊括多种参会方式，PC机、手机、内线分机、外线电话、无线终端等均可加入视频会议中来。不仅如此，发起会议方式同样多样，调度台可发起，客户端也可发起。系统同时支持同POLYCOM、华为等主流视频会议系统互通，既保护用户的前期投入，也扩展了系统的应用场景。

（八）移动单兵子系统的功能

5G终端采集现场视频图像，通过5G网络回传到指挥中心；可通过5G终端同时和指挥人员进行语音通信；可通过专业5G单兵设备，也可通过普通5G手机+外置摄像头实现5G应用模式；通信车上视频监控摄像头可通过5G网络把现场图像回传到指挥中心。当发生地震、洪水、冰冻雨雪自然灾害时，现场原有通信手段都受到不同程度的破坏，此时需要应急通信车进入现场，架设无线覆盖网络，工作人员携带单兵终端深入现场，可将视频信号从各种现场（建筑物内、街道、广场、战场等）传到后方的指挥车；或通过无线网络直接传输到指挥中心。单兵可通过耳麦和PTT按键接收和发起语音对讲，与调度中心进行双向语音联络。

（九）移动指挥车子系统的功能

对重大突发事件的现场高效指挥调度处理能力已经成为现代化管理程度的重要标志之一，因此在指挥、调度、应急等车辆上装载调度系统，加强指挥调度的灵活性、移动性和快速的响应能力成为各行业各部门调度通信的现实需求。

1. 现场指挥调度功能

可在指挥车上实现对现场5G单兵终端、手持对讲终端、无线手持终端、远程手机用户、远程办公话机、视频监控终端的调度。

2. 现场无线组网功能

可通过车载无线宽带基站在救援现场搭建无线宽带专网，通过无线宽带专网实现语音、视频、数据的无线实时回传。

3. 多种无线通道功能

指挥车可通过车载卫星网络/5G网络实现和地面指挥中心互联互通，可通过GSM/CDMA/5G网络和外线互联互通。

（十）应急预案子系统的功能

多媒体调度平台和应急预案平台可相互集成；可在调度台上调度应急预案列表，按照既定预案处理相关事件；可在应急预案平台上实现单呼、会议、广播、录音等调度操作；在启动相关预案时，可自动向调度台发起告警。

（十一）GIS/GPS子系统的功能

多媒体调度平台和GIS/GPS平台可相互集成；可以对室内的物体和人员进行较为精确的定位。定位服务器通过处理标签或无线设备发出的信号，判断出标签或无线设备所处具体位置，并在电子地图中显示；调度台通过电子地图方式实时显示每个成员的位置和状态；调度员可以直接双击电子地图上人员图标进行语音呼叫；可在调度台上调度GIS/GPS的业务界面，实时显示人员、车辆、资源的位置和相关信息，并进行同步的语音、视频、数据的调度。可在GIS/GPS平台上实现单呼、会议、广播、录音等调度操作。

（十二）OA办公管理子系统的功能

多媒体调度平台和日常业务管理OA平台对接；在业务管理平台上实现召开会议、发布广播、收发短信、视频会议等业务操作，指挥人员也可通过多媒体调度平台启动业务管理。

（十三）多媒体指挥调度系统的功能

不难发现，上述各子系统各司其职、相辅相成，实现了多媒体指挥调度系统对智慧交通安全的进一步保障，从而实现了多媒体指挥调度的如下功能：

1. 多网、综合集中调度

客户可以根据自己的使用情况选择适合自己的无线和有线通信技术，若客户已有无线或有线网络，保证新老系统无缝连接。各个网络间的用户可以直接使用终端呼叫其他网络下的用户，使得全网用户通信全互联，真正做到通信无死角。

2. 融合多种音/视频设备集中管理调度

MDS多媒体调度系统是一个多媒体融合调度平台，可把用户目前能够应用到的各种语音、视频通信设备融合到多媒体调度平台上进行统一接入、分类和管理，最终体现给指挥人员的就是通过一套平台实现对现有各种语音、视频的通信终端进行集中监控和调度。系统可以实现远程视频会议、远程视频监控、远程移动单兵音视频回传、有线/无线语音调度，以及音视频联动调度等多媒体调度业务，不仅可有效地为行业用户节省建设通信系统的人力、物力、财力，同时便于用户整个通信系统的集中调度和统一管理。

3. 不同通信终端实现无缝互联互通

MDS系统不仅可通过一个调度界面实现对视频监控图像、5G单兵、5G手机、可视电话等视频终端的调度，实现语音通话和查看视频图像，同时还可实现用户现有各种有线、无线电话终端无缝的免费内部通信，以及通过MDS的自动转码和混码功能实现5G手机、可视电话、远程调度台之间点对点的视频通信，也可把视频监控的图像直接推送给5G手机、可视电话、远程调度台查看。

4. 音、视频联动调度，提高指挥效率

其一，MDS多媒体调度系统除可实现视频的调度业务以外，还可以整合用户现有各种语音通信系统，如办公电话网路、语音调度网络、集群对讲系统、无线通信系统、广播系统等，可在MDS调度台上同步实现语音的调度业务，同时可以把语音和视频进行捆绑，即在调度视频图像的同时，可一键呼叫指定值班人员使用的通信终端，实现快速的音视频联动调度。其二，MDS多媒体调度系统在支持语音调度的基础上，还提供对现场视频信号的覆盖，使语音、视频、现场环境监测三位一体实现有机联动的整体，大大提高调度人员对现场环境的信息的掌握。视频与话机联动，移动人员或固定电话可以捆绑相应的一路视频信号，当现场发生特殊情况时，现场人员可以呼叫调度中心，通话后相应的视频信号会自动打开，调度指挥人员可以一边与现场人员通话，一边通过调度中心大屏幕观察现场情况，为调度决策提供视频支持。最后，视频与环境监测传感设备联动，在有些物流和军工等企业对物品存放的环境要求严格时，可以使视频摄像头与环境监测传感设备联动，一旦环境出现如烟感、湿度、气体监测设备报警时，与之捆绑的视频设备就会打开现场视频信号，同时向调度中心发出报警信号，提醒工作人员及时处理。

5. 基于IP网络组网，便于快速部署

MDS多媒体调度系统完全基于IP网络进行部署，只要网络覆盖的地方即可部署相关设备。如需要融合的通信设备不支持IP接入模式，也可通过专门的网关实现 IP的接入。系统的部署无须进行复杂的布线，只需要提供IP接口即可，因此可以保证在很短的时间内即可搭建起一个大型的融合调度网络；同时系统的扩容也非常便利，无须对核心设备做复杂的调整，只需要在接入点部署终端设备，接入到IP网络即可。

6. 人性化调度界面，简化调度过程

MDS多媒体调度系统的调度台采用人性化设计，极大地简化了指挥人员的操作过程，同时调度台软件支持多个界面并存，支持一键切换界面，并且可根据用户需求提供定制化的显示和操作界面。

7. 基于WEB的网管，便于远程维护

MDS多媒体调度系统内的所有核心设备、接入设备、IP终端均支持远程WEB登录管理，管理人员只需要联网登录到相关设备的后台地址即可对设备进行远程管理和维护，无须物理连接到设备接口进行本地维护，大大节省了系统管理人员的工作量。

8. 支持基于IP网络的集中录音/录像

MDS多媒体调度系统可实现对系统内所有终端的语音通话录音、视频调度的录像功能。录音/录像通过IP方式实现，无须进行复杂布线，录音/录像服务器只需要接入IP网络即可。实现对本地和远程所有终端进行录音、录像。录音/录像文件保存在录音/录像服务器上，可实现录音/录像文件的记录、存储、转码、播放、检索等操作。

9. 提供定制化的开发接口和服务

MDS多媒体调度系统提供可定制的二次开发接口，便于系统后期根据用户需求进行灵活开发新的业务功能，以及和第三方业务平台集成。

六、地理信息系统的功能

（一）通用功能

1. 系统管理功能

包括系统初始化、系统日志、元数据管理、数据库的备份与恢复等，它为系统管理员管理系统提供支持。

2. 用户管理功能

对使用系统的各类用户在使用系统时所扮演的角色进行管理，不同的角色使用的系统功能、访问数据的内容和方式都有明确的界定，通常可通过用户表来对用户进行验证管理。

3. 权限管理功能

通过对每一角色设置明确的使用和访问权限来实现严格的权限管理。

4. 版本管理功能

对系统和数据更新的版本进行管理，并能够对历史数据进行管理和回放。

5. 空间数据导入导出功能

导入和导出不同格式的地图数据文件。

6. 地图显示功能

显示各种地图，并具有放大、缩小和漫游等基本操作。

7. 地图编辑功能

完成图形信息和属性信息的编辑、存储、数据转换和数据更新。

8. 图例管理功能

完成对各种空间信息的显示方式、符号颜色和大小等的设置与管理。

9. 专题与图库管理功能

根据需要完成各种专题图的制作和输出，实现对地形图图库的管理与更新。

10. 元数据管理功能

实现元数据的增加、删除、修改与查询操作。

11. 查询统计功能

实现各种方式的空间信息及其属性信息的查询检索与统计。

12. 空间定位功能

对地址信息进行空间位置的判断和定位。

13. 地名库与场所管理功能

对地名库中的信息、各种场所进行管理与维护。

（二）综合查询功能

基于放入智慧交通GIS系统的所有数据，为领导、业务单位或市民提供一种综合性的GIS查询与分析，主要包括周边情况关联查询和分析、决策分析。实现周边情况关联查询和分析，按照人、地、事件、机构单位场所、物品设施五要素，通过设置查询目标、查询方式，可以查询某个范围内相关的业务信息，并根据查询的业务信息进行周边情况的关联查询，查询相关的地理信息。在电子地图上，可以同时显示各种业务信息，如可以在地图上查询相应的数据和信息，同时可以在电子地图上查看该地区各种综合信息。

（三）地址匹配功能

每个路段、每个楼宇都有相应的地址编码，即每个地址编码都有相应的地理坐标。建立基于地址编码比对和匹配技术的数据自动地图定位，是解决数据可视化的关键技术和手段。具体包括：

1. 编码库功能

基于大比例尺电子地图提供的楼宇数据，进行标准地址编码的普查，通过地址编码采集系统录入数据、地址编码整理系统建立标准地址编码库。

2. 地址匹配服务功能

实现对自然语言地址信息的语义分析、词法分析，自动和标准地址库匹配，比对出精确的地理坐标。

3. 地址比对功能

该功能可以建立批量处理数据库的地址比对系统，实现对大数据量数据的处理，生成相应数据的图层。

4. 标准化功能

该功能可以对数据库的地址信息进行标准化处理和规范化录入，这样可以提高地址匹配成功率。

（四）动态路名功能

为了使屏幕缩放到任意状态下以及每个路段都能看到完整的路名，在GIS共享平台中必须实现动态路名功能，即路名显示动态并均匀显示在路段可视范围内，以满足公安应用中快速可视观察的需求。

（五）交通规划功能

交通规划的应用主要是实现公路、铁路、隧道等的规划功能，该功能将多种数据叠加、分析、显示，再加上三维地图直观的显示效果，为高速公路、铁路、隧道规划提供一定的借鉴和参考材料，从而使公路工程规划工作制定得更加快捷、高效。同时，方案提出了使用机载激光雷达系统，获取规划区域三维激光点云数据，并配合航空影像数据，生成规划区域的DTM、正射影像和三维模型等多重数据功能，为高速公路选线规划提供最为真实的背景数据。

（六）交通设施管理功能

交通基础设施管理功能是指实现应用平台上交通设施分类管理，并且通过三维仿真将道路、桥梁、高架、天桥地道、大型桥隧等不同的管理对象建立相应的数据模型。可对基础设施进行空间数据和属性数据的检索查询。该功能能够记录道路桥梁养护状况，对道路及各构造物危害情况进行查询，并显示查询结果和统计数据。病害情况、工程维护等历史数据的记录，可为养护管理提供决策支持。

（七）道路监控功能

道路监控功能能够实现道路状况的实时监控，方便道路管理部门的道路、桥梁管理工作。通过前端实时传回的道路监控信息，管理部门可以动态、实时、直观地查看到路况，高效地辅助用户进行道路管理决策。

（八）交通流动监控功能

可以综合分析路网每条道路的平均交通流量、平均车速、饱和度等指标，按照服务水平显示不同颜色，如深红、红、黄、绿不同颜色。

（九）重点目标车辆监控功能

1. 重点目标车辆跟踪功能

接入GPS车辆定位系统，接收其定位信息，实时跟踪车辆，并在GIS地图上实时显示目标车辆行驶轨迹。

2. 重点车辆历史轨迹显示功能

选择某一重点车辆，确定历史时间范围，显示在此时间范围内该重点车辆运行的历史轨迹。

3. 重点车辆指挥调度功能

通过事件发生地点，自动匹配最近区域内的警用巡逻车辆，对该车辆发送指挥命令，在GIS地图上可全程查看事件处理情况。

（十）交通警情监控功能

交通拥堵、事故按照警情级别分三级分别用不同颜色显示。警情类别包括：交通拥堵、交通事故、交通管制、道路维护改造、恶劣天气、危化品运输异常情况、群体性事件、车辆缉查布控报警。通过上报的各种警情信息，可结合GIS在电子地图上用不同图标标记，警情类别、级别等在GIS地图上一目了然。待警情处理完毕（警情处理状态选择处理完），系统自动记录处警信息，在GIS上消除显示图标。

基于平台的全局警用地理信息数据库和GIS应用服务，可以建立报警GIS应用系统，主要实现电话接警定位、周边警力分布查询、警视联动等工作内容功能。

接报警情地图分析辅助系统功能如表5-12所示。

表5-12　接报警情地图分析辅助系统功能

功能名称	功能内容
固定电话报警定位	系统按照报警电话号码，在地图上自动定位到报警地址，并向接警调度台返回案发地点所属的派出所辖区，以便于警力调度与出警。
手机报警定位	系统按照报警手机号码，在地图上自动定位到报警地址，并向接警调度台返回案发地点所属的派出所辖区，以便于警力调度与出警。
周边警力分布查询与调度	通过在报警点周围设置一定的周边缓冲半径，查询出该报警点周边半径范围内警力（治安岗亭、派出所、GPS车辆等）分布情况及其属性信息，以便于警力调度与出警。

（十一）交通应急管理功能

随着交通事故逐渐成为当今社会严重的社会公害之一，交通应急预案的工作越来越被管理部门所重视。

1. 交通应急预案功能

GIS系统成功实现了交通应急预案功能，辅助了交通管理部门的应急管理工作，功能中实现了时间节点定制，应急相关对象的添加、三维场景推演、预案脚本生成等预案定制步骤。另外，对于交通事故现场来说，在短时间内进行高精度的场景扫描也是非常重要的。该解决方案可通过对高精度的车载或地面激光扫描技术和三维地理信息技术的应用，将交通事故现场采集到的数据进行仿真映射，实现事故现场重建模拟，为事故现场重现、事故原因分析以及事故责任认定提供详细准确的数据，便于事故现场快速恢复交通，防止交通拥堵。

2. 应急调度功能

地理信息系统可通过图形的形式记述查询道路的通行状况、迅速定位事故点、抢修车辆的调度，以及提供交通疏散方案等。

3. 运输调度功能

该功能可广泛应用于物流、货运或客运等部门，包括车辆的跟踪和调度、路径的优化分析（最短路径、代价最小路径与耗时最少路径等），以及设备管理和运输路线分析子功能。

（十二）车辆GPS跟踪查询功能

系统提供GPS接口，可以接入车辆实时传回的GPS信号，动态实时显示车辆在三维场景中的实际位置。通过GIS、GPS、通信、监控等系统的集成，实时监控各种车辆的位置信息，同时显示对单一或多个移动目标的实时定位跟踪。系统还可以以多种方式，实现对GPS车辆的信息查询统计、实时监控和轨迹回放，以及自动记录受控移动目标的行驶轨道，必要时恢复目标移动轨迹。该功能模块主要用于车辆基本信息的管理、车辆目标的监控与回放以及下达调度指令等。通过车载设备，进行车辆实时监控或回放被记载的任一车辆的行动轨迹、速度、状态等信息。

（十三）危险源缓冲区分析功能

系统是基于三维地理信息系统的，所以可以提供多种高级分析工具。对于危险品运输车辆，当其驶入城市范围内，则进入一级警备状态。首先获取车载危险源（车辆运输的物体：如气体、液体等），采用缓冲区分析方法，建立扩散模型；根据危险品的性质及汽车行驶的路线，当车辆到达事故高发区时，进行提醒；对可能的事故灾害做到提前预警。一旦出现事故，可以迅速安排相关人员救援，指挥现场群众有序疏散等，采取有效措施，积极应对。

（十四）拼音首音检索功能

对以汉字为关键词的检索功能中（如路名、道路交叉口、警用设施名称等），往往中文名称成千上万，即便做成下拉式提示菜单也寻找困难，键入汉字速度又慢。为此，提供拼音首音检索功能，实现汉字关键词的快速定位，可大大提高GIS共享平台的实用化程度。

（十五）图形信息疏密效果协同校正功能

采用图形信息疏密效果协同校正功能，系统在进行无级缩放时，可自动根据当前视窗的比例尺，调整显示图层数和某一图层中信息量的疏密关系及效果，保证最佳的视觉效果和最快的显示速度。

（十六）交通违法案发统计专题图分析功能

结合交警部门的GPS系统，实时接收GPS车辆位置信息，实现对GPS车辆的信息查询统计、实时监控、越界报警和轨迹回放。

1. 交通事故GIS应用功能

（1）交通事故案件发案定位与案件查询功能

与交通事故工作平台案件库关联，实现案发点位置的地图精确定位和成图显示；实现点选、框选、多边形选等多种形式的案件地图选择查询；通过案件编号查询，实现案发地精确定位和属性显示。

（2）串并案辅助分析功能（故意肇事）

通过选择案件串并条件，包括串并发案空间范围、发案开始结束时间、作案工具、作案对象、作案时机、作案手段、逃离方式、侵入方式等，分析得到系列串并案结果，实现串并案件的地图定位和属性显示常发性交通事故案件统计分析。与打防控系统案件库关联，实现常发性案件按发案区域（分局或大队辖区或社区）、按案件类型以及按时间段的数量统计和空间分布分析，方便用户直观地分析出各类案件的空间发案规律和分布情况。

（3）高危人群统计专题图分析功能

与高危人群管控库关联，对高危犯罪人群的空间分布情况进行统计专题图分析，生成等级渲染、饼状、柱状等人口分布专题图。

（4）高危事故黑点分析功能

对某高危事故黑点事故情况按某个时段的时间顺序，在地图上标绘出其事故活动轨迹。

2. 视频集成应用功能

平台可通过GIS接口集成全网交通视频监控系统，实现视频图像的网上点播、切换及控制功能。提供对电子地图上标注的摄像机组合查询，并在GIS界面上进行定位显示。采用鼠标点击方式或拉框查询结果后点击播放进行视频图像网上浏览，并提供视频图像的切换和前端摄像机基本控制功能。在指挥调度应用过程中，调取提示的可用预案，响应用户选定需要执行的电视监控方案，与“视频监控接口”通信，执行所选摄像机的显示控制操作。

（十七）交通诱导信息的发布功能

指挥员预定义或者即时录入诱导信息，也可以是集成平台对所采集的交通信息进行处理后发布的交通诱导信息。在有指挥员干预的情况下，实现半自动交通诱导标志信息发布。

（十八）交通设备网管功能

当用户需要通过平台查询交通设备情况时，可以双击GIS地图上的交通设备系统图标，系统显示该控制点的主要工作状态、属性等参数的当前值，也可以显示该控制点前端存储图片或视频等信息。若交通设备出现故障，GIS地图上相应坐标显示为故障状态，用户双击控制点图标，显示相关故障信息。

（十九）辅助决策功能

根据事件、案件等数据信息，实时对处置方案进行优化决策，与人工决策相结合，合理指挥调度执行系统的各种手段，并对案发地警力部署等进行分析，给出预警信息和警力合理部署的方案。主要有统计分析、事件分析、现场图像调览等功能。通过设置预案，提供特殊服务所需要的警员、警力配置以及交通组织调度决策辅助，如为警卫任务和特勤提供专用路线。辅助决策功能包括规则的制订、预案的生成、保存和执行。要求针对上述情况生成对应预案。另外，还要提供预案生成的接口，以备操作者以后针对特殊情况制定新的预案。根据辅助决策提供的依据，经过指挥人员决策，结合GIS系统电子地图统一进行任务调配。

（二十）应急指挥调度功能

该系统有编制出动方案、下达出动命令、应急过程的语言和数据实时记录、现场图像传输及调阅、文字传真及应急信息的综合管理等功能。系统能在接到重大警情后，自动识别主叫号码和地址，利用电子地图快速确定位置，得到周围道路、交通情况等信息，根据警力情况为指挥人员提供该位置的预设方案，并提供该方案的车辆最佳行进方案，供有关人员参考。方案确定后，集成平台系统通过网络或其他通信方式下达出警命令。处置部门接到命令后，应产生相应出警信息给予相关人员，并回复监控中心，告知命令接收完成。系统通过可视化的指挥调度功能，主要是实现基于GIS的指挥调度信息的统一管理与集成，在同一平台上完成多种业务操作，保证各业务支撑子系统自动地快速地交换信息，实现指挥调度各系统的调动，为指挥决策提供依据。实时监测并组织调度警力，保证区域内警力的合理部署，处于最佳平衡状态；对于突发性事件，迅速组织部署警力，疏导交通、维护现场秩序；为警卫、抢险、救护、消防等特殊紧急任务提供快速通路。

（二十一）联动控制功能

各关联系统之间的联动控制是指结合集成平台建设中系统的控制功能，实现多级复合型控制。可以实现联动的系统有：交通视频监控系统、GPS车辆定位系统、智能卡口系统、交通诱导宣传系统、交通管理信息系统、移动警务系统、接处警系统。可以与GPS车辆定位系统、公路车辆智能监测记录系统之间实现联动功能，当公路车辆智能监测记录系统触发报警，系统自动定位报警位置，并搜索附近区域内GPS车辆，再经过操作人员人工确认后调度相关GPS巡逻车辆进行围堵。

（二十二）车辆行车轨迹分析功能

利用缉查布控系统接口查询缉查布控系统中报警车辆、通行车辆轨迹信息并在GIS地图中标注，并做伴随车辆相关分析。

（二十三）治安卡口查缉布控功能

利用缉查布控系统接口查询缉查布控系统中报警车辆、通行车辆轨迹信息并在GIS地图中标注。

（二十四）移动GIS应用功能

1. 车载移动GIS技术应用功能

通过与流动装置的结合，GIS可以为用户提供即时的地理信息。汽车导航系统是地理信息系统的一个特例，它除了一般的地理资讯系统的内容以外，还包括了各条道路的行车及相关信息的数据库。这个数据库利用矢量表示行车的路线、方向、路段等信息，又利用网络拓扑的概念来决定最佳行走路线。地理数据文件（GDF）是为导航系统描述地图数据的ISO标准。汽车导航系统组合了地图匹配、GPS定位，来计算车辆的位置。地图资源数据库也用于航迹规划、导航，并可能还有主动安全系统、辅助驾驶及位置定位服务（Location Based Services，缩写为LBS）等高级功能。也就是说，一般汽车上的导航装置都是结合了卫星定位设备（GPS）和地理资讯系统（GIS）的复合系统，它的数据库应用了地图资源数据库管理。

移动GIS系统可实现对移动目标的监控、调度、指挥和数据采集等，在网络环境下基于空间信息的应急调度指挥系统，移动目标通过GPS定位，移动目标与指挥中心通过GPRS无线互通通信模式实现数据传输。其监控调度子系统配合车载GPS可以完成对移动目标的跟踪定位、适时的监控调度、指挥。建立在C/S模式下的监控调度子系统，只要监控端能够上网（拨号、ADSL、DDN、GPRS等），连接到数据解析服务器之后，即可对指定的移动单元进行监控。在该模式下，监控中心可以采用笔记本+GPRS的方式连接，建立移动的指挥中心。指挥中心和车载单元可以通过GPRS方式互发消息（不同于GSM模式，所有数据传送全部通过GPRS网络传送）。一般情况下，车辆的状态数据（包括GPS定位信息）只能发送到有固定IP地址或者通过专线的形式发送到指挥中心，如果是移动的监控中心就无法完成实时监控的目的，通过该模式，可以很好地解决移动指挥车实时监控信息分布情况，及时了解当前情况，迅速决策。在此基础上通过数据的安全传送，移动指挥车可以通过GPRS通信模块把信息发送到指挥中心进行实时的数据传输。通过移动运营商提供的虚拟局域网技术，在指定SIM卡端建立内部的数据传送通道，很大程度上避免了信息泄露和被攻击的可能。

2. 手持移动GIS技术应用功能

手持移动GIS系统由掌上电脑、GPS卫星定位器、ARCPAD软件和GPRS组合构成。使人员在巡视、现场办公等现场应用中，共享GIS信息，并能方便地在移动GIS上接受指挥命令和上报现场信息，是现场信息采集和日常信息变更采集的有效手段。

手持移动GIS采用在线GPRS实时通信方式，可在掌上电脑中装入电子地图和专业信息，既可进行信息查询统计又可通过GPS进行当前位置定位，便于人员进行现场调查、位置测量、数据采集、工作巡视、领导工作视察、现场办公等多种GIS应用。

七、应急业务系统的功能

（一）网络视频管理功能

1. 实时视频显示与控制功能

网络客户端可实时监视多路实时图像信息并实现多个网络客户端可以同时监控任一前端图像。在电视墙上可以实时显示前端任意一个监控点的图像，可以在1、4、6、8、9、10、13、16、全屏等多种画面分割模式中切换显示。在网络条件支持下，位于不同地点的多个用户可同时在线上公安网观看系统内任意网点的实时视频资料。

2. 轮巡功能

系统具备视频自动巡视功能，在可设定的间隔时间内对全网的监控点进行图像巡检；参与轮巡的对象可以任意设定，轮巡间隔时间可设置。

3. 摄像机信息设置功能

设置系统内所有摄像机的位置、IP、别名、所在区域、场所等信息。支持实时设定音视频编解码器的各种参数，如码率、品质、分辨率、制式、帧频、色彩、音量等。

4. 字符叠加和图像屏蔽功能

可在图像的任意位置叠加名称、时间、场地等字符信息，可在图像的任意位置叠加图片和黑屏框以屏蔽需隐藏的图像区域。

5. 云台和快球控制功能

支持方向控制、自动扫描、预置位管理、光圈焦距管理、镜头缩放，云台速度可调，支持灯光、雨刷、电源开关控制，支持自定义辅助开关控制，支持摄像机锁定与解锁，方便进行云台 / 快球控制器的参数设定。

6. 录像及回放功能

支持手动录像、自动定时录像、循环录像，支持节假日设定、预录像设置、录像文件最大长度设定、存储容量设置和状态显示。

7. **统一存储功能**

录像内容存储在专用存储设备（硬盘录像机）或带硬盘的视频服务器上，用户可通过PE客户端软件对全网的录像文件进行统一管理，支持存储服务器、磁盘阵列等多种存储方案。

8. **多画面同时回放功能**

支持同时回放多个服务器或本地的多个存储通道的同一时间的录像文件，多达16画面同时同步回放，支持1/4/6/9/16画面显示。

9. **支持多种回放操作功能**

回放时可以进行暂停、播放、停止、快放、慢放、单帧步进、单帧后退、循环播放、精确定位到某帧、打印、缩放、备份、调节音量、调节亮度/色度/对比度/色调等操作。

10. **画面抓拍功能**

将任意一幅回放图像存放成JPEG或BMP格式的图像。

11. **录像文件检索功能**

按日期、时间、类型、服务器、通道检索客户端本地或远程服务器端录像文件，检索后还可以按日期、时间、通道、服务器、类型来过滤。

（二）视频直播点播功能

指挥中心需要建立网络视频直播点播系统，对接入的现有道路、重要场所监控图像模拟信号进行数字化处理，实现各级监控人员通过网络，结合GIS地理信息系统调用、控制和显示相关的图像信息，对重大突发事件的图像信息进行数字化存储、编辑和历史信息检索与回放。

1. **压缩并发送媒体数据的功能**

从矩阵交换机接出20路模拟视频信号，这20路视频信号可以来自任意一路输入视频，经过MPEG4编码设备将20路视频信号压缩成较低码流的媒体数据。20路媒体数据通过局域网络发送给流媒体服务器、公安IP专网内部的任意一台桌面。

2. **收看视频信号的功能**

终端和各联动单位终端都可以连接流媒体服务器，通过组播收看视频信号。

3. **收看实时监控画面的功能**

客户端软件可以通过GIS地理信息系统收看实时监控视频画面，可以控制矩阵交换机，可以调整云台、镜头，可以启动停止录像，可以编组行进路线。

4. 查询历史资料的功能

客户端还可以查询历史录像资料并回放。20路信号都可以保存到图像库，提供编辑器，剪辑需要备份的视频资料并备份。

5. 安全保障功能

收看和查询指挥中心的视频直播点播有足够的安全保障，与原有的模拟监控系统充分配合。

（三）视频图像增强处理功能

通过视频图像增强软件能够从存储中调出恶劣气象条件下的劣质图像视频流进行增强处理，提供用户需求分析使用。

（四）系统管理功能

1. 实行多级权限控制管理

系统实行多级权限控制管理，按实际的管理架构对每个用户赋予不同权限等级，系统登录、操作都需要进行权限查验。系统所有重要操作，如登录、控制、退出、报警确认等，均有操作记录，系统可对操作记录进行查询和统计。

2. 系统更新功能

局部配置调整后，自动更新全网系统配置，方便维护管理。

3. 具有网络容错能力

当网络恢复正常后系统也能重新正常工作，不会受到网络错误的影响。

4. 系统检测功能

系统具有视频故障检测功能和系统检测功能。视频故障检测功能可检测每路独立的视频输入视频电平故障或一个视频同步故障，并传到系统主控计算机，以便采取适当的行动（如显示报警信息或自动执行宏操作）。系统检测功能是指系统自身可对本系统的机箱、模块和前端的解码箱等设备进行自动检测。

（五）授权用户控制功能

依据授权将用户发出的控制命令传送到前端监控设备，实现监控中心及授权用户对前端任意一路监控图像的调用和控制，主要包括以下几点。

1. 直接浏览功能

有权限用户可以直接浏览所辖区域中任一监控点的实时图像。

2. 控制前端设备的功能

有权限用户可以控制所辖区域中任一监控点的前端设备，包括路口切换、云台控制、焦距调节、光圈调节及预置位设置等功能。

3. 切换和编辑图像的功能

能通过手动实现和编程实现，将图像信号在指定的监视器上进行固定或时序显示，也可以进行图像混合、画面分割、字幕叠加等处理。

4. 浏览相关图像的功能

有权限用户可以浏览通过支队指挥中心提供的其他辖区域中任一监控点的实时图像。

5. 浏览分控中心视频的功能

有权限用户可以浏览分控中心存储的视频信息，并提供回放、复制等功能。

6. 口令保护功能

每个操作员都有进入自己系统的4位数字的密码口令，非本地区系统操作人员不得进入，具有口令保护功能。

八、交通流信息采集系统的功能

（一）交通流数据采集功能

可以采集交通数据，包括交通流量、平均车速、车道占有率、车辆排队长度（可设定任意长度、拥堵时间）、车辆密度、交通流状态等。

（二）数据分析处理功能

系统定时（如每小时）进行数据的分析计算，将目前流量数据表中的数据进行分析计算，换算成小时流量写入流量历史记录表，以供查询统计使用。对目前流量数据表中的已处理的数据进行删除清理，然后将数据换算为统一格式的有效数据，并进行存储。

（三）分析研判结果的发布功能

根据对采集的各种数据的计算分析，科学判断道路交通流状态级别，提供警告并表示警告等级。

分析研判的结果可以对集成平台系统、公安网用户、交通诱导系统、互联网、电台、电视台进行发布。

（四）检测数据显示功能

以文字方式显示检测器或检测点的实时的基础数据。

系统和GIS系统连接，系统在地图中可以以不同的颜色指示路网的通行状态，用户也可选择以文字列表的方式显示当前拥堵的路段及其拥堵级别。系统根据实时交通流量饱和度（当前流量与饱和流量之比）将路网通行状态分为四级（参见表5–13）。

表5–13　交通流状态级别表

交通流状态级别	状　态	代表颜色	状 态 描 述
第一级	道路畅通	绿　色	路上车辆较少，车流畅通
第二级	流量大	黄　色	路上车辆较多，平均车速较快
第三级	道路拥挤	棕　色	路上车辆多，平均车速慢，道路比较拥挤
第四级	道路拥堵	红　色	路上车辆多，平均车速很慢，车流停停走走

（五）综合统计查询功能

1. 统计查询功能

系统可以根据时间范围、查询周期（10分钟、1分钟、5分钟、60分钟）进行查询统计。

2. 推算参数查询功能

包括车辆折算当量、密度、饱和度或占有率。

3. 统计报表分析功能

根据流量历史数据库，可以浏览任意检测点的日、周报表，能够进行任意检测点任意时段的车道流量、车型、平均车速等多种条件组合的数据查询，可同时选取多个检测点进行比较，并能生成报表，提供多种显示方式显示上述分析结果，提供报表存盘、打印功能。

4. 数据导入功能

可导入人工流量调查的流量、车型等数据。

5. 自动统计评价路网的通行水平功能

定期对阻塞频率较高的路段，通过对周边路网的流量分析后提出调整交通组织的预选方案。

6. 系统自检功能

对检测点的硬件或传输故障，系统能自检并产生报警信息通知系统值班员。

（六）系统管理功能

1. 用户管理功能

给用户分配权限，可以添加或删除该用户操作的车辆，以及对操作车辆的查看权限、控制权限、维护权限或无操作权限。

2. 日志管理功能

用户查询和删除对系统进行操作的日志。

九、交通事件检测系统的功能

（一）视频图像免设置功能

只要将视频图像接入本系统，不需要任何软件设置，即可自动进行事件、事故检测，即插即用。系统在任何交通情况下，能实时自动检测事件、事故（车辆拥堵、车辆停驶、交通事故等）。

（二）全画面检测功能

只要在摄像机的图像画面范围内，发生的交通事件和事故，系统都能检测到。

1. 即变焦即检测功能

对于遥控摄像机，画面拉近或推远后，系统可以自动学习适应新的背景画面，2～3分钟后立即自动进行事件、事故检测。

2. 自动学习功能

对于遥控摄像机，如果摄像机角度发生变化，系统可以自动学习，适应新的背景画面。2～3分钟后立即自动进行事件、事故的检测。

（三）全天候检测功能

1. 无障碍检测功能

不管昼、夜、雨、雪、雾，在各种气候条件下，只要人眼能看见车辆的移动，即使在道路没有照明的情况下，只要车辆有正常的前灯、尾灯照明，即可毫无障碍地检测事件、事故。

2. 自动记录功能

系统自动记录事件、事故发生之前和之后的图像，前后不少于3分钟。所记录的视频序列标记与报警信息相关。

3. 信息存储功能

数字化的视频信息存储在硬盘或外置驱动器上或专用存储设备上。

4. 存储实时图形的功能

系统可以直接存储来自摄像机的实时图像到本地网络。

5. 人工设置的功能

系统可以选择事件、事故发生时进行视频录像，也可以人工设置任意摄像机、任何时间段录像。

6. 自诊断和报警功能

系统、软件设备具有自诊断和报警功能，包括视频信号丢失、系统设备故障、网络通信故障等。

拓展阅读

范双南. 基于云计算的智能交通信息采集系统的设计与实现[J]. 电脑知识与技术，2019，15（09）：231-232.

第四节　智慧交通指挥中心模块

公安交通指挥系统是集通信、指挥、控制信息于一体的复杂系统。它将电子信息技术、计算机技术、图像技术、GPS和GIS等先进的科学技术应用到城市交通监控、交通信号控制、交通诱导、交通事故接处警等系统中，通过计算机网络和通信网络功能独立的各子系统有机地集成在一起，实现信息共享，便于统一指挥、调度，形成一个高效的智能化交通指挥管理系统。

智慧交通指挥中心模块以公安部公安交通指挥系统为依托，重点实现旅游领域交通指挥功能。智慧交通指挥中心模块的组成详见图5–10所示。

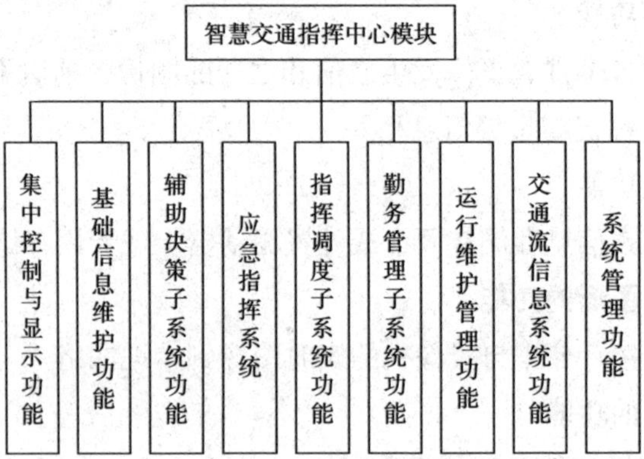

图5–10　智慧交通指挥中心模块组成示意图

一、集中控制与显示功能

集中控制与显示功能分类如图5–11所示。

（一）基于GIS的公路网交通流动态监控功能

可以综合分析全区主干路网每条道路平均交通流量、平均车速、饱和度等指标，按照服务水平显示不同颜色。

（二）基于GIS 的数字化视频点播功能

可通过GIS接口集成全路网交通视频监控系统，实现视频图像的网上点

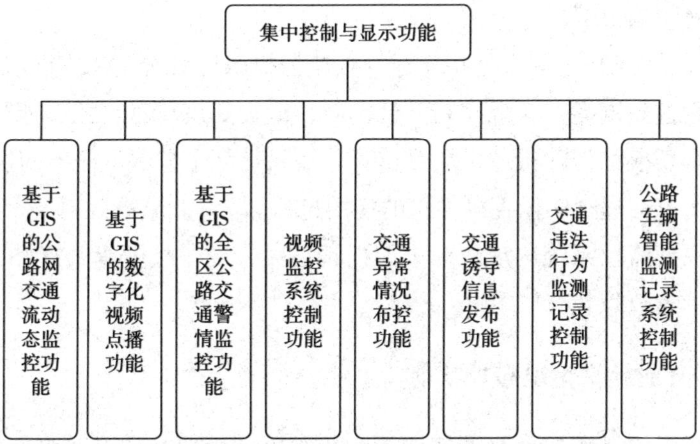

图5-11　集中控制与显示功能分类图

播、切换及控制功能。

提供对电子地图上标注的摄像机组合查询，并在GIS界面上进行定位显示。

采用鼠标点击方式或拉框查询结果后点击播放进行视频图像网上浏览，并提供视频图像的切换和前端摄像机基本控制功能。

在指挥调度应用过程中，调取提示的可用预案，响应用户选定需要执行的电视监控方案，与“视频监控接口”通信，执行所选摄像机的显示控制操作。

（三）基于GIS的全区公路交通警情监控功能

交通拥堵、事故按照警情级别分三级，分别用红、黄、绿三种颜色显示。警情类别包括：交通拥堵、交通事故、交通管制、道路维护改造、恶劣天气、危化品运输异常情况、群体性事件、车辆缉查布控报警。通过上报的各种警情信息，可结合GIS在电子地图上用不同图标标记，警情类别、级别等在GIS地图上一目了然。待警情处理完毕（警情处理状态选择处理完），系统自动记录处警信息，在GIS上消除显示图标。

（四）视频监控系统控制功能

平台应提供有交通视频监控系统前端分布或有交通警情分布图层的GIS地图。用户可以通过点击GIS地图上交通警情图标调阅交通警情信息，对监控点的坐标对应的电视监控系统前端编号、对应的预制位等信息进行维护。

用户可以选择GIS地图上的交通视频监控系统图标，系统将指定的电视信号切换到视频输出端。

用户可以在GIS地图上选择交通视频监控摄像机及预制位，显示其视频信号，可以通过软键盘，实现控制云台转动、镜头变焦/聚焦功能，摄像机预置位的设置、切换，消除摄像机预置位等。如果是某个警保卫任务的执行过程，系统记录所有交通视频监控摄像机的使用过程。

交通视频监控系统出现故障（如视频丢失、设备故障等），GIS地图上相应坐标显示为故障状态。

（五）交通异常情况布控功能

用户可以将被盗抢、交通违法行为等车辆的牌照号码及车型等信息输入系统，当系统识别出来的车辆特征符合条件时，系统识别软件能进行报警。

（六）交通诱导信息发布功能

诱导信息发布：指挥员预定义或者即时录入诱导信息，也可以是交通警察总队集成平台对所采集的交通信息进行处理后发布交通诱导信息，在有指挥员干预的情况下实现半自动交通诱导标志信息发布。

（七）交通违法行为监测记录系统控制功能

当用户需要通过平台查询由交通违法行为监测记录系统记录的违法行为情况时，可以双击GIS地图上的交通违法行为监测记录系统图标，系统显示该控制点的主要工作状态、属性等参数的当前值，也可以显示该控制点前端存储图片或视频等信息。

若交通违法行为监测记录系统出现故障，GIS地图上相应坐标显示为故障状态，用户双击控制点图标，显示相关故障信息。

（八）公路车辆智能监测记录系统控制功能

公路车辆智能监测记录系统（简称卡口系统）采用先进的光电技术、图像处理技术、模式识别技术对道路上过往的全部机动车拍下车辆的图像和前排司乘人员的特征，并自动识别出车辆的牌照。

系统对城市治安和交通安全有着非常重要的意义，它可以非常迅速地捕捉到肇事车辆、违法车辆、黑名单车辆等，对公路运行车辆的构成、流量分布、违法情况进行常年不间断地自动记录。系统为交通规划、交通管理、道路养护部门提供重要的基础和运行数据，为快速纠正交通违法行为、快速侦破交通肇事逃逸和机动车盗抢案件提供重要的技术手段和证据。

公路车辆智能监测记录系统控制功能主要包括：

1. 高清图片记录功能

准确拍摄包含车辆正面全部细节信息的高清图片。

2. 测速功能

对进入场景的车辆进行测速，并进行超速判别处理。

3. 压中线抓拍功能

对不遵守交通规则、行驶在两个车道上的车辆进行判别。

4. 逆行抓拍功能

对违规逆行车辆进行判别抓拍。

5. 车身颜色识别功能

从捕获的目标图像中识别出车辆的车身颜色和颜色深浅。

6. 车辆牌照识别功能

根据捕获的目标照片，自动完成车牌号码识别和车牌颜色识别。

二、基础信息维护功能

基础信息维护功能分类如图5-12所示。

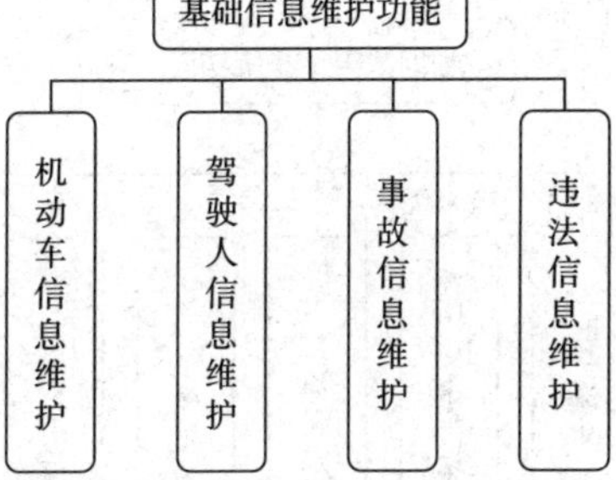

图5-12　基础信息维护功能分类图

（一）机动车信息维护

本功能提供对机动车信息数据库的维护。

（二）驾驶人信息维护

本功能提供对驾驶人信息数据库的维护。

（三）事故信息维护

本功能提供对事故信息数据库的维护。

（四）违法信息维护

本功能提供对违法信息数据库的维护。

三、辅助决策子系统功能

辅助决策子系统实现交通应急指挥中心对预案的管理，主要任务是应急预案的日常维护。该模块能够辅助工作人员编制新的应急预案，将已有的文本预案结构化形成数字预案，同时提供对预案进行查询、修改、删除、版本管理等功能。

模拟演练的目的在于提高应急处置能力，为检验和修改应急预案提供参考，同时也可用来对相关人员进行培训。

救援保障利用信息表格和地理信息系统技术，直观、准确地描述出资源的分布情况和使用情况，方便安全监管人员和应急指挥人员的使用。

辅助决策子系统功能分类如图5-13所示。

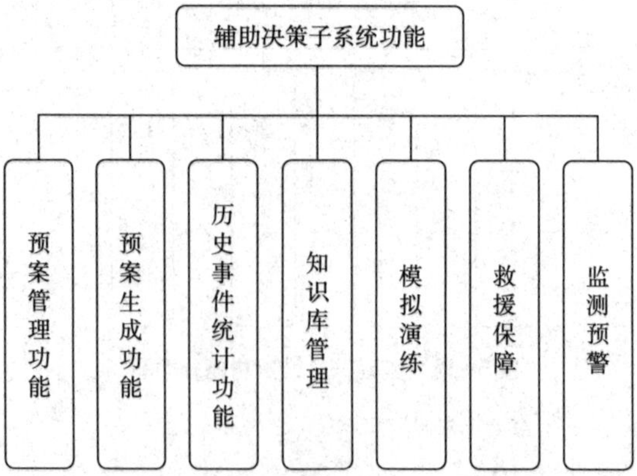

图5-13　辅助决策子系统功能分类图

（一）预案管理功能

预案管理系统要根据不同类型、不同程度案件、事件响应和处理情况，制定切实可行的各类案件、事件处理预案，以备在案件、事件发生时根据实际情况选择并采用优化方案。

（二）预案生成功能

预案管理子系统包括文本预案管理和数字预案管理两个功能模块。

1. 文本预案管理

增加、删除、修改各级各类应急预案。维护的内容包括：预案的类型、编制单位、事件类型等描述信息和预案详细内容。

2. 数字预案管理

数字预案在深入分析各种公共安全应急文本预案的内容和基础上，采用结构化的思想，将预案的各个关键部分拆分后，存入数据库，实现预案的结构化录入、快速查询和高效应用。

数字预案的一个最大优点就是能够及时快速查询到预案中的关键要素。比如，针对爆炸事故，根据事件类型预案系统能够快速关联到相关预案，并提取出其中的关键要素信息，如负责事件组织指挥的领导信息（领导的姓名、职位、电话等）。数字预案管理的主要功能如下：

（1）数字预案编辑

提供编辑界面，将文本预案拆分成基本信息、组织机构、应对与响应、相关救援力量、相关救援物资几个部分录入系统。

（2）数字预案查询

根据预案名称、类型等关键字查询数字预案，并显示预案的各个关键要素。比如，预案中规定的负责组织指挥的领导信息，负责救援的救援力量信息等。

（三）历史事件统计功能

历史事件统计功能提供对历史事件的统计报表功能，可以以图表形式展现统计结果，供指挥员参考。

（四）知识库管理

知识库是结构化、易操作、易利用、全面的、有组织的、互相联系的知识集合。在应急平台体系中，知识库是应急机构在处理应急事件中与该领域相关的基本概念、理论知识、事实数据，以及所获得的规律、常识性认识、启发式规则和经验教训的集合。

知识库管理子系统通过用户自定义的目录结构对知识进行上传管理，同时提供知识的关键字维护。

知识库管理子系统提供关键字检索，并开放接口给其他系统；在事件处置时，可以与正在处理的事件进行自动或人工匹配，为工作人员提供处警支持。

知识库系统使用目录的方式对知识进行有效管理。知识库目录树如图5-14所示。

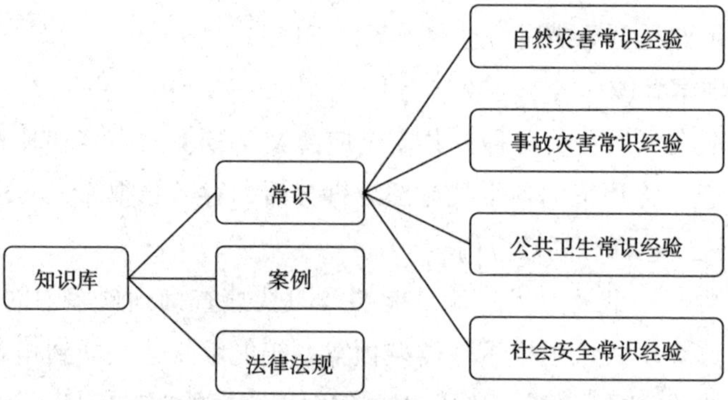

图5-14　知识库目录树示意图

目录管理模块提供增加、删除目录功能，用户可以根据自己的需要添加新的子目录或删除已有目录。

（五）模拟演练

模拟训练子系统是应急工作的重要组成部分，目的在于提高应急处置能力，为检验和修改应急预案提供参考。模拟训练系统也可用来对相关人员进行培训。模拟训练系统能够构建突发公共事件场景，对事件进行模拟仿真和分析，并能够自动记录演练过程，辅助对演练效果进行评估。

1. 演练计划制定

模拟演练计划制定是整个模拟演练系统的开始阶段，包括分组设定、人员配置、场景配置、演练流程配置、模拟演练计划管理五个环节，生成可视化的模拟演练计划。

（1）分组设定

演练指挥部根据演练目标，将相关参演单位分成若干小组，如总指挥部、专家组、值勤组、保障组等。

（2）人员配置

明确各个小组的成员与其职责，具体到每个单位每个人。

（3）场景配置

配置突发公共事件的场景。

（4）演练流程配置

确定整个模拟演练的流程。

（5）模拟演练计划管理

管理整个模拟演练计划。

2. 演练过程控制

模拟演练过程控制实现的功能包括模拟突发公共事件的触发、演练过程的全程可视化跟踪、对演练场景和流程的调整以及场景中每一步的专家评论。系统按照分布同步机制，实现不同单位对同一个演练环境的协调指挥训练。

3. 演练过程回放

模拟演练过程回放可对历史演练记录进行查询，并可按照演练过程的时间顺序进行演练的视频回放，重现模拟演练过程。

（六）救援保障

救援保障子系统对应急救援用到的相关设备、物资、场所和救援人员，建立信息档案，进行日常监测、维护、更新和使用培训，以备应急之需。救援保障是应急准备工作的重要内容。

1. 救援物资管理

对应急救援用到的相关设备、物资、场所信息的日常检测、维护、更新。

2. 救援队伍管理

对应急救援用到的救援人员信息的日常检测、维护、更新。

（七）监测预警

监测预警子系统实现灾害事故的早期预警、趋势预测。通过事先定义的预测模型，对事件做出预测分析，同时当交通视频系统、交通流采集系统和交通事件检测系统采集的数据通过分析达到事先定义的预警阈值时，对工作人员提出报警，提醒工作人员对报警区域重点关注，从而减少和避免灾害事故的发生。

在应急管理模块与调度指挥模块联合部署的情况下，监测预警功能将在调度指挥模块中予以实现。

1. 预测预警

系统从指挥调度模块获取当前交通状况采集的信息，根据事先定义的预测模型，对交通流、灾害进行分析。当预测数据和动态数据达到事先定义的各级预警阈值时，对工作人员进行报警。

预警分级模型：采用基于模糊模式识别理论的模糊综合评判法，通过对事件的类型、伤亡人数、发展速度和发展趋势以及可用的救援力量等因素进行综合评价，从而对事故的预警等级进行界定。

2. 模型管理

对预测模型提供管理，可以对模型的预测参数进行信息调整和配置。

交通流预测模型：适用于交通运营高峰期对交通流量变化的模拟分析。基于历史同期数据，模拟客流可能的变化趋势。结合监测网络采集到的数据，预测未来客流的变化情况。

3. 预警信号管理

对各级预警信号进行管理，系统分别以黄色、橙色和红色等不同颜色的信号代表不同级别的预警，同时提供预警信号的增加、修改、删除等功能。

4. 预警阈值管理

针对不同预警信号，系统定义了不同的预警阈值，并提供信息调整、配置等功能。

四、应急指挥系统功能

应急指挥系统通过半自动化的方式，满足同时处置多起突发事件的实际工作需求，集中体现了应急处置中现代信息技术所提供的高效率和智能性的特点。

系统涵盖了应急事件处置的全过程：平时的预防准备、事前的监测预警、事发时的应急响应，以及事后的评估等。

● 实施对专业队伍、储备物资、救援装备、通信保障和医疗救护等应急资源的动态管理，为应急指挥调度提供保障。

● 利用监测网络，掌握重大危险源、关键基础设施以及重要防护目标等空间分布和运行状况信息，进行动态监测，分析风险隐患，对可能发生的突发公共事件进行预测预警。

● 实现突发公共事件信息的接报处理、跟踪反馈和情况综合等应急值守业务管理；接收上级部门下达的指挥协调指令，并按照统一格式，在事发时及时向有关部门报送特别重大、重大突发公共事件信息。

● 突发公共事件发生后，通过汇总分析相关地区和部门的预测结果，结合事件进展情况，对事件影响范围、影响方式、持续时间和危害程度等后果进行综合研判。

● 根据有关应急预案，利用对突发公共事件的研判结果，通过应急平台对有关法律法规、政策、安全技术要求以及处理类似事件的案例等进行智能检索和分析，并咨询专家意见，提供应对突发公共事件的指导流程和辅助决策方案。

● 自动记录事件的应对过程。根据有关评价指标，对应急过程和能力进行综合评估。同时，可在应急平台上进行应急处置模拟推演，提高相关人员突发事件处置的能力和效率。

在应急管理模块与调度指挥模块联合部署的情况下，应急管理模块的部分功能将在调度指挥模块中予以实现。

《中华人民共和国突发事件应对法》将突发事件的应对处置分成四个阶段：预防与准备、监测与预警、处置与救援和恢复与重建。防灾应急模块按照这四个阶段对应急各子系统进行分类、整合，具体功能结构图如图5-15所示。

（一）总体流程

应急指挥管理模块核心流程如图5-16所示。

预测预警子系统针对结构化的电子数据，如实时数据交换的状态信息、报告数据等，根据预先设定的条件和阈值，进行自动预警，有异常情况，立即生成系统预警警告。

当突发事件发生时，系统接收到报警信息，由值班人员汇总，并启动灾

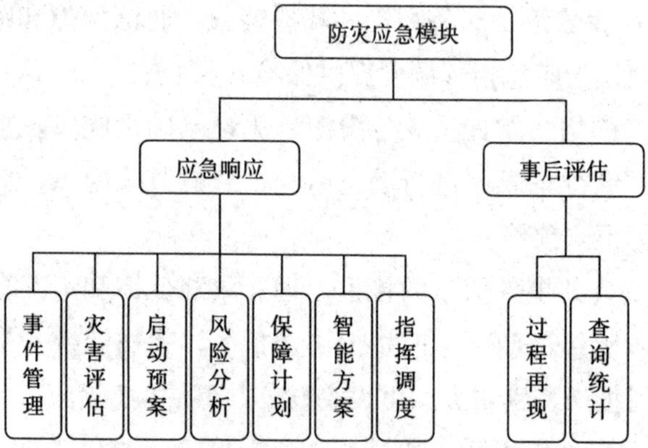

图5-15　防灾应急指挥子系统功能结构图

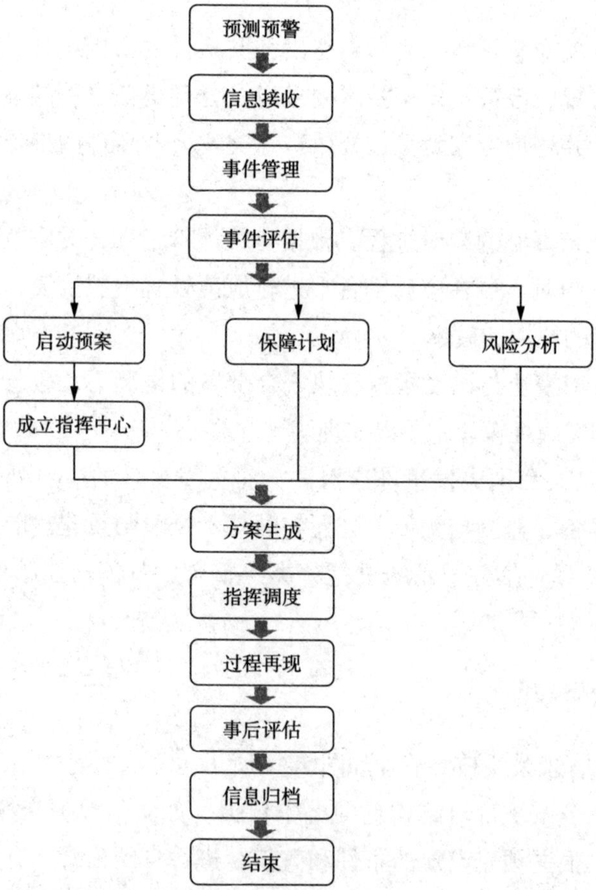

图5-16　应急指挥管理模块核心流程图

害评估子系统，并以建议的方式给出级别评估；值班人员进行初步分析，根据不同的评估级别，启动相应的处理流程和预案，通知相关人员，并生成风险分析报告和资源保障计划，为会商做准备。

在收到突发公共事件初步报告后，应急指挥中心功能全面启动，由决策者（领导）和专家组针对事件情况，进行会商与评估，根据预案制定应急措施，生成行动方案，形成任务书并下达。

在事件发生过程中，应急指挥中心需要不断地跟进事件的最新情况以及应急措施的执行情况及时报告给关注该事件的领导和专家，进行会商与评估，制定下一阶段的应急措施。

随着事态的好转，及时进行应急终止。应急终止后进行事件的过程再现、后期评估，系统将该事件所有相关资料进行归档。应急指挥中心功能恢复到平时状态。

（二）系统功能

1. 应急响应

在发生突发事件后，事件管理系统通过数据交换平台接收到报警信息，并将这些信息按事件分类，综合管理，供运营管理中心工作人员详细了解事态的发展，同时本系统支持报警信息的直接录入，方便电话等方式接警后事件的处置。

（1）手工接警

接到事件报告后，对报告部门、报告人、报告时间、事发时间、地点、事件类型、事件经过、已采取措施、事故原因初步判断等基本情况进行记录。

（2）事件管理

事件管理模块把针对同一事件，来自相关部门和其他系统的多条上报信息进行综合，编辑形成关于该事件的事件信息，后续分析研判均是针对此信息进行的。

系统将突发事件分为自然灾害、事故灾难、公共卫生、社会安全四大类型，并对每一大类进行更详细的子分类，包括水旱灾害、气象灾害、地震灾害、地质灾害、火灾事故、道路交通事故、水上交通事故、铁路交通事故、城市轨道交通事故、民用航空器飞行事故、基础设施和公用设施事故、踩踏事件、传染病事件、食品药品安全事件、群体性不明原因疾病、群体性事件、刑事案件、民族和宗教事件、涉外事件等。事件管理的首页，当选择不同的事件进行处理时，系统会以列表的方式列出该类型事件所关联的预案、案例、知识、法律法规；同时系统根据具体事件的事发地点、时间、事件类型，做出周边情况的初步分析，以列表的形式展现周边的重点防护目标、客流、次生衍生事件等信息。

2. 灾害评估

不同级别的事件，有着不同的处理流程和应急预案。灾害评估子系统根据预置的评估指标，提供事件级别的评估功能，并提供处理流程和预案选择的建议。确定事件的评估级别之后，灾害评估子系统对突发事件进行综合预测，分析可能引发的次生事件，分析可能影响的目标。

（1）分级核定

①分级建议。系统根据各项预案，针对不同类型事件提供各种分级指标。系统根据事件信息汇总分析，与各项分级指标进行比对，得出事件的建议级别，并以表格形式展现对预案选择和处理流程的建议。

②核定。由值班人员进行核定，并确定事件最终的评估级别。

（2）综合预测

①影响范围。根据事件评估级别，确定事件的危险区、缓冲区和安全区域，并在电子地图上显示。

②影响范围内查询。得到影响区域内的客流统计信息，得到相应区域内的各类目标、保障资源、避难场所、救援力量等的分布信息，分别通过表格的形式展现。系统利用地理信息系统功能，存储所有目标的所在位置信息，系统可以根据表格信息自动查找到资源所在的地理位置，并在电子地图上显示。

③次生衍生事件。通过原生事件可能直接触发的次生衍生事件，或通过原生事件影响目标对象触发的次生衍生事件，形成事件链，以图形的形式展现出来。

（3）分级指标管理

预案中，不同类型的事件，有着不同的分级指标。本模块将分级指标结构化，并对分级指标（标准）进行维护，提供分级的标准。

（4）次生衍生事件配置管理

对不同类型原生事件的次生衍生事件进行配置维护。维护的内容包括可以触发的次生衍生事件和触发方式。对于非直接触发的次生衍生事件，还要配置触发条件。

3. 启动预案

事件发生后，根据相关预案规定进行响应，关联相关责任部门，组成该事件处置的指挥机构。

（1）启动指挥工作

系统根据当前处置事件的类型自动匹配相关预案；同时系统将根据预案规定，以列表的方式展现出相关责任部门及人员；运营管理中心工作人员在系统中录入指挥机构信息，并根据预案中规定的负责组织指挥的领导信息，在人员列表中选出指挥机构的组成人员，启动指挥工作。

（2）通知

利用系统提供的手机通信方式，将事件概况等信息通知指挥机构的组成人员。

4. 风险分析

风险分析模块主要是对事件可能影响到的目标进行分析和信息展示（目标主要包括危险源和重点防护目标），并能够通过输入的条件对危险源和防护目标的信息进行过滤；同时管理系统生成的历史报告。

（1）风险分析报告

①关注目标类型。系统根据事件的类型，查询出需要关注的目标类型，并通过这些目标类型，对系统中管理的目标进行查询、过滤。

②关注目标显示。系统将全部危险源、防护目标信息由数据库统一管理，并按照根据需要关注的目标类型，将相应的目标具体信息，分别显示在表格中。目标信息的查询，可以使用点加半径的方式，调用地理信息系统的 webservice 接口完成，或者通过人工选择区域的方式进行。

③资源定位。表格中显示了目标的属性信息（比如名称、所属单位、数量等），系统利用地理信息系统功能，存储了所有目标的所在位置信息，系统可以根据表格信息自动查找到资源所在的地理位置，并在电子地图上显示。

④生成风险分析报告。通过以上对关注目标的检索结果，自动生成风险分析报告。

（2）历史报告管理

对事件处置过程中生成的历史分析报告进行维护，可以在勾选后，通过风险分析报告模块进行展现。

（3）目标类型配置

发生不同类型的事件，需要关注的目标类型不同。例如，发生火灾时，会关注火灾易发区、火灾易燃区、易爆危险区、电击危险区等危险目标。这里提供事件类型与目标类型的关联关系维护，便于分析时进行筛选、过滤。

5. 应急保障

应急资源管理与调度子系统主要用于突发公共事件处置过程中对救援力量、救援物资、救援装备、应急专家、医疗力量等应急资源的调度。该系统利用信息表格或地理信息系统技术，直观地向应急指挥人员展示现有的应急资源的数量、位置以及分布状况，为应急指挥人员制定资源调度方案提供辅助手段和工具。

（1）保障计划

在突发公共安全事件的资源调度中，应急指挥人员如果掌握了其所能调用资源的信息，将极大地提高其决策的准确性。基于此，系统提供对现有的应急资源信息资源的查询功能，供指挥人员决策时参考。其组成部分包括如下几点：

①应急资源显示。系统将现有的救援力量信息、救援装备信息、救援物资、应急专家等信息由数据库统一管理，并按照如上分类；将每个资源的具体信息，分别显示在表格中。资源信息的查询，可以使用点加半径的方式，调用地理信息系统的webservice接口完成，或者通过人工选择区域的方式进行。

②现有资源信息统计。由于应急资源数量大，系统除了显示每个资源的具体信息之外，还统计了每一类资源。比如，发生火灾时，需要调动防火专用物资、医疗与消防等救援队伍，系统按照这些类别统计出资源总量。

③资源定位。表格中显示了资源的属性信息（比如名称、所属单位、数量等），系统利用地理信息系统功能，存储了所有资源的所在位置信息，系统可以根据表格信息自动查找到资源所在的地理位置，并在电子地图上显示。

④生成保障计划。通过以上对相关资源的检索结果，自动生成应急保障计划并配有专题图。

（2）历史计划管理

对事件处置过程中生成的历史保障计划进行维护，可以在勾选后，通过保障计划模块进行展现。

（3）正常类型配置

发生不同类型的事件，需要关注的资源类型不同。例如，发生火灾时，除了一般的应急物资、救援队，还需要关注防火专用物资、灭火救援队等资源情况。这里提供事件类型与资源类型的关联关系维护，便于分析时进行筛选、过滤。

6. 行动方案

行动方案子系统根据各级各类预案，利用预测分析和研判结果，结合突发事件救援组织体系和工作流程、现场应急救援力量和应急救援物资等情况，通过处置救援平台对有关法规、政策、安全技术要求以及处理类似事件的案例等进行智能检索和分析，并咨询专家意见，提供应对突发事件的指导流程和辅助决策方案。

针对突发公共事件的发展过程，生成多种可选择的应对技术方案，供决策时使用。

（1）方案生成

①查询信息。获取和查询与事件有关的信息。

②分析研判。对预测预警分析结果与获取的有关信息进行综合分析和研判。

③确定应急方案的要素。根据相关预案、事件类型和级别、分析和研判结果、周围环境信息、应急处置力量和其他应急资源等，确定应急方案的要素（如事件接报信息、周围环境信息、处置流程、组织机构、处置措施、应急保障、善后恢复等）。

④生成应急方案。根据所确定的应急方案要素，自动或人机交互的方式生成各项要素的内容，组成应急方案。

⑤选择方案。根据不同的优化目标或比对要素（如人员伤亡最少、财产损失最小、应急费用最省、应急效率最高、社会影响最小等），并结合领导和专家的知识和经验，对所生成的多个方案分析和比对，以自动或人机交互的方式给出方案的排序，供领导决策时参考采用。

（2）方案管理

方案是一个综合各种数据形式的决策资源库。方案管理功能是实施对这些资源的有效管理及维护，主要功能是对过去已经生成的方案进行浏览、查询、修改、增加、删除、分析、统计等。

7. 事后评估

（1）过程再现

过程再现子系统记录了事件处置过程中组织机构建立、信息接报、风险监测、预测预警、应急处置、指挥调度、决策支持等关键环节的操作。在突发事件处置完毕后全面再现事件的处置过程，并提供归档保存的功能，为应急管理人员对应急能力的评估提供辅助，并可作为之后类似事件处置的参考。

过程再现即对处置过程中组织机构建立、信息接报、风险监测、预测预警、应急处置、指挥调度、决策支持等指定环节进行再现。

（2）大事记

对事件处置的全过程导出并归档保存。

8. 查询统计

查询统计子系统对历史事件及事件处置过程中产生的各类分析、报告、方案等提供查询的功能，并且提供丰富的报表报告功能，可根据各种要求以图表和二维表等形式展现。报表可导出为Excel、PDF文件，并且可以作为PDF或Excel文件立即发送到指定的E-mail邮箱。

五、指挥调度子系统功能

指挥调度子系统工作流程如图5-17所示。

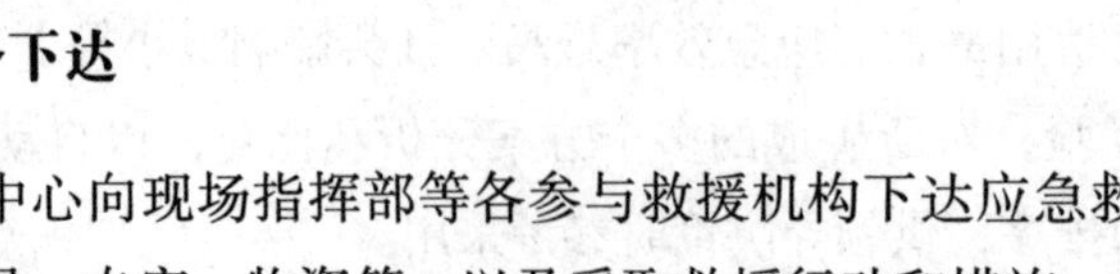

图5-17　指挥调度子系统流程图

（一）任务下达

应急指挥中心向现场指挥部等各参与救援机构下达应急救援任务，要求其调集救援人员、专家、物资等，以及采取救援行动和措施。

（二）任务反馈

现场指挥部等各参与救援机构接收应急指挥中心下达的各项任务，并及时、准确地向应急指挥中心反馈任务的执行情况。任务反馈可以多种形式，如即时文字交流、图片信息、音视频信息，以及文档等。

（三）任务跟踪

应急指挥中心查看现场指挥部等各参与救援机构的各种形式的反馈信息，掌握当前各救援机构的任务执行情况，以便后续进一步对应急救援做出新的决策。

（四）任务管理

应急指挥中心对各项任务进行管理，包括：任务的增加、查询、修改和删除。

（五）报告接收

在应急处置过程中，应急指挥中心接收、查看现场指挥部等各参与救援机构对突发事件及其处置进展所做的阶段性报告，掌握事态进展和救援进展的最新情况。处置结束后，应急指挥中心接收、查看现场指挥部和事发地区负责人对事件情况的全面报告，掌握突发事件从发生到处置结束的各阶段情况。

（六）报告上报

在应急处置中，现场指挥部等各参与救援机构阶段性地向应急指挥中心报告事态发展和应急救援进展，以及即将采取的救援措施和预计效果等情况；处置结束后，现场指挥部和事发地区负责人向应急指挥中心报告事件的整个处置过程、处置经验和教训等情况。

六、勤务管理子系统功能

勤务管理子系统包括对民警、警用装备、警车、勤务安排的统一管理，并为交通管控和辅助决策提供支持。勤务管理子系统功能模块如图5–18所示。

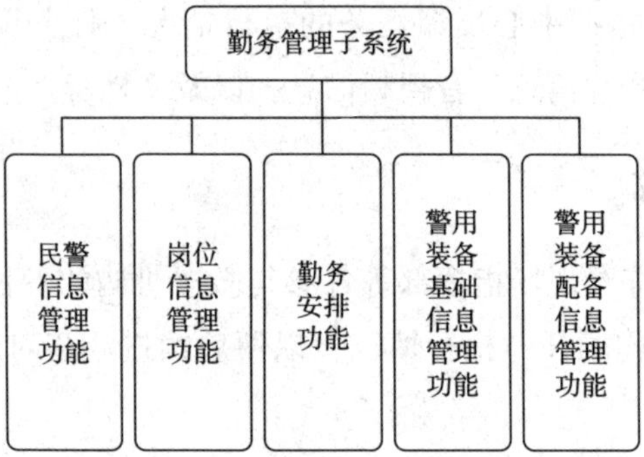

图5-18 勤务管理子系统框架图

（一）民警信息管理功能

主要是对民警、民警所在组织的基本信息进行维护，维护的结果可供勤务安排、警用装备与交通设施的领用、交通管控等操作时查询和调用。

（二）岗位信息管理功能

基于GIS 界面和窗体对岗位信息进行维护和查询，以便及时记录所管辖的警区、岗位、备勤地点等岗位的设置及变更情况。

（三）勤务安排功能

建立一段时间内不同中队（民警）不同时段在不同岗位的勤务安排。

（四）警用装备基础信息管理功能

这个功能用以实现对警用装备的基础信息，如装备属性、类型、运行状态、售后服务等信息的维护。

（五）警用装备配备信息管理功能

民警/警车警用装备配备情况管理：这个功能用以记录民警/警车所配备的警用装备信息。

车载终端分配信息管理：这个功能用以实现对特定定位终端分配相关号码，并将其分配给特定车辆和民警。

七、运行维护管理功能

建立交通设施管理系统与交通设施基础资料库，为公安局交警支队管辖范围内的各项道路交通设施的建设、管理和维护等业务工作提供信息系统支持，实现交通设施的建设维护规划、工程实施、故障抢修、数据维护、信息查询、资产管理等一系列业务工作的信息化管理。

交通管理设施包括：交通标志、交通标线、交通岗亭、交通护栏等。交通管理设备重点指智能交通控制系统设备，按用途分为子系统设备、指挥调度系统集成设备、网络通信设备和其他辅助性设备。

（一）设备信息

1. 交通视频联网监控系统的设备信息

交通视频联网监控系统需要维护的设备信息主要包括：

（1）摄像机信息

编号、型号、安装位置、安装日期、厂商、运行状态、维修记录（故障描述、故障原因、维修单位、经办人）。

（2）主控机信息

编号、型号、安装位置、安装日期、厂商、运行状态、维修记录（故障描述、故障原因、维修单位、经办人）。

（3）编码器

编号、型号、安装位置、安装日期、厂商、IP地址、运行状态、维修记录（故障描述、故障原因、维修单位、经办人）。

（4）视频服务器

编号、型号、安装位置、安装日期、厂商、IP地址、运行状态、维修记录（故障描述、故障原因、维修单位、经办人）。

2. 交通智能卡口系统的设备信息

（1）路段设备信息

编号、型号、安装位置、安装日期、厂商、IP地址、运行状态、维修记录（故障描述、故障原因、维修单位、经办人）。

（2）监控中心接入设备信息

编号、型号、安装位置、安装日期、厂商、IP地址、运行状态、维修记录（故障描述、故障原因、维修单位、经办人）。

3. 交通诱导系统的设备信息

（1）诱导屏信息

编号、型号、规格、色彩属性、安装位置、安装日期、厂商、IP地址、运行状态、维修记录（故障描述、故障原因、维修单位、经办人）。

（2）监控中心接入设备信息

编号、型号、安装位置、安装日期、厂商、IP地址、运行状态、维修记录（故障描述、故障原因、维修单位、经办人）。

4. 接处警系统的设备信息

接处警终端设备信息主要包括：编号、型号、安装位置、安装日期、厂商、IP地址、运行状态、维修记录（故障描述、故障原因、维修单位、经办人）。

5. 交通流信息分析系统的设备信息

检测设备信息主要包括：编号、型号、安装位置、安装日期、厂商、IP地址、运行状态、维修记录（故障描述、故障原因、维修单位、经办人）。

6. 交通信号控制系统的设备信息

信号灯编号、型号、布设位置、安装日期、IP地址、运行状态、维修记录（故障描述、故障原因、维修单位、经办人）。

对外场设备和平台的设备、通信网络、供电电源（包括UPS）等，确定设备的故障和失效情况，并记录系统运行状态。对关键设备和事先设定的设备，一旦发生故障，立即报警。

（二）运行维护管理功能结构图

运行维护管理的功能结构如图5-19所示。

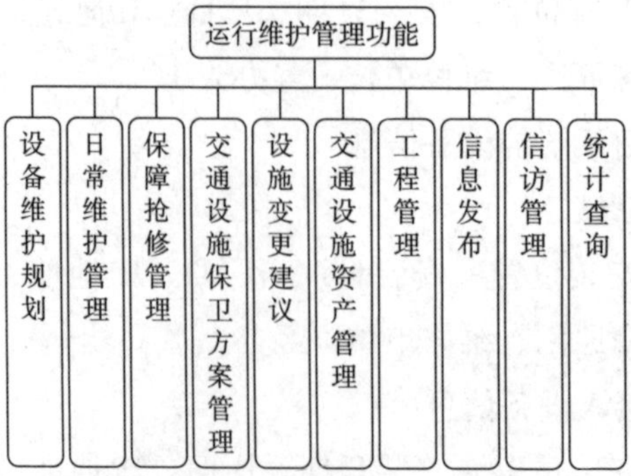

图5-19　运行维护管理功能结构图

1. 设备维护规划

根据各项设施（如交通信号灯岗、电子警察等）的现状，制定今后的建设实施计划；根据设施（如交通标线、护栏等）的使用年限和维护检修记录，制定年度的维护、更新计划。

2. 日常维护管理

日常维护管理包括：对实施各项设施维护任务的工程量预算、工程委托书的填写、审批、下达、实施情况反馈以及数据入库更新等一系列工作的管理。

3. 保障抢修管理

保障抢修管理主要是实现多种交通设施保障途径，同时对保障信息进行分类处理。保障抢修管理包括的功能有：交通设施故障上报、人工录入故障信息、数据分类并下达、抢修结果反馈、历史保障信息查询与统计、故障信息的短消息通知等。

4. 交通设施保卫方案管理

交通设施保卫方案管理是指针对不同地点、不同内容的交通设施保卫任务，实现地图、文字、表格、图像等内容相结合的设施方案制定、调用与下达。

5. 设施变更建议

设施变更建议是对交警大队提交的交通设施变更建议书的统一管理。系统功能包括：设施变更建议的填报（内容包括文字、图等）、审批流程（可行则进入施工委托流程，否则存档备案）、变更建议的跟踪与实施过程的管理。

6. 交通设施资产管理

交通设施资产管理是对交警支队的交通设施资产的管理，包括现有设施的种类、型号、数量、使用情况管理、仓存管理、损坏设施赔偿情况记录、库存查询统计等的管理。

7. 工程管理

工程管理是对交警支队内部的交通设施工程项目、市政道路改造工程项目的全程记录、跟踪及相关的日志记录等的管理。

8. 信息发布

对用户发布通知文件、设施考核情况、各项设施数据信息及统计报表等内容的过程管理。

9. 信访管理

即对群众信访、来函等与交通设施相关的信息进行管理。具体操作是对相关信息按交通设施的不同类型（如标志、标线、护栏等）进行统计，交通设施管理系统管理员对统计出来的内容进行相关的业务处理，并记录处理结果和跟踪信息等。

10. 统计查询

即对交通设施的故障信息、维修信息、变更信息、资产信息、工程信息、发布信息等进行查询和统计。交通设施管理系统至少提供的查询、统计功能如下：

（1）信息查询

提供某范围、某路段、某时间段、某设施项目或某属性等交通设施信息的查询功能，查询结果能够生成统计报表或文件。

（2）文件查询

提供从集成指挥调度系统所获取的文件查询。

（3）统计数据查询

提供工程资金的核算、工程量的查询统计与分类汇总等信息的统计功能，统计结果能够生成统计报表或文件。

（4）信息复制

提供查询、统计结果页面直接复制的功能。

（5）信息打印

提供查询、统计结果打印的功能。

（6）信息导出

提供查询、统计结果导出Excel文件和CSV格式文件的功能。

八、交通流信息分析系统功能

交通流信息是指交通状况信息，主要包括交通流量、车道占有率、车速和行程时间等交通特性、交通事件和拥挤程度信息。这些信息都是依靠交通流采集系统来提供实时动态交通信息的。

交通流信息分析系统功能如图5-20所示。

（一）数据分析处理功能

系统定时（如每小时）进行数据的分析计算。将目前流量数据表中的数

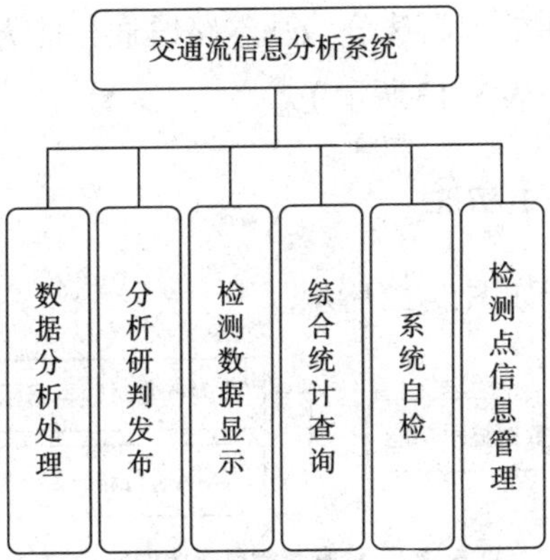

图5-20 交通流信息分析系统功能框架图

据进行分析计算，换算成小时流量写入流量历史记录表，以供查询统计使用。对目前流量数据表中的已处理的数据进行删除清理，然后将数据换算为统一格式的有效数据，并进行存储。

（二）分析研判发布功能

分析研判发布功能如图5-21所示。

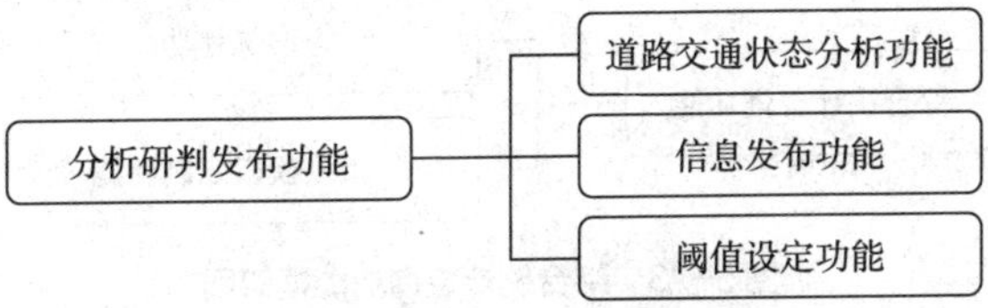

图5-21 分析研判发布功能框架图

对采集的各种数据进行计算分析，科学判断道路交通流状态级别，提供警告并表示警告等级。研判结果可以对集成平台系统、公安网用户、交通诱导系统、互联网、电台、电视台进行发布。

1. 道路交通状态分析功能

系统通过对采集的各种数据进行分析，计算出交通流量饱和度，并与设定的阈值进行比较，判断交通状态，存入数据库。

2. 信息发布功能

系统提供对道路交通状态分析结果的查询接口，供其他系统调用。

3. 阈值设定功能

通过系统界面，用户设定交通流状态判断依据的阈值。系统根据2000年交通部公路科学研究所的《高速公路基本路段通行能力研究报告》，将交通流状态分为四级（见前文表5-13所示）。

（三）检测数据显示功能

检测数据显示功能如图5-22所示。

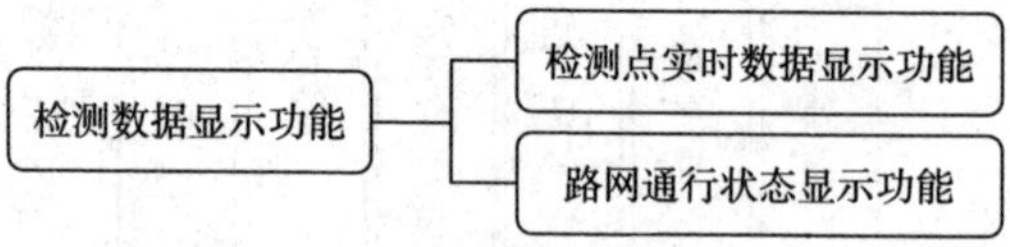

图5-22　检测数据显示功能框架图

以文字方式显示检测器或检测点的实时的基础数据。系统在地图中可以指示路网的通行状态，用户也可选择以文字列表的方式显示当前拥堵的路段及其拥堵级别。

（四）综合统计查询功能

综合统计查询功能如图5-23所示。

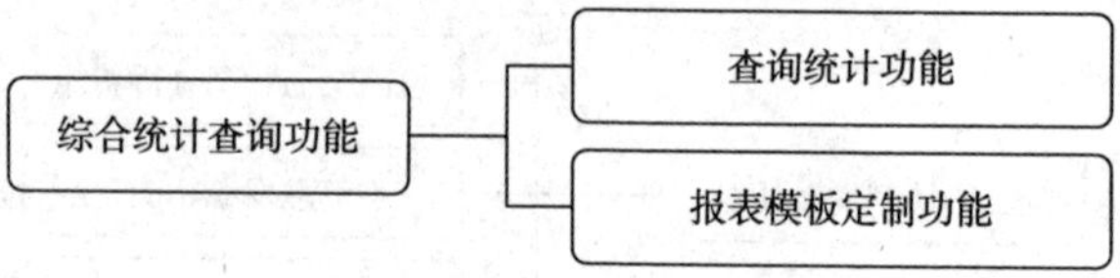

图5-23　综合统计查询功能框架图

系统可以根据时间范围、查询周期（1分钟、5分钟、10分钟、60分钟）进行查询统计；推算参数查询，包括车辆折算当量、密度、饱和度或占有率；统计、报表分析，根据流量历史数据库，可以浏览任意检测点的日、周报表，能够进行任意检测点任意时段的车道流量、车型、平均车速等多种条件组合的数据查询，可同时选取多个检测点进行比较，并能生成报表，提供多种显示方式显示上述分析结果，提供报表存盘、打印功能。

1. 查询统计功能

（1）存储打印功能

可对各类检测数据进行查询统计及报表的存储、打印等操作。

（2）分类查询功能

查询统计数据类型：流量、平均车速、占有率、车型等。

（3）图表处理功能

查询统计可选择按天或按周进行，并以表格、曲线图等形式输出。

（4）定点查询功能

查询统计可选择按单检测点、多检测点等不同方式进行。

2. 报表模板定制功能

查询统计为插件模式，通过本功能用户可以随时根据需要定制报表模板。

（五）系统自检功能

对检测点的硬件或传输故障，系统能自检并产生报警信息通知系统值班员。

系统自检功能框架如图5–24所示。

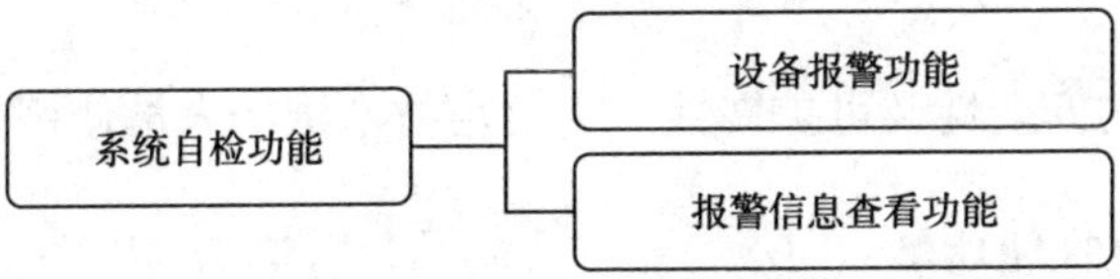

图5–24　系统自检功能框架图

1. 设备报警功能

（1）自动报警功能

系统接收到检测点的硬件或传输故障信息，自动生成报警信息并通知系统值班员。

（2）地图显示功能

地图上，报警位置的检测点图标颜色改变，标示其故障状态。

2. 报警信息查看功能

（1）地图查看功能

在地图上查看所有故障设备的位置信息。

（2）文字显示功能

以文字列表的方式显示报警监测点的基础信息。

（六）检测点信息管理功能

可以添加、编辑、删除检测点及其位置信息，信息内容包括：检测点编号、地点编号、地点名称、经纬度、归属、检测方向、车道编号、相对位置等。

九、系统管理功能

本系统提供系统用户管理和角色管理功能（如图5-25所示）。

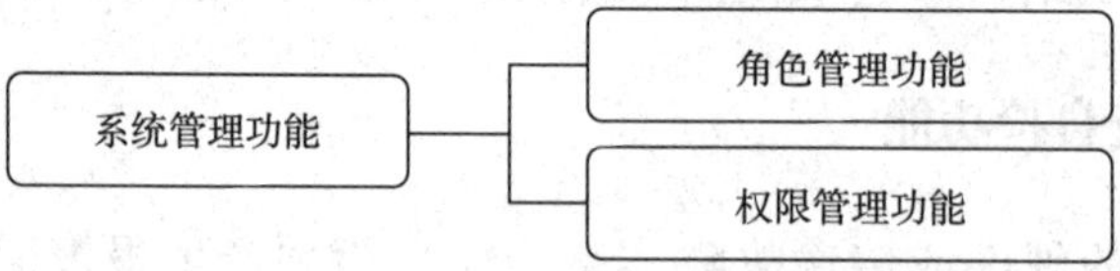

图5-25　系统管理功能框架图

（一）角色管理功能

保证系统的安全性及可扩展性。主要由技术维护人员使用。

（二）权限管理功能

用以保证系统的安全性及可扩展性。主要由技术维护人员使用。

拓展阅读

张少虹. 高速公路视频检测系统[J]. 电子技术与软件工程，2016（08）：168-169.

第六章

智慧交通建设

【引言】

智慧交通系统将智慧交通的先进技术手段，包括车辆检测、控制技术、信息技术、数据通信传输技术、电子控制技术和计算机等综合运用于整个智慧交通运输管理体系之中。它是运用“信息化”和“智能化”来解决旅游过程中旅游安全管理、处理交通事故、提高旅游效率等问题的综合管理系统。它综合考虑人、道路、交通、车辆等因素，实现智慧交通及运输的优化，是保障社会可持续发展的一个先决条件。智慧交通系统能够提高智慧交通运输的效率和管理水平，满足现代人们旅游的需求。本章主要介绍我国智慧交通系统的构建及相关条件。

【学习目标】

- 了解我国智慧交通系统的功能结构。
- 了解构建智慧交通系统的市场条件。

【导入阅读】

建设智慧交通之我见[①]

道路交通管理离不开人、车、路、环境四大要素。让这四大要素“互联互通、共享共治”，通过共建、共享、共治，破解交通治理难题，引领智能交通治理体系的变革发展，一直以来是各地公安交管部门不断探索的重要课题。

① 刘莉，徐海晨. 建设智慧交通之我见[N]. 人民公安报 · 交通安全周刊，2019-04-19(003).

一、我国智慧交通的发展历程

人工管理向自动化管理转变。20世纪90年代中期以前，人、车、路等信息主要靠手工登记、人工管理，直到1997年3月，公安交管部门创新应用全国第一套用于拍摄闯红灯违法行为的电子监控设备（被命名为“电子警察”），标志着交通执法由人工向自动化方向的转变。同时，为适应新形势的指挥勤务调度，车牌自动识别卡口系统、122接处警、350兆对讲台、警力布控、LED大屏智能指挥等系统应运而生，实现了最初步的交通要素互通、管理工作统筹，并初具综合调度自动化功能，为智能交通管理构建打下了坚实基础。

自动化管理向信息化管理转变。随着城市化进程的加快，城市流动人口数量迅猛增加，人、车、路矛盾日趋凸显，引发了交通常态化拥堵、公共安全事件等治理问题，道路交通管理已经不仅限于交通领域，显现共治的萌芽。为了解决新出现的问题，智能交通逐步形成信息化、集成化、规模化发展。2004年，深圳交警率先开发移动警务PDA，实现实时查询车辆信息、开具法律文书、定点签到，有效规范民警执法，执法效率提高了几十倍。

信息化管理向智能化管控转变。随着互联网+出行模式给群众生活带来便利的同时，也引发了交通安全管理乱点、难点、热点问题。仅靠交通管理者已无法解决交通问题，必须借助社会各方面力量协同共治。各地政府启动智慧城市建设，从全局角度、更大维度、更高层面推动城市综合治理体系的建设。对智慧交管进行了重点规划，通过与社会力量共建共治共享推动交通体系治理，统筹兼顾法治社会、文明城市等建设，并充分利用大数据、人工智能等先进技术创新解决方案，由简单的信息化管理逐步过渡到数字化、智能化、智慧化管控。

二、智慧交通的发展方向

笔者认为，智慧交管应具备两个能力。一是“智慧+”的能力。要具备先进的感知、分析等信息化应用的“智慧”，能够支撑交管工作更精准高效，具备为交管“赋能”的能力。二是深化警务变革的能力。要以“智慧+”为切入点，积极推进警务变革，打造现代警务机制，力求警务体系与“智慧+”能力无缝链接，使交管工作发挥更好、更大的作用。

创新联创机制。坚持开放共享创新理念，深入探索由交通、情报、勤务等各业务部门牵头负责，多家顶尖科技企业参与技术支持的新机制，在实战、治堵、服务等方面开展创新应用，成立信号控制、视频分析等多个联创实验室。

实现整体规划。智慧交管不仅要起到保障“互通”的作用，更应引领城市新功能、新发展、新规划，是先行者和践行者。目前，各地智慧交通项目纷纷立项，且初步形成智慧交管支撑体系，大幅提升了交通秩序管理服务水平，引领了城市新功能、新发展、新规划。

打造交通大脑。通过统筹规划、分布建设、统一管理，打造整体“城市交通大脑”，实现数据、业务的深度融合，人、车、通行空间及时间的整体管控。

第一节　我国智慧交通系统的构建

一、智慧交通系统构建的总体原则

智慧交通系统战略目标的确定，必须考虑社会经济发展要求、现有旅游景区基础条件、交通运输的组织管理体制以及外部环境等因素。需要对处于不同管辖区域内的多个信息系统、现有的交通设施进行整合，以保障旅游过程的顺利畅通。系统开发涉及众多技术领域，不同学科背景的专家应参与及协调，应将交通设施的规划设计同旅游特点相结合，以达到交通需求与旅游需求的协调，并着重从规划控制、交通环境的优化、可持续发展、静态交通的设置、交通设施建设的改善等各个方面加以综合考虑，追求当前实际与未来的共生、交通设施区位与交通网络的共生，从而使整体交通设施的功能最佳化，形成一个快速、舒适、安全、便捷的智慧交通网。

二、智慧交通系统的结构和功能

智慧交通系统的主要目的，就是保障智慧交通的安全性、舒适性、准时性和高效性。根据我国智慧交通的特点和现有的智能运输相关技术条件，我们将我国智慧交通系统的构建划分为一个中心：智慧交通指挥中心；四大系统：智慧交通信息检测系统、智慧交通通信服务系统、智慧交通信息服务系统和智慧交通安全支持系统。

（一）一个中心：智慧交通指挥中心

智慧交通指挥中心具有现代化的决策、指挥、调度能力，是各子系统的汇合点，是整个智慧交通的中心枢纽，是智慧交通指挥控制决策系统。该系统主要是通过收集到的相关信息进行分析，适时掌握智慧交通脉动，快速感知智慧交通现状，结合当地旅游景点的具体情况，向各子系统发出相应的指令，为管理者提供辅助决策的参考。

（二）四大系统

1. 智慧交通信息检测系统

系统利用基于计算机视觉和图像处理技术的交通信息检测技术，根据检测路段的位置不同可以分为市区旅游重点路段检测系统和周边地区旅游重点路段检测系统。在发生突发事件时能在第一时间做出反应。将经数据融合处理分析后的路况信息传回到智慧交通指挥中心，帮助管理人员对旅游车辆进行合理地引导。

2. 智慧交通通信服务系统

系统采用先进的通信网络信息技术、多媒体技术，把检测系统提供的流量、路况、拥塞、事故、安全等各种交通信息和旅客需要知道的各种服务信息迅速传递到指挥中心和相关部门，使指挥中心、旅客、驾驶员和旅游公司之间做到紧密合作，人、车、路之间实现充分协调。这就保证了指挥中心可以从多种途径获取多元智慧交通信息，从而为指挥中心准确地对智慧交通进行协调提供有力的信息支持保障。

3. 智慧交通信息服务系统

（1）地理信息子系统

智慧交通地理信息子系统是收集、存储、管理、综合分析和处理空间信息和交通信息的计算机软硬件系统，是GIS与多种交通信息分析和处理技术的集成。结合GPS技术，能够为旅游者提供实时动态交通信息服务，改善出行方式，也能够为道路管理者提供控制信息，大大提高现有道路的通行能力和安全性。

（2）气象服务子系统

智慧交通指挥中心通过气象服务子系统获取各旅游景点旅游道路的实时

气象信息，从而较为准确地预测智慧交通的流量和流向以及道路交通条件，提高智慧交通管理水平，让旅客第一时间掌握景区天气变化信息，享受到准确、及时、温馨的气象服务。

（3）智慧交通信息实时查询子系统

可以通过互联网、手机短信息、声讯查询电话、户外交通信息情报板（VMS）、车载交通信息发布系统（GPS）等多种途径及时掌握各种智慧交通实时情况（包括路况、天气、旅行时间等），保证游客可以在任何时间、任何地点获取自己所需要的全面的智慧交通信息，改善旅行者的交通出行质量。

4. 智慧交通安全支持系统

（1）旅游车辆子系统

旅游车辆子系统集成了现代移动通信技术、GPS技术及计算机技术等，通过交通操作中心（TOC）、移动终端及选择的移动通信网络来检测周围行驶环境的变化情况，准确地判断车与障碍物之间的距离，从而进行部分或完全的自动驾驶控制，以达到行车安全和提高旅游运输效率的目的。该系统包括车辆导行与追踪系统、车辆安全状况检测系统、车辆自动报警系统。

（2）智慧交通事故救援子系统

智慧交通事故救援子系统接收智慧交通事故应急报警系统发来的信号。交通指挥中心通过信息采集子系统与气象服务系统，适时采集事发地点的交通信息，包括气象状态、能见距离、风速风向等信息，统一调度救援车辆，第一时间到达现场，合理地进行交通流诱导，及时、有效地处理交通紧急事件，将大幅度缓解交通堵塞的发生，减少经济损失和人员伤亡，降低二次事故发生的概率。

第二节　我国智慧交通系统构建的市场条件

随着近年来人们意识觉醒和文化程度的提高，游客已经不再满足于基于成本考虑的团队观光旅游，我国的旅游发展已经开始从“以观光为主”向“观光和度假”的形式转变。曾经的九寨沟景区游客滞留事件，海南连续5年散客比例高于团队比例等，说明我国的旅游市场开始进入新的时代——散客时代。越来越多的游客由旅行社“一手包办”转向“自助游”，景区停车场也由“以停放旅游大巴为主”向“大量地停放私家车”转变。我国旅游界著名学者魏小安曾经指出，我国市场已经进入了微消费时代，现在的人们追求更为个性化的消费方式，他们花钱花时间，要追求价值，追求兴趣，追求性价比。而游客则是更喜欢为自己量身定制的个性化旅游体验。

自20世纪80年代开始，在世界旅游市场上便出现了“散客化”的倾向。相关数据分析：在发达国家有一半以上的旅游产品是针对散客设计的，其散客市场份额占总体的70%～80%，其中美国更是高达90%以上。进入21世纪以后，随着我国经济的高速发展，我国居民的可支配收入也普遍增加，旅游活动也逐渐成为人们不可或缺的日常行为，我国的旅游市场已进入了相对成熟稳定的发展时期。

在体验经济的时代下，游客的旅游经验日益丰富，体验需求日渐提高，加之我国交通事业的快速发展，公路里程和等级均有很大程度上的提高，越来越多的人开始倾向于自由、个性、丰富的旅游活动，自助游、自驾游、徒步游等各种不同于团队的散客出游方式逐渐成为当今旅游发展的主题。近年来，我国散客数量迅速增长，其比例虽然低于旅游发达国家，但也撑起了我国旅游客源市场的半壁江山。散客旅游的日趋普遍是旅游业进入更高层次发展的必然趋势。

散客主要分为普通散客和自驾游游客。普通散客主要是依靠公共交通工具和租用车辆来完成自己的行程规划，而自驾游游客主要是通过自己的私家车辆来进行相关的旅游活动。散客与团队游客的出游方式有很大的不同，相比之下散客更需要自由、灵活和随心所欲的出行方式，散客对于旅游相关信息的了解情况在很大程度上决定着其旅游计划和体验效果。散客灵活、多变、个性化的旅游方式对我国智慧交通体系所提供的服务提出了新的需求。

一、便捷的旅游出游信息

散客旅游属于一种自助旅游，相对于传统的团队旅游方式来说，散客对智慧交通相关信息的需求更为明显。如果没有足够的信息，游客很可能会在陌生的旅游目的地不知所措。所以，对散客提供的智慧交通信息传递的可靠性、实时性和个性化将会影响到他们的整个旅游过程。

散客通常需要掌握的旅游信息包括：旅游景区景点及配套服务信息、交通线路信息、实时路况信息、安全及维修服务信息、气象信息等。这些信息可以由散客在出行前和旅游的过程中来搜集获得。

（一）线路及路况信息

散客所关心的线路和路况信息主要包括：通往旅游目的地的线路选择和道路状况信息、线路上的车流量实时信息、路标及指示牌信息、旅游线路各节点的实时停车信息等。游客获得了这些信息便可以做出符合自己的个性化行程、避开旅游高峰、灵活地变换旅游线路、轻松地完成自助的旅游行程。

（二）安全及维修服务信息

安全信息包括道路安全提示、自驾游车辆修理点和加油站信息、意外伤害和交通事故报警求救方式及设施信息等。方便、周到的安全维护信息可以减少散客尤其是自驾游游客遭遇危险的可能，一旦不幸的事情发生，也可以使游客及时得到救护或车辆维修，减少意外伤害所造成的损失，同时也可以尽快疏导因事故造成的交通堵塞。

（三）气象信息

天气信息对于散客也十分重要，普通散客可以根据天气状况来调整自己的行程计划，可以提前做好适应旅游目的地气候的必要准备。而对于自驾游游客来讲，除了普通的天气信息以外，灾害性天气信息对他们来说也是非常关键的，提前了解旅游目的地的天气情况不仅可以保证其自驾行驶的安全、减少交通事故的发生，还可以为游客制定旅游计划提供参考。

（四）旅游目的地游览信息、配套服务设施和企业信息

无论是在旅游景区景点游览，还是在餐馆、酒店或购物中心享受吃饭、住宿和购物的乐趣，游客旅游的最终目的还是要获得完美舒适的旅游体验。及时有效的旅游目的地游览信息以及住宿、餐饮和购物等方面的信息，可以让游客提早做好旅行计划和准备，避免和减少旅游景区的“爆棚”现象的出现，也可以合理地分配旅游相关服务行业的资源，增加景区周边餐饮、住宿的利用率，这样既能使游客得到更好的体验，还能减轻旅游服务的压力。

旅游目的地游览信息以及住宿、餐饮和购物信息也是处于不断变化的状态，只有游客及时地了解这些信息，才能以最合适的性价比制定属于自己的旅游线路，减少在寻找住宿、餐饮、停车场上所花费的时间以及在选择景区的路上盲目行驶所浪费的时间，同时，也可以避免因为不了解商家对比情况而被宰的情况发生。

二、可靠的智慧交通安全保障

旅游车辆是智慧交通活动的载体，在自驾游兴起的时代，智慧交通安全也是保证游客旅游活动顺利进行的重要部分。在传统的智慧交通体系中，由于缺乏相关信息的指导，游客的保险意识和安全意识十分薄弱。同时，我国的应急救援手段也相对不足，一方面不能及时地通过各种方式预测和阻止交通事故的发生；另一方面在处理问题的反应速度上也相对较慢，难以满足由于自驾车旅游的迅速增长而提出的要求。对于普通散客来讲，我国缺乏合理、便捷并且有保证的租车体系来减少诸如道路抢劫、购物诈骗等意外事件的发生。对于自驾游游客来讲，我国也缺乏对驾驶车辆和驾驶人员的实时监控，从而无法在必要的时候给予适当的提示和及时的救援。

一项关于阻碍自驾车游客出游因素的调查结果显示，有超过35%的被调查者选择了智慧交通安全因素。对于游客的交通安全除了加强建设和完善相关的智慧交通设施以外，向游客提供及时的旅游安全信息提示十分必要。智慧交通的安全保证了，游客才能更放心地出行，同时也能对整个交通体系起到净化作用，减少麻烦的出现。

三、保证旅游黄金期的智慧交通顺畅

人们做出旅游决策的最基本的前提便是金钱和时间。以往的散客旅游调查研究显示，如今，大部分散客都属于以大学及以上学历为主的收入相对较高的群体，所以金钱已经不再是旅游决策最主要的考虑前提，而时间才是制约着大部分游客不能实现旅游意愿的关键所在。闲暇时间越多，人们出游的可能性就越大。而就时间来讲，人们每日工作之余的闲暇并不足以进行旅游活动，能够满足旅游条件的只有周末、法定节假日和带薪假期。曾经有旅游学者做过一项关于游客自驾游时间选择的问卷，其中53%的人选择双休日自驾车旅游，27%的人偏好法定节假日进行自驾游，17%的人选择在带薪休假期间进行自驾游旅游，而只有3%的人选择在其他的时间段来旅游；自驾游时间为一天的游客占总人数的近一半，2~5天的占33%，只有很少部分的游客旅游时间在5天以上。可见，闲暇时间在很大程度上决定着游客的出游。在我国，由于假期的原因，游客可用来旅游的闲暇时间相对集中，再加之景区的淡旺季差异，就会导致旅游黄金期交通堵塞情况的出现。

对于散客来讲，急需及时、充分的智慧交通信息来调整自己的行进路线，拥堵的交通不仅会浪费游客的时间，同时还会使游客的旅游体验效果大打折扣，而且拥堵的交通往往会导致更多的交通乱象出现。正如管理学理论中的“马太效应”，一处差则会导致处处差，最终会让游客原本完美的计划付诸东流。同理，如果游客在出发之前或者拥堵发生之前就获得了相关的交通信息，便会做出别的选择，从而避免或者减少交通的拥堵，客流被分往不同的方向，各地的旅游发展也会实现一定的均衡，这样既减少由于交通或景区过载造成的环境损害，还合理地整合了旅游产业的资源，从而实现旅游业的可持续发展。

面对散客时代的到来，智慧交通体系急需进行相应的建设与优化以适应这个时代的新需求，这是智慧交通体系的一次新的机遇也是一项新的挑战。

第三节 我国智慧交通系统构建的政策保障

近年来，随着智慧城市建设的热潮，各种智能技术和智慧理念开始进入人们的生活，人类社会已经开始从信息时代步入智能、智慧的时代。云计算、物联网和5G通信等高新科技的出现，使得旅游产业的各个领域逐渐产生了对信息化更高层次的需求，越来越多的信息技术手段也为了满足这些需求而开始出现在旅游产业的运行过程中。从最初的在线订购业务到近期的景区安全监控、智能电子导游等智能信息系统，旅游信息化的发展进程经历了一次又一次的技术变革，而在这一次次的变革中，旅游从业者们总是想尽一切办法为游客提供更为先进的服务手段。

旅游产业是依赖信息服务才能得以生存和发展的产业，旅游信息化对于旅游产业来说十分重要，它不仅是衡量一个地区旅游产业现代化程度的重要标志，同时也是旅游由传统服务业向人民群众更加满意的现代服务业转型升级的必由之路。从1996年初开始，我国就已经迈出旅游信息化的步伐，经过20多年的发展，我国的旅游服务质量很大程度上得到了提高。旅游从业者围绕着旅游信息的加工、传递和传播，以旅游机构、旅游企业为主导，将游客信息需求分门别类，以网站、游客咨询中心、呼叫中心等方式提供给游客，以满足游客对旅游信息的需求。科技的力量已经能够帮旅游产业实现很多方面的功能，但是值得注意的是，这些功能所达到的效果并没有预期的那么理想。经过众多学者的研究和分析以及对国外相关经验的借鉴，最后终于将问题的突破口转移到了“服务的针对性”上。也就是说，如今对旅游服务质量的提升要从“一味地寻求高科技应用”上转移到“让高端的信息技术按照游客的需求更有针对性地去提供主动服务”，而不是游客被动地接受，要让旅游服务更具有针对性，这便是智慧旅游。智慧旅游是在信息服务技术足够发达的情况下，再将旅游信息化进一步发展而出现的旅游信息化新阶段的产物，是旅游信息化发展的一次新的革命。

从20世纪90年代开始，国家就一直在关注着旅游信息化的发展进程，并给予了很多政策上的指导：

1996年，国家旅游局成立信息中心，从此，正式拉开了旅游信息化发展的序幕。2000年，全国旅游行业管理工作会议确定将旅游信息化建设作为提高我国旅游竞争力的四个主要战役之一；同年12月，国家旅游局正式启动旅游行业信息化系统工程——“金旅工程”，并开始制定、完善各项标准、规范、规则和条例，力争在3～5年内，建设和完善政府系统办公自动化网络和面向旅游市场的电子商务系统。“金旅工程”是国家为了顺应电子网络时代的到来，利用现代化技术手段管理旅游业的一项由国家旅游局主持建设的系统工程。2006年，科技部启动了“数字旅游”项目计划。到目前为止，依据《国家重点风景名胜区数字化景区建设指南》，已经有包括九寨沟和黄山在内的超过24个国家级名胜景区实施了数字化景区试点工作。

2011年7月12日，国家旅游局局长邵琪伟提出，我国决定用10年时间初步实现智慧旅游，以应对旅游业爆发性增长给资源环境带来的巨大压力，随即便掀开了我国“智慧旅游”建设的热潮。2014年1月21日，“美丽中国之旅——2014智慧旅游年”暨我国旅游海外推广网站启动仪式在北京主会场举办，全国100多个旅游城市分会场同期举办了启动仪式。2月，国家旅游局面向全球正式提出了“美丽中国之旅——2014智慧旅游年”的宣传主题，以“美丽中国，智慧旅游”“智慧旅游，让生活更精彩”“新科技，旅游新体验”“畅游美丽中国”为口号，努力打造我国旅游核心品牌。国家旅游管理部门还倡导，在智慧旅游年里，各地旅游局要以智慧旅游为主题，引进智慧旅游城市、景区、交通等旅游目的地建设项目，以信息化、智能化带动旅游业向现代服务业转变。

一、智慧旅游，交通先行

2012年1月12日，国家旅游局局长邵琪伟在“2012年全国旅游工作会议”上的讲话中总结到：“2011年，我国旅游产业发展信息化带动作用日趋明显，面对复杂严峻的国内外经济形势，面对各种矛盾和挑战，全国旅游行业认真贯彻党中央、国务院的决策部署，以科学发展为主题，以转变发展方式为主线，以国务院41号文件为指导，着力扩大旅游消费，着力提高服务质量，着力推进改革创新，着力转变发展方式，较好地完成了各项重点工作，实现了‘十二五’旅游业发展良好开局。”随后国家旅游局确立了以信息化带动旅游业向现代服务业转变的基本途径，制定发布了《我国旅游信息化“十二五”发展规划》，完成了《旅游电子商务服务技术研发与应用示范》国家科技支撑计划项目。北京、江苏、浙江、福建、湖北等省市也相继启动了智慧旅游城市的试点工作。

以云南省为例，2012年11月23日，云南省智慧旅游信息服务平台项目在昆明正式启动，该项目利用最新的智能化信息技术，借助便携终端设备，为游客提供导游、导览、导购及导航等服务，智慧旅游正式开始登陆云南。2013年9月30日，云南省委、省人民政府发布了《关于建设旅游强省的意见》。意见指出，“要着力构建便捷、高效、安全的旅游综合运输体系，进一步完善民航航线网络建设；增开旅游目的地与主要客源地之间的旅游列车和专列，完善火车站和旅游专列的旅游服务功能；加快地面公交交通、智慧交通设施和运载工具的提升改造，进一步提高旅游公路运输水平。加快规划建设主要的旅游线路、旅游目的地和旅游景区的游客服务中心、休息站、旅游厕所、自驾车营地和无障碍旅游设施等。完善符合国际标准的全省规范统一的旅游公共标识系统建设。加快国家级口岸基础设施和配套设施建设，提高游客出入境通关便利化程度。建立旅游公共信息咨询平台，及时向旅游者提供旅游景区、线路、交通、气象、住宿、安全、医疗、救援等必要信息和咨询服务。建立健全旅游安全管理机构，完善旅游安全组合保险，构建事前预防、事中救援、事后救助的旅游安全保障体系。”意见指出，提升智慧交通的服务水平是实现云南省旅游强省总体目标的必备条件。

要打造智慧旅游，智慧交通必然会是一个十分重要的环节，因为它构成了旅游活动中很大一部分的时间消耗和费用消耗，同时也是整个旅游体验过程中主要的效果因素，在很大程度上决定着整个旅游活动的质量，能否获得充足的智慧交通相关信息也会成为众多散客是否出游的决定性条件。所以说，要想旅游更智慧，首先要让交通智慧，如果智慧交通不智慧，何来智慧的旅游？智慧交通是实现智慧旅游的第一步。

二、快速发展，日新月异

许多城市在智慧城市建设的过程中不断丰富其智慧交通系统的构建，取得了不俗的成果，为智慧旅游的实现提供了良好的实践基础。

以大连为例，大连的智慧城市发展已经进入“提速时代”。2016年，大连政协委员围绕智慧城市建设特别是智慧交通、智慧旅游等方面，提出了大量有高度、有深度的意见建议。市公安局、市经济和信息化委员会、市旅游局在办理答复过程中，也推动了相关领域问题的谋划解决，使公众普遍享受到更好的交通服务。在城市智慧化总体规划的统领下，近年来，随着城市道路交通基本建设和交通基础设施的进一步完善，大连市交通运输的指挥、调度和管理水平也不断提高。虽然推进“城市智慧化”已经提速，但智慧交通系统建设还处于起步阶段，还没有形成有效的交通运输物联网络、覆盖广泛的信息系统、全面的交通数据以及较高水平的智能系统。

大连智慧交通诱导系统建设共分三期工程分层次建设。一期工程于2012年初正式启动建设，主要着眼于交通诱导系统物理架构和对内系统的搭建，在城市主干路网节点前建设了30块路边LED交通诱导显示屏。二期工程目前正在建设中，将新增分布式车流量信息采集终端100处，路边LED交通诱导显示屏29处。三期工程是在一期、二期基础上，补充主干路信息采集点和诱导信息屏的建设，重点强化公众交通服务功能，通过建立公众交通服务信息平台，完善数据搭接技术和网络安全技术，实现系统集成功能以及数据共享功能。可以通过手机客户端、互联网网页、微博、微信等方式，及时发布交通气象、路况、道路施工、交通管制、出行提示、停车场等交通诱导服务信息，帮助驾驶人员了解前方路段及其周边支路的道路通行状况，使驾驶人员可以根据提示信息避开拥堵路段，这样既可为驾驶人员节省时间，也可以使城市主干路网交通流均匀分布，避免极端拥堵。

2016年，大连市建成了基于物联网技术的交通路网信息采集覆盖100%的市区道路，实现了交通诱导系统主城区100%覆盖，延伸空港业务的智能终端设备（城市值机终端）在全市公共场所部署了200台；完成了交通信息综合服务系统建设，实现了市内主要公交线路相关信息推送服务。2020年，交通诱导系统覆盖主城区和先导区，公交电子站牌覆盖全市60%以上的公交线路，基于移动智能终端的交通信息主动服务广泛应用，公众普遍享受到便捷的交通出行信息服务。

与此同时，大连还完成了“大连市出租汽车服务管理信息系统”试点城市项目，对市内9000辆出租车实现了智能调度和应急指挥；完成了沙河口区交通诱导、停车诱导试点建设等。另外，大连市将研究建立指路体系，进一步完善城区指路标志，加大指路标志的建设力度，在重要路口及道路复杂区域增加指路标志，逐步建成连续、清晰、易懂的指路系统。在单行路或禁左路口提前设置绕行路线指示标志，方便驾驶员选择合适路线。同时采用高等级反光膜、加大牌面面积等措施，提高交通标志的辨识性，方便百姓出行。

大连作为全国最佳旅游城市之一，未来到访游客将摆脱传统旅行社的格式化服务，通过在线服务、网络预订等方式设计并实施一次次智慧之旅。虽然大连现有各级各类旅游咨询中心80余个，但这些都是民间资本投入，很难保证公益性。而在上海、杭州、成都等主要旅游城市，公共财政投资建设的旅游咨询中心已经成为旅游信息服务的主体。通过加快建设智慧旅游服务系统建设，建立和完善以旅游资讯网站为中心的智慧旅游服务系统，包括旅游电子政务监管体系、旅游咨询体系、旅游电子商务体系、旅游诚信评价体系，构建电子化的旅游公共服务平台，并依托大连国际航空港、海港（大连港客运码头、大连湾滚装码头、旅顺新港）、陆港（哈大高铁南关岭火车站、青泥洼桥火车站、沈海高速公路后盐出口），设置旅游咨询服务接待中心（集散中心）总站，主要提供智慧交通、旅游集散（汽车租赁）、旅游咨询、意外救援、游客维权、旅游中介等综合服务功能。整合“三大中心”资源，实现“三大中心”联网。建立健全集住宿、咨询、集散和调度功能为一体、建筑风格统一的大连市旅游咨询服务接待信息支持系统，以解决部分导游的不正当行为，为来连游客提供旅游、问路等综合咨询服务。具体来说，按照市旅游局制定的建设方案，旅游咨询服务中心的基本功能包括如下。“空铁联运”中转服务区：下高铁想要转乘飞机的旅客，可以在值机柜台办理登机牌等手续，包括行李托运等业务；旅游信息咨询服务区：以现场咨询服务为主，辅以热线电话咨询、沙盘模型展示、多媒体触摸屏查询、旅游图书阅览查询，以及智慧旅游平台咨询等服务，并为市场信誉好、服务质量高、社会责任感强的旅行社提供专用场地，让正规旅行社的“首站式”接待，为游客提供旅游服务；开办飞机票、火车票、船票、长途高速客车票、市内旅游专线车票、景点门票、剧院演出票等预订，代订本市饭店客房、餐饮等。旅游咨询服务中心将成为一个专门为从各口岸进入大连的旅客提供全方位旅游服务、“一站式”办理业务的公益性服务机构。

拓展阅读

曾译萱. 智慧交通建设与发展对策研究[D]. 武汉：华中师范大学，2019.

主要参考文献

[1] 王先进."十四五"是加快建设交通强国的起步期[N]. 人民政协报, 2021-03-07(017).

[2] 李骏, 王永军. 中国智慧城市、智慧交通和智能汽车(SCSTSV)——发展战略、系统构架和应用(英文)[J]. 汽车文摘, 2021(03): 1-7.

[3] 李成刚. 融合海陆空立体网络加速交通强国建设[N]. 中国经济时报, 2021-03-01(002).

[4] 焦蕴平. 深刻认识建设国家综合立体交通网的重大意义[N]. 中国水运报, 2021-03-01(001).

[5] 杨永芹. 重庆6方面开展交通强国建设试点[N]. 重庆日报, 2021-02-26(014).

[6] 杨波, 车辉, 邢慧芬, 樊玉琦. 基于物联网的智慧停车系统设计与实现[J]. 物联网技术, 2021, 11(02): 81-83.

[7] 贯彻落实《交通强国建设纲要》[N]. 天津日报, 2021-02-18(008).

[8] 打造一流运输服务 助力建设交通强国[J]. 中国水运, 2021(02): 15-16.

[9] 张皓铖, 朱琦, 孙浩杰, 刘津硕, 关颖珊. 基于大连公交数据集的智慧公交数据可视化平台分析[J]. 电子世界, 2021(03): 82-83.

[10] 邬思佳. 基于大数据技术的智慧城市建设[J]. 智能城市, 2021, 7(03): 31-32.

[11] 丁婷. 智慧交通发展浅析[J]. 中国交通信息化, 2021(01): 40-41.

[12] 吴建波. 延庆至崇礼高速公路雷达路况感知系统[J]. 中国交通信息化, 2021(01): 105-107.

[13] 孙乐蒙. 大数据背景下的智慧交通档案信息化管理现状与创新策略研究[J]. 兰台内外, 2021(02): 4-6.

[14] 张泳. 智慧城市交通系统的信息安全[J]. 自动化博览, 2021, 38(01): 22-24.

[15] 杨登松, 王强, 徐观潮, 姜禹, 寿光明. 新时代背景下智慧交通在高速中的应用研究[J]. 智能城市, 2021, 7(01): 124-125.

[16] 杨丽丽. 大数据技术在城市智慧交通中的应用研究[J]. 数字通信世界, 2021(01): 29-30.

[17] 张亦宸. 物联网在智慧交通发展中的运用研究[J]. 数字通信世界, 2021(01): 201-202.

[18] 刘锐晶. 大数据时代背景下天津市智慧交通建设展望[J]. 天津建设科技, 2020, 30(06): 72–74.
[19] 田瑜基. 漳州开发区"北斗"智慧交通系统建设进展[J]. 中国航天, 2020(12): 51–55.
[20] 龙瀛, 张雨洋, 张恩嘉, 陈议威. 中国智慧城市发展现状及未来发展趋势研究[J]. 当代建筑, 2020(12): 18–22.
[21] 谢珊. 5G超级物联网技术赋能智慧交通体系建设分析[J]. 科技资讯, 2020, 18(34): 10–11.
[22] 徐丽涵, 董若凡, 李京鹏, 喻喆汉, 朱涛. 基于Wi-Fi的景区游船控制系统设计[J]. 科学技术创新, 2020(31): 82–83.
[23] 李静, 刘燕威. 基于GPS定位仪的智能旅游路线自动优化方法研究[J]. 自动化与仪器仪表, 2020(10): 172–175.
[24] 张小娟, 杨映雪. 粤港澳大湾区智慧城市发展的问题与对策——基于世界三大湾区的经验分析[J]. 城市观察, 2020(05): 139–146.
[25] 甘晓利, 廖峰. 智慧景区信息化应用解决方案[J]. 中国新通信, 2019, 21(21): 82.
[26] 曾译萱. 智慧交通建设与发展对策研究[D]. 武汉: 华中师范大学, 2019.
[27] 魏思宇, 石小亮, 李欣傲. GMS景区停车场规划与管理研究[J]. 江苏商论, 2019(09): 35–39.
[28] 范双南. 基于云计算的智能交通信息采集系统的设计与实现[J]. 电脑知识与技术, 2019, 15(09): 231–232.
[29] 常燕军. 西方国家智慧城市建设实践及对上海的启示[J]. 秘书, 2019(02): 44–50.
[30] 张宇飞, 王伟. 上海市"智慧交通安全管理系统"构建内容[J]. 交通与运输, 2018, 34(06): 59–60.
[31] 王杰. 面向智慧景区的交通大数据服务平台[D]. 杭州: 浙江大学, 2018.
[32] 李国庆. 日本智慧城市建设特征及对中国的启示[J]. 中共福建省委党校学报, 2017(06): 11–18.
[33] 信淑秀. 天津市东丽区交通运输信息化管理研究[D]. 天津: 天津大学, 2017.
[34] 童淳强. 畅想未来智能交通若干模式[J]. 中国公共安全, 2016(14): 90–93.
[35] 冯叶, 吴强, 黄磊. 大数据与智慧旅游: 黄金周的应对[J]. 现代商业, 2016(17): 177–178.
[36] 张少虹. 高速公路视频检测系统[J]. 电子技术与软件工程, 2016(08): 168–169.
[37] 陈乂卉. 秦皇岛市智慧交通发展研究[D]. 天津: 天津工业大学, 2016.
[38] 邓玉勇, 李璨, 刘洋. 我国城市智慧交通体系发展研究[J]. 城市, 2015(11): 68–73.

[39] 任洪宝，房根发．高速公路局部拥堵解决方案[J]. 中国交通信息化，2012(02): 115–117.

[40] 姜桂艳，张玮，常安德．基于GPS浮动车的交通信息采集系统的数据组织方法[J]. 吉林大学学报：工学版，2010, 40(02): 397–401.

[41] 任兰芝．新泽西护栏在高速公路中的应用[J]. 江西建材 .2018(2): 119–121.

[42] 周海波．智慧旅游景区一卡通系统设计与实现[D]. 长沙：湖南大学 .2015.

[43] 叶林海，汪国祥，吴其华．基于移动互联的县区级数字交通综合管理平台[J]. 中国交通信息化，2015(08): 88–91.

[44] 孙健，黄一哲．以管理智能化促进服务精细化[N]. 中国交通报，2020–9–4(003).